生逢宋代

北宋士林将坛说

陈峰 著

三联书店

Copyright ⓒ 2016 by SDX Joint Publishing Company.
All Rights Reserved.
本作品版权由生活·读书·新知三联书店所有。
未经许可，不得翻印。

图书在版编目（CIP）数据

生逢宋代：北宋士林将坛说／陈峰著．—2版．—北京：
生活·读书·新知三联书店，2016.10
（文史悦读）
ISBN 978-7-108-05652-8

Ⅰ.①生… Ⅱ.①陈… Ⅲ.①历史人物-生平事迹-中国-
北宋-通俗读物 Ⅳ.① K820.441-49

中国版本图书馆 CIP 数据核字（2016）第 048996 号

责任编辑	曾　诚	
装帧设计	蔡立国	
责任印制	崔华君	

出版发行　生活·讀書·新知 三联书店
　　　　　（北京市东城区美术馆东街22号 100010）
网　　址　www.sdxjpc.com
经　　销　新华书店
印　　刷　河北鹏润印刷有限公司
版　　次　2013年5月北京第1版
　　　　　2016年10月北京第2版
　　　　　2016年10月北京第2次印刷
开　　本　880毫米×1230毫米　1/32　印张 10.75
字　　数　229千字　图8幅
印　　数　07,001-15,000册
定　　价　42.00元

（印装查询：01064002715；邮购查询：01084010542）

北宋 赵昌　南唐文会图（局部）
故宫博物院藏

明 刘俊 雪夜访普图轴
故宫博物院藏

北宋 赵佶（宋徽宗） 听琴图
故宫博物院藏

南宋 陆信忠 十王图（局部）
奈良国立博物馆藏

南宋 马麟 秉烛夜游图
台北故宫博物院藏

南宋 陈居中(传) 胡骑春猎图
(美国)大都会艺术博物馆藏

宋 佚名 春游晚归图
台北故宫博物院藏

宋 佚名 文姬图
(美国)波士顿美术博物馆藏

自　序

在中国历代王朝中,宋朝可以说相当独特。一方面,从传统武功的角度看,她可归类弱世一代。北宋时期,北有庞大的辽朝,西有强悍的西夏,宋廷在边防战争中落败不少,还被迫签订议和条款。而割据西南的小国大理政权,也能长期并存不废。至靖康之难,徽、钦父子两代皇帝被俘客死异乡;南宋之时,更长时间蒙受巨大的军事威胁,唯偏安一隅,最终不免亡于元军之手。今天昆明滇池边的大观楼内,清人孙髯翁的天下第一长联有"汉习楼船,唐标铁柱,宋挥玉斧,元跨革囊"之句,可谓绝妙的排比,既对历史上云南与中央王朝的关系作了精辟的概括,又生动地点出了汉唐宋元几代的不同特点。"玉斧"一词用得确实高明,因为它代表了高雅与富贵,玩物的意义大于武器的用途,正与汉代之楼船、唐代之铁柱和元代之革囊的纯粹冷酷装备,形成鲜明的对照,真是再形象不过了。凡此种种,都使许多读史的人感叹宋朝之"窝囊"。

但另一方面,两宋社会经济、思想文化及科技之发达,在中国历史上又是空前的,其典章文物、制度建设以及社会风尚等诸多方面,更在中国古代产生了具有深刻意义的巨大影响。还有如

《清明上河图》展现的丰富多姿的画面，散发出浓烈的市井生活气息，确已标志着中国社会告别了森严的中古时代。近代思想家严复说："若研究人心、政俗之变，则赵宋一代历史最宜究心。中国所以成为今日现象者，为善为恶，姑不具论，而为宋人之所造就什八九，可断言也。"史学大家陈寅恪则指出："华夏民族之文化，历数千载之演进，造极于赵宋之世。"英国著名科技史学家李约瑟称颂宋朝道："谈到11世纪，我们犹如来到最伟大的时期。"而日本史学家宫崎市定也认定："宋代是中国历史上最具魅力的时代。"诸如此类，又使治史者无不惊叹宋朝之繁盛。

正是在这样矛盾复杂的历史场景下，由"杯酒释兵权"拉开序幕，宋朝政坛上演了一幕幕文臣武将的表演，或精彩纷呈，或沉闷落寞，或妙趣横生，或悲喜交集，既有华彩乐章唤起的拍案喝彩，也有委婉哀鸣引来的黯然神伤，当然也少不了愤懑之下扼腕的喟叹。诸如开国元勋赵普的"半部论语治天下"、悍将张琼强横的代价、状元吕蒙正的一时风光、猛将郭进的跌宕命运、文豪柳开的蛊语缠身、宰臣吕端的"大事不糊涂"、名臣寇准的大起大落、奸相丁谓的投机钻营、文士"二宋"的瑜亮情结、重臣吕夷简的老辣权术、名将狄青的英雄末路、儒将张亢的壮志难酬、边臣王韶的拓疆西陲以及蓝田吕氏的家族影响等等，真个是彼此生涯命运不同，荣枯起伏迥异，又都不过是宋代士林将坛风云的缩影，也无不昭示宋朝的时代变迁轨迹。

中国自古就有传记叙述的传统，其中太史公司马迁更是堪称一绝。《史记》为后世留下了以项羽、刘邦为首的一批秦汉时代人物的事迹，个个鲜活无比，被誉为"史家之绝唱，无韵之《离骚》";刘义庆的《世说新语》,则以散淡的笔触勾勒出魏晋人物的佚闻逸事,也同样生动有趣,令人读后产生不尽的遐想,甚或大发思古之幽情。与秦汉、魏晋相比,宋代的传世文献典籍极为丰富,正史、野史、文集、笔记小说、方志以及石刻的墓志、神道碑之类,不可胜数,这便为后人了解宋朝人物及其时代背景提供了较为充分的依据。笔者不揣浅陋,于读史治史之余,欲追慕太史公之所为,遂选取宋代若干代表性的文臣武将,落笔成文,再汇集成册,是为《生逢宋代——北宋士林将坛说》。需要说明的是,为读者阅读方便的考虑,本书将所有引文注释省去。如此一来,固有别于通行的学术论著,不过内容材料却皆取自各种史料记载(见书末"参考文献"),不敢妄加杜撰。诚恳希望读者批评指正!

二〇一一年冬

目 次

自序…………… 1

开国元勋赵普…………… 1
状元宰相吕蒙正…………… 40
"吕端大事不糊涂"…………… 56
亲将张琼与杨信…………… 70
名将郭进…………… 82
猛士呼延赞…………… 98
士林豪杰柳开…………… 109
名相寇准…………… 122
"鹤相"丁谓…………… 158
权相吕夷简…………… 177
宋庠、宋祁兄弟…………… 200
庸将张耆与杨崇勋…………… 218
诗书之将刘平…………… 224
儒将张亢…………… 244
大帅狄青…………… 259
边臣王韶…………… 284

蓝田"四吕"…………… 305

附录：
书中人物年表…………… 317
参考书目…………… 328

后记…………… 331
再版跋语…………… 334

开国元勋赵普

若论宋代的开国元勋,赵普无疑是文臣中分量最重的一位。到宋朝第三代的真宗朝,按照新修订的礼仪制度规定,要确定两位陪祀太祖庙的大臣牌位,朝议推选的头一位就是赵普,视为文臣代表;其次是曹彬,作为武将典范。这可是对已故臣子的至高礼遇,非先皇时代最重要的功臣,绝无可能享有如此配享的殊荣。

自古及今,全面评价一个活着的人,从来都是一件很难的事,尤其是政治人物。因为牵扯的关系太多太复杂,这就有了"盖棺定论"的解决之道。赵普死后被追封为韩王,已表示朝廷对其尊崇,而在身后数十年又获得配享太祖庙的待遇,就更有了公论的意思。然而,赵韩王其人其事其影响,还是过于复杂,本朝人的评价其实也只能说是点到为止而已。

一

古人云"英雄不问出处","王侯将相宁有种乎"?尤其是遭逢乱世之际。赵普便是一位来自民间而后影响宋初历史的风云人物。

赵普，字则平，生于公元922年。这一年距唐代灭亡仅十五年，却已是五代中第一个朝代的后梁末世。此时，天下大乱，群雄逐鹿。曾经一手埋葬唐帝国的草莽英雄朱温，据中原腹地建立起后梁王朝，不过传世两代，十多年光景，就在剽悍的沙陀族军事集团的连番打击下，行将亡国。放眼南方地区，又别是一番景象：政权林立，小国寡民，彼此缠斗，互不相让。至于黄河两岸、大江南北各地，称王称霸者之下，还有更多的大小军阀，既作威作福，又无不心怀鬼胎，胆大者还觊觎皇冠王座。有人就公开宣称："天子，兵强马壮者当为之，宁有种耶！"可谓一语戳破了真龙天子的神圣外衣。不用说，这是中国自秦统一后，出现的第二次大分裂大割据的混乱年代。

赵普的家乡蓟县，位于今北京城西南隅，自古便是北方重镇，当地人见惯了刀光剑影。唐朝时作为幽州所在地，辖有渔阳等郡，安禄山正是据此搅乱天下太平，断绝了盛唐气象。"渔阳鼙鼓动地来，惊破霓裳羽衣曲"。其后直到五代初年，仍作为北部防御契丹的军事要地，长期大军云集，狼烟战火不绝。

一个人生长的环境和家庭背景，注定要影响其一生。赵普的家世和早年经历，史书语焉不详，故留给后世太多的空白，也留下了许多想象的空间。就爬梳仅存的片段资料来看，他出身虽非官宦门第，也绝非普通农家，其父祖辈很可能属于地方小吏，稍有产业。这当然不足以炫耀，赵普发达以后对此也不隐讳，曾坦率地对天子承认："臣出自孤寒，本非俊杰。"动荡岁月里，他在故乡生活了十五个年头，饱尝战乱之苦，也初步积累了乱世生存的经验。

后唐清泰三年（936），河东节度使石敬瑭为当皇帝，私下向契丹国主称臣，许诺献出长城以内的幽、云十六个州，即西起今山西大同东至北京一带，以换取对方出兵支持。随之，双方联合发兵南攻，又是一番战火，后唐王朝灰飞烟灭，辽朝羽翼下的后晋朝廷取而代之。

遭遇以上重大变故后，幽云地区的许多汉人不甘沦为契丹臣民，顾不得"安土重迁"的古训，都举家南逃。家乡的生存环境既然已恶劣到这般地步，赵普的父亲赵迥也举族加入了南迁的人流，辗转数郡，定居于常山（今河北正定）。此地北距幽州数百里，不在割让版图之列。也许是冥冥之中天意的安排，这次逃亡无意间竟成全了赵普未来的一番功业。

赵迥在常山也许有些亲友，所以能暂时安顿下来，儿子赵普还娶到当地豪族魏家的姑娘，想必赵氏父子必有过人之处，小伙子能力、相貌更有出众的可能。有了姻亲的关照，外来的赵家虽免遭许多歧视，却终究难逃寄人篱下之感。于是数年以后，他们又迁徙到西京洛阳城。由此看来，赵普一家的生存能力特别强，所以最终从小地方踏入都市大门，并能扎根下来。不过，还得说，长期不安定的生活，使赵普丧失了正常的读书条件，及至成人，只能做到粗通文墨。好在当时武夫当道，重武轻文之风盛行，科举之路并非有志青年的唯一选择。

到后晋末年，也就是大约公元946年，时年25岁的赵普投身于地方藩镇麾下，充当起一名衙吏。这要说明，当时各地的节度使几乎都出身行伍，手握实权，生杀予夺，百无禁忌，但大都目光短浅。他们需要的是属下的干才，除了敢打敢拼的将校之外，就是办事勤快还能写会算的文吏,至于学养深厚却不屑庶务的士人,只能用来装点门面,却不受到重用。因此,小吏们有的是出头的机会。

七八年下来,赵普已精通衙门那一套刀笔功夫,拥有丰富的阅历,通晓了尔虞我诈、弱肉强食的斗争哲学,并形成沉稳少言的性格。在此期间,他还深刻体察到武夫悍将的专横跋扈,所谓"秀才遇见兵,有理讲不清",却也摸到这类人的软肋和命门,便是大都意气用事,头脑简单,缺乏谋略,拙于规划与计算。人情练达又能力超群的文吏,自然会引起有心人的注意。

当日,镇守关中京兆地区的永兴军节度使刘词很欣赏赵普,便将他召入自己的藩镇,成为身边的幕僚。此时赵普已32岁,朝廷也已转换为后周王朝。好容易刚走上顺道,不曾想时隔一年多,刘节度就病死任上。还好,恩公死前向朝廷上的遗表中提到了他,称赞才堪一用。显德三年(956)二月间,周世宗征讨南唐,新占领的滁州(今安徽滁州市)缺一位军事判官,赵普旋即被起用。这可是他一生中最大的机遇,因为就在此地,他与日后的宋朝开国皇帝赵匡胤相识。

二

显德三年初,将官赵匡胤随周世宗南征。其时,赵匡胤的军职是殿前都虞候,属带兵的禁军高级将领。赵将军攻克南唐江北重镇滁州城后,奉命暂时驻守,但管理占领区一应民事非其所长,所以朝廷派来几位文官负责料理,其中的一位就是赵普。

按照旧说，真龙天子也有潜伏期，须得藏头遮尾，养精蓄锐，用《易经》里的话，叫"潜龙勿用"。年轻的赵匡胤虽颇得世宗皇帝信任，但当时在外人眼里地位并不显赫。不过，燕雀安知鸿鹄之志！这位赵将军精心带兵，也怀揣大志，希望更进一步，故十分注意结交军中豪杰，更留意有识之士。某次，地方上抓获了百余盗贼，论刑律本应一律杀头，赵普要求再加讯问。经细心审理后，结果发现大多蒙冤受屈，他当即予以开释，因此救活了许多条人命。赵普的精明干练，立即引起赵匡胤的关注，遂请入府中相谈。

须知此时，赵匡胤年仅29岁，赵普则是34岁，两人相差有五岁，都属壮怀激烈的年龄。二赵一交往，真是相见恨晚，一个是握兵的实力派，求贤若渴；一个是满腹谋略的文吏，苦苦寻觅明主。于是，风云际会，天作之合，两人成为知己。

当日，赵将军的父亲也随军居于滁州城，突然染上恶疾，赵判官是有心人，早晚侍奉于病榻之前，从而进一步赢得了对方两辈人的信任。

滁州之会数月后，赵普奉调西北州郡，依然位居下僚。据说，他曾在途经京城时，专门去有名的卦摊算了一命。他坐在帘前正准备问卜，当朝宰相范质一行人马从大路上经过。赵普看见相公大人相貌举止寻常，叹息道：如此大官，不知修了个甚福，得此高位。摊主早已看出来人不俗，便说：员外你很快富贵，更强过此公，何足叹羡？卜卦的结果，令他振奋不少，更坚定了实现抱负的信念。

当年十月间，赵匡胤升任殿前都指挥使，授匡国军节度使。

同时拿到这两个官衔，对当年的武人而言实在是意义非同寻常，前者是两大禁军机构之一的殿前司的三把手，标志着掌握军队的数量大幅提升；而后者则上了一个大大的台阶，从此有了自己的地盘，跻身藩镇之列。

赵匡胤一当上节度使，便马上奏请朝廷将赵普调任为自己幕府的节度推官。三年后，赵匡胤升任殿前都点检，成为殿前司首脑，移镇归德军（驻节宋州，即今河南商丘）节度使，再聘赵普为掌书记，也就是本藩镇集团的幕僚之首。赵普对长官的知遇器重，深怀感激，誓言戮力回报，正所谓"士为知己者死"。

赵推官赵书记的就任，使得赵都指挥使赵都点检如虎添翼，逐渐明了自己的发展方向。其间，赵普为主子筹划了多少套计划方案，已不得而知，但可以肯定的是，深谙世道又精于计算的他，必然不断地施加着影响，使得一介武夫赵将军得到升华，不甘于现状，超越了同侪。用句古代官场老话说：人要发迹，须得贵人相助。其实赵匡胤固然是赵普的贵人，这是从地位上来说，而从谋略策划上看，赵军师又未尝不是赵匡胤命中"贵人"派来的使者。

赵匡胤升任殿前都点检不久，五代时期最有作为的周世宗皇帝英年病逝，年幼的儿子即位，太后垂帘，可谓"孤儿寡母"支撑偌大的江山，顿时使一个个野心家、雄心勃勃者以及雄才大略者，都坐立不住。几十年来的政治现实昭示的潜规则，便是兵强马壮者有机会称天子。

其实，赵匡胤初获节钺时，不能说是野心家，因为周世宗正当壮年，威望更远过于以往那些短命的武人君王，通过许多整顿秩序的举措，国家也呈现出新的气象。因此，赵节度还是忠心耿耿追随天子南征北战，在征服淮南和北伐契丹的战争中冲锋陷阵，屡立战功。但形势比人强，显德六年（959）五月，周世宗在北伐途中身染重病，偶然听说了"点检作天子"的谶语传闻，立即对当时的殿前都点检、也是自家的亲戚、后周太祖女婿的张永德起了疑心，遂将其罢免，换上自己一手提拔起来资历尚浅的赵匡胤，这才开启了赵都点检的凌云之路，也使赵书记的权谋派上了用场。

六月里，周世宗终因病重结束北伐，回朝不久便驾崩于宫中。此时，后周皇室另一位手握重兵的亲属、也是太祖皇帝的外甥李重进，虽然仍保留禁军最高职务——侍卫亲军马步军都指挥使，却被调到远离京城的淮南任节度使，至于其他几位资深的藩镇，也先后被勒令调换防区，以防染指朝政并威胁小皇帝。至此，缠绕在周室国祚周围的藩篱一个个离散，萦绕在开封城头的神圣光环逐渐消退，一条真正的潜龙开始涌动，风云亦将随之突变。

三

要说赵普读书不多，理论修养欠缺，都属事实，但来自民间的狡黠智慧和短平快的斗争手段却并不缺乏，这些在不讲道理无章可循的乱世，反倒大显功效，昔日萧何、诸葛亮、王猛之流，辅佐主公成就一番帝业，哪个不是如此？

赵普真是生逢其时，苦苦追寻多年，心中的抱负终于找到用武之地。既然周家天下沦为"孤儿寡母"操持，朝中大臣又将矛头指向张永德、李重进这些近亲大将和其他老资格的藩镇，这便使迅速蹿起的禁军首脑赵匡胤，占据有利的位置。不管当事人怎么想，赵普是决然不愿放弃这样千载难逢的机遇，当即出手为主公设计蓝图、筹划路径，并与赵匡胤胞弟赵匡义等人共同组织部属，联络各方势力，紧锣密鼓为改朝换代做准备。

半年后的显德七年（960）元旦之日，酝酿已久的一场兵变上演。

当天，北方前线传来战报，称北汉联合辽军大举南下。全无政治经验的太后与范质、王溥和魏仁浦几位宰臣匆忙商议后，派一贯尽职尽责的赵匡胤统军出征。诏书宣布后，大军浩浩荡荡离京北上。然而，军队仅仅抵达京师以北数十里的陈桥驿，就停顿下来，将校们都吵闹半年多前的谶语，要点检作天子，这自然都是赵军师预先的安排。接着，赵普和赵匡义等人鞍前马后地张罗，配合赵匡胤做出必要的各种姿态。最后，在他和诸将振振有词的劝说下，赵都点检顺应军心天意，穿戴上事先准备好的龙袍，次日就回师开封，而守城的将领石守信一干结拜兄弟、部将开门相迎，一场改天换地的悲喜剧可说是在兵不血刃的过程中谢幕。这也是五代以来罕见的兵变结局。

真龙结束了潜伏期，横空出世。赵都点检登基称帝，改国号大宋，改年号建隆。赵匡胤便是宋朝开国皇帝，死后庙号太祖。

本朝诞生伊始，那些台前表现的将帅们都成为显赫的功臣，加官晋爵，弹冠相庆。而身居幕后的谋士们则显得要低调得多，暂时还不能争长论短。这当然是那时重武轻文风尚下的惯例，兵权重于文案。加之开国皇帝宅心仁厚，不忍心立即将旧臣从朝堂上驱逐，后周宰相范质、王溥、魏仁浦和枢密使吴廷祚以下臣僚大都留任。因此，赵普只是出任右谏议大夫、枢密直学士。按当时官场规矩，右谏议大夫属中高级文官，但并无实权，而枢密直学士则是最高军事决策机关的枢密院内的重要职务，掌握军事机要。显然，赵军师虽立有头功，却因事关改朝玄机，一时还不能享受更多的名分。不过，作为心腹亲信坐镇于枢密院，倒是宋太祖的特意安排。

范质等三位前代宰臣留任本朝后，自然感激宋太祖的宽厚相待，也无不诚惶诚恐，毕竟从来都是"一朝天子一朝臣"，自己既非天子亲信，也对建国大业无尺寸之功。因而，他们上朝时都谦逊不再敢坐下，皇帝也不客气，于是宰相与天子坐而论道的传统终结。他们遇事还不敢自作主张，多请教太祖身边近臣。这样一来，赵普实际上便成为朝臣们的主心骨，军国大事都需他来拿主意。

据可靠资料记载，赵普与太祖一家有很深的私交，老太爷没有福气，在建国前已故，无法关照他。但杜太后不是个糊涂人，常惦记着赵普，还曾在家庭聚会中当着天子的面对他说：赵书记多操心啊，我儿不懂事的地方多着呢。这种密切的私人感情，也是赵普长期深受重用的一块基石。

瓜熟蒂要落，水到渠也成。当年八月，赵普先升任枢密副使，名正言顺位列执政大臣。两年后，再升任枢密使，排名虽在宰相之后，其权位倒远在其上。到乾德二年（964）正月间，也就是建国四年后，该做的姿态、应表的风范都做够了，天子请范、王、魏三位前朝遗臣同时从相位上退休，赵枢密使转任宰相，并且是少见的一人独掌相府。至于枢密使一职，则交由与他关系良好的李崇矩担任。

就此看来,从踏入赵匡胤藩镇幕府到大宋朝宰相,前后不过七年半时光,赵普就完成了仕途的辉煌历程,速度不可谓不迅速,比之于那些前辈人杰毫不逊色。此时他不过42岁,恰是精力最旺盛和头脑最灵活之时。

四

自本朝开国之日起,赵普很快便从兴奋转入沉思。他清楚"可以马上打天下,不可以马上治天下"的古训,当家天子也当然明了,尤其是唐后期、五代以来百余年的极端乱世,遗留下的弊政宛若一堆乱麻般,千头万绪。作为股肱谋臣,他必须辅佐明君结束动乱,统一天下,巩固江山,开创盛世,再建功业。这些事,不仅不能指望那些功臣将帅,还要时刻防范他们,否则兵变一幕随时可能再演。

当时,功臣将领们只知居功自傲,并不操心国政,有人甚至还敢欺凌大臣。像善于击剑、绰号"王剑儿"的悍将王彦升,因在陈桥兵变有功,出任京城巡检一职。一天半夜,他竟突然敲开宰相王溥家门,王丞相见来人是"王剑儿",十分惊悸。王巡检对主人说:今晚巡查累了,想在你家一醉方休。经多见广的老臣自然明白对方"醉翁之意不在酒",而是要敲诈索贿,但佯装不懂,吩咐家人摆上酒肴,最终将不速之客巧妙支走。次日,太祖得到王溥的密奏,一怒之下将"王剑儿"贬出京师。此事足以说明武人跋扈的积习难改,目无法纪,毫不理解皇帝当家的难处,也无视文官集团的权威和尊严。

要说，天子早期的幕府与部属中确有一批人才，带兵的将领不说，料理机要和文案的就有吕余庆、刘熙古、沈义伦、王仁赡、楚昭辅及李处耘等人。但赵普无疑是他们中的核心人物，无论是谋略见识还是决断魄力，都非他人可比，故备受信任，一再获得重用。皇帝不仅常与他商议经国大事，还多次屈尊亲临其府求教。天子如此眷顾信赖，赵普因此深感责任重大，也以身许国，视唐代名相姚崇为楷模。正是"榜样的力量是无穷的"，他遂摸索历代治国经验，尤其是总结自己的亲历体验，苦心孤诣，耗费心机，不断提出周详的治理对策。

当时，最棘手的事莫过于武夫悍将掌控兵权的问题，多年来由此酿成朝纲紊乱、法纪不存，甚至篡位夺权的恶果。赵普经过缜密的思考，向天子提出由近及外的收兵权方案，即先收禁军兵权，再削藩镇之权。

建国初，石守信等一批干将因直接参与陈桥兵变摇身成开国功臣，作为犒赏，都被授予禁军两大统军机构中的要职。不过，地位最高的殿前都点检、侍卫亲军马步军都指挥使两个军职，不能随便任命，还得讲究点资历，于是由两位资深的节度使慕容延钊和韩令坤担任。在太祖皇帝和赵普眼里，这些人都是掌握禁军大权的要角，还是肘腋之患，既不得不照顾，也不能不备加防范。但处理起来，是绝对不能胡子眉毛一把抓，要分个亲疏远近。那么，就先从关系疏远者身上动手。

建隆二年（961）闰三月间，朝廷下诏，宣布罢免慕容延钊和韩令坤的军职，以便两位宿将归镇休养。慕容、韩氏非太祖亲信，没有参与陈桥兵变,地位虽高,实际却没有控制多少军队,所以先被解除军职。

接下来面对的便是真正握有重兵的功臣大将,其中尤以石守信、高怀德、王审琦和张令铎四人身份最为重要。早在建国之初,赵普就向太祖建议从这几位手里收回兵权,但天子没答应,还对他解释道:他们都是朕的结义兄弟,肯定不会背叛。赵普回答道:为臣倒不担心他们,不过仔细观察几位,都缺乏统御才能,恐怕难以管制部属,一旦手下突然作孽,那时也由不得他们。太祖想到自己发动兵变的一幕,心有所动,却仍因一时拉不下脸而未动手。现在既然决定收回禁军大权,也非从他们身上开刀不可,感情私交之类的事情就顾不了那么多了。

经过几个月的精心准备之后,八月里,天子在宫中设下丰盛的宴席,石守信等人应召赴宴。皇家宴席的排场自不用说,席间宾主饮乐的气氛也异常热烈,一面谈古论今,一面共忆昔日兵变的一幕。当诸将酒酣饭饱之时,太祖屏退身边左右,然后对大家说:若无各位出力,朕也不会身处此地,所以总感念你们的好处。但当天子也太艰难了,真不如做节度使快乐,朕常常整夜都不能安眠。听了这些话,功臣大将们还没悟出话中深意,都关切地询问原因。天子说:这不难理解,谁不想做皇帝呢。闻听此言,诸将都顿首表白:陛下何出此言?现在天命已定,谁敢有异心?谈话到了关键时刻,太祖从容地说道:不然,爱卿们虽无异想,不过你们的部下欲求富贵,一旦用龙袍加于诸位,那时你们纵然不想干,恐怕也无法避免。此话一出,诸将才明白参加的是一场"鸿门宴"。历史上,开国君王为稳定帝位而杀戮功臣的事,相当普遍，前代有春秋时越国文种、汉初韩信及英布等人的悲惨结局，"狡兔死走狗烹，飞鸟尽良弓藏"的话，对不懂多少文墨的武夫来说也并不陌生。石守信等人恐惧万分，立即顿首涕泣道：臣等愚昧，原本想不到这里，还请陛下怜悯，指我们一条生路。话已至此，太祖便将考虑成熟的想法说了出来：人生短暂，如白驹过隙。所图的只是"富贵"二字，不过多积金钱，优游享乐，使子孙免遭贫困。尔等何不解去兵权，出守大藩，置买田宅，为子孙留下产业，再多养歌儿舞女，天天享受作乐，以此颐养天年。朕再与各位联姻，君臣之间互不猜疑，上下相安，岂不很好！听完天子的谆谆开导，知道无杀身之祸，而大局已不可挽回，石守信便带头拜谢，众将也都接受了天子提出的条件。

第二天，石守信、高怀德、王审琦和张令铎等人同时上表称病，请求解去军职，太祖当即予以恩准。于是，高、王、张三人原任禁军统领之职同时解除，石守信到底功勋卓著，又善于体察上意，所以依旧兼有侍卫马步军都指挥使一职，但实际已无兵权。

应当说，宋太祖和赵普君臣布下的这招局，也是个险局，一旦事先被识破，后果不堪设想。吃喝交流看似轻松，其实太祖心中忐忑不安，赵军师更捏着一把汗。所以最终结局圆满，天子自然喜不自禁，赵普更是在幕后击掌叫好。

当然，天子最重信义，不会食言。除了对诸将厚加赏赐外，又将自己的妹妹、女儿几位公主，分别下嫁高怀德、石守信之子和王审琦之子，并为皇弟赵光美聘娶了张令铎的闺女。在一派喜庆气氛之中，朝廷通过怀柔方式消除了威胁最大的功臣掌军的问题，这在中国历史上是相当突出的范例。换句话说，就是通过

"赎买"的办法完成了收兵权中关键的一环。而其间策划之功,又与赵普分不开。

四百年后,明太祖朱元璋不是缺乏胸怀,就是不熟悉宋朝典故,故没有学到这套高招,而是大造狱案,赤裸裸诛杀功臣,仅"胡蓝之狱"就牵连被杀四万多人,最终不仅落得恶名,还让自己钦定的继承人沦为孤家寡人,酿成"靖难之役"的悲剧。这当然都是后话。

五

本朝太祖皇帝,自坐上龙椅后很快就转换了角色,不仅日理万机,还经常微服私访,暗查臣下的态度与举动,说明他对臣子,尤其是将帅的戒备心很重。为了防止意外发生,身边近臣曾多次劝谏终止这种暗访活动。但天子毕竟出身武人,性情豪爽,有时高兴起来不免糊涂,此时多亏有赵普的提醒,才避免了许多后果。

通过"杯酒释兵权"之举,太祖才冷酷地收夺了结拜弟兄们的军权,时隔数月又差一点将兵柄拱手相让。乾德元年(963)春,历仕五代中三朝的老藩镇,也是前朝周世宗和本朝皇弟赵光义岳丈的魏王符彦卿入朝,还携带了很多名贵礼物。太祖早已听闻这位前辈大名,故热情款待,聊到兴头上竟请其出山,来掌管禁军。这不是前门驱虎后门招狼吗?赵普闻听坚决反对,但天子一言九鼎,拒绝了他的一再劝谏。当委任书下达之际,他留中不发,又再次入宫求见。当君臣俩谈到要害处时,太祖不悦地说:你为何总是怀疑符彦卿?朕待他至厚,他岂能负我?赵普顾不了许多繁文缛节，就坦率反问道：陛下何以能负周世宗皇帝？天子听罢此话，默默无语，才接受了亲信的这份苦心。由此看来，关键时刻，赵普总能冷静、执著地坚持原则，实际上也只有他敢于如此对皇帝直白讲硬道理。

藩镇统军可算是外围兵权问题，但自中唐以来盘根错节，积弊深重，从来难以根治，赵普对此再熟悉不过。因此，他便埋头筹划，苦思冥想，最终提出了对策。

按照赵普的规划步骤，首先是对个别因病亡故的老藩镇，乘机予以撤销，再对一些违法乱纪者，在治罪的同时也立即废除。这样做既说得过去，也影响面不大。于是，一些节度使就此消失。如历任汉、周两朝节度使的侯章，以贪残闻名，民愤极大，天子一纸诏书就罢其节钺，打发他到虚职上。另一节度使张铎，任内大事贪污，举报信不断，太祖虽宽恕其罪，但也借机撤藩。那位一度受到礼遇的老藩镇符彦卿，到削藩计划推行时已威风不再，先被调离本镇，再遭到御史们的弹劾，最终只得到西京洛阳养老。当然，朝廷之所以能逐渐态度强硬，与"杯酒释兵权"后掌握强大的军力分不开。纠结在中央禁军兵权上的乱麻大体理清，零敲碎打各地的藩镇便容易多了。

慢工出细活，到开国后第九个年头，各地的藩镇都温顺多了。不过该出手时还得出手，藩镇们守规矩归守规矩，国家利益却容不得感情用事，赵丞相又启动了集中清理的活动。

复杂难题、头疼交易，明里去说，双方往往都不易接受，还是酒席上谈方便，谁说句过头话，谁又发个火，都可一笑置之。但关键要害之处，其实已在吃喝闲谈中摸清彼此的态度，也就容易敲定。这就是饭桌上的政治,是宋家的特色,"杯酒释兵权"的成功,即是范例。集中清理藩镇,仍可以交给饭桌解决。

开宝二年(969)十月,宋太祖再设一次鸿门宴,宣召一批资深节度使来朝。又是在皇宫后苑宴席间,天子借着彼此酒酣之时,请诸位宿旧老臣放下繁重工作,颐养天年。凤翔节度使王彦超明白朝廷的意思,识趣地表态愿归隐家园。但其他人就心智不足,吵吵闹闹。安远节度使武行德、护国节度使郭从义、定国节度使白重赟及保大节度使杨延璋等人,都纷纷自陈昔日的战功勋劳。的确,像武、郭二人资历都比当今皇帝老得多,后汉时已居藩镇之位。在他们看来,自己的地盘是苦苦奋斗得来的,既往规矩是没有犯上作乱,朝廷就无理由撤藩。然则世情巨变,旧法则已经过时。因此,天子打断诸将的表白,只说出一句话:这都是其他朝代的事,有什么值得夸耀!就此结束酒席。第二天,武行德以下的节度使职务同时被解除,全部转任诸卫上将军之类虚衔。

从这次饭桌活动来看,宋太祖已一扫往日"杯酒释兵权"时的心虚架势,底气十足,不谈心不解释,不费口舌,更不搞金钱、结亲之类的交易,言简意赅,几句话的工夫就轻松融解了二百年的割据坚冰。因此,这场"后苑之宴"实在是一次意义不亚于"杯酒释兵权"的指标性举动。

若说"后苑之宴"的成功,自然在于朝廷实力今非昔比,也不能不承认君臣审时度势到位。赵普因此再建功勋。此后,遗留下来的旧藩镇为数不多,并都属昏聩无能之流,太祖皇帝对他们并不操心,毕竟无关痛痒,还能体现朝廷的宽厚。

要说以上活动,确实称得上是绝唱,既有华彩乐章,也有委婉小调，幕后谋臣策划得高明，天子台面的表演更精彩。但仅仅如此远远还不够，这都不过属于人事上的调动安排。赵普明白，如果没有制度上的设计和保障，今天可以打倒一批人，他日还能上来一批人，"野火烧不尽，春风吹又生"。所以，他还须着手设计规章，以从制度上彻底铲除地方割据的基础。

建国初的某一天，天子将赵普召进宫中，询问以往长期动乱的原因和解决办法，他早已深思熟虑，遂指出：根源在于藩镇割据，君弱臣强。解决之道也在于：削夺其权，收其精兵，制其钱谷。太祖接受了他的意见，随即令其着手处理。

赵普与臣僚深入分析讨论后，不断向天子提出成熟建议，朝廷便逐渐树立规矩，推出地方体制改革计划。举其要者有：中央陆续派出文臣到各地任州县官，取代原来藩镇自己委任的地方爪牙；下令各地军队中的骁勇士卒必须补充到中央禁军，其余老弱病残可留作地方军；改变地方财政收支制度，规定各地收入除留必要经费外，其余全部上缴中央，诸如此类，都确立为定制。当这些制度陆续推行之后，朝廷逐渐控制了地方的行政、军队和财政，藩镇割据的基石也就土崩瓦解。此后，节度使便成为武将头上显耀的官衔，却与地方管理完全无关了。

六

自改朝易帜以来，以往遗留的内部弊政，需要一一革除，而剿灭各地称王称霸者和一统江山的任务，也不能置之不顾，否则何以开创盛世、超越五代？又如何号令天下？

当时，朝廷北有跨越长城的劲敌辽朝，西北有辽朝支持下的北汉政权，南方各地还有后蜀、荆南、马楚、南唐、吴越、南汉以及闽国等等小朝廷。在整顿内部秩序的同时，如何能推进统一大业，对本朝开国君臣而言，又是个大难题。

当建隆中收兵权措施初见成效后，满怀统一天下志向的太祖就开始思考统一战略。面对国家腹背两面受敌的现状，天子曾广泛征求意见，当时的宰相魏仁溥和宿将张永德等人都反对先向北方用兵，理由是北汉虽小，但军队极为强悍，又有契丹的支持，征讨难以迅速奏效。但皇帝仍然犹豫不决，还要赵军师拿主意。

此事，赵普其实已经思忖良久。要说征讨北汉，再北伐契丹，他未尝不乐意，因为自己的故土就在北方，自十五岁逃离幽州以来，已过去二十多年。但政治家不能感情用事，从此时内外形势来看，本朝与强敌角逐高下，要承担巨大的风险，尤其是内忧无穷，秩序未稳，故只能先易后难，再不可走周世宗的老路。

一个大雪纷飞的夜晚，太祖与皇弟赵光义突然造访赵枢密使家。赵普深感意外，惶恐地问道：夜深天寒，陛下何以外出？皇帝答道：朕睡不着啊，因为卧榻之外都是外人，所以来见爱卿！主人连忙请天子兄弟围着火炉坐下，又忙着张罗酒菜。于是，大家边吃烤肉，边喝着赵普妻子斟的酒，太祖还亲热地叫"嫂子"。在家庭般的气氛中，天子说出对北汉用兵的打算。赵普清楚皇帝想先北上的意思，所以思索很久，还是表示异议。他说出自己的主张：先南下削平各国，再行北伐。并分析利弊得失，讲明了理由。天子到底是站得高，听罢谋臣的话便改变主意，当即笑着说：我意也是如此，特试探你的态度。就此，君臣敲定了"先南后北"的统一方略。

从乾德元年（963）初开始，朝廷不断派出大军南征，几番猛打，几番招降，那些享受惯好日子的君王国主，只有招架之功，全无还手之力。其中昏庸的南汉国君刘鋹，以为宋朝大军是为自己的奇珍异宝而来，就提前付之一炬；痴迷填词吟诗的南唐后主李煜，天真地派出口才一流的辩士赶赴开封，幻想用道理折服大宋天子。但这一切都徒劳、可笑，宋太祖一句"卧榻之侧，岂容他人酣睡"的话，便令他们束手就擒。

到开宝九年（976）时，本朝已先后消灭了盘踞两湖、四川、岭南及江南等地的政权，并迫使仅存于两浙和福建的两股势力走到归顺的边缘。

天遂人愿，到本朝太祖皇帝统治后期，昔日遗留下的突出积弊大致解决，国家基本走上了正轨，秩序稳定，气象一新。此时，作为天子最信赖的设计师，赵普深感欣慰。人一生能做几件事？贤臣名相又能如何？

早年没机会多读书，可以补课。太祖登基以来，就在百忙中抽时间阅读经史，虚心听文臣讲解历代治国经验和利弊得失，境界自然提升。天子还动员臣下也学经典，以明了君臣大义和国家利益。据说，太祖也曾私下里关切地对赵普说：卿若不读书，如今饱学之士纷纷起来，填充庙堂，与他们在一起你不感到惭愧吗？他明白天子的苦心，于是认真读书。

但赵普毕竟是赵普，他依据自己的经验看待书本，认为读书不在多，关键还要活学活用。因而，他读得最多的书只有一本，便是《论语》。比之于那些佶屈聱牙的大部头古书，口语化的《论语》要简明得多，对文化水平不高的他来说很合适，因为先圣的微言大义这里都有，从中足以受益。

一天，太祖在皇宫大宴群臣，不料突然天降暴雨，天子的情绪受到影响，龙颜不悦，对身边人斥骂起来。赵普见状，忙上前奏言道：外面百姓正盼着下雨，陛下的宴席受点影响又有何妨，不过是损失些摆设，淋湿些艺人的衣裳，不如就让艺人们在雨中演杂剧。雨水难得，百姓快活，正好吃酒娱乐。天子听罢，转怒为喜，下令继续宴饮、演戏。此事可算是赵普活学活用《论语》中仁政爱民思想的表现。

赵普还是太忙，据说到底也没有读完《论语》，所以后人嘲讽他是半部《论语》治天下，这当然属于无稽之谈。到主掌枢密院、宰相府后，赵普即使没时间读书，身边那些幕僚的知识也足够调用了，因为他虽在一人之下，却居万人之上。

七

自宋朝开国后，说句公道话，在结束武人跋扈、削平地方割据、确定统一部署以及重建国家秩序等一系列重大事项上，赵普密切配合天子，耗费心机，出谋划策，做了大量工作。

正是在以上背景之下，过于强势的武将势力受到压制，文臣集团的利益不断得到重视，往昔文武之间扭曲的关系渐趋平衡。由此，沦丧已久的文教事业也获得复兴的机会，国家开始跨入平稳发展的轨道，气象焕然一新。以后形成的浓烈"崇文"风尚，与此亦有关，这是后话。

对于赵普的贡献，宋太祖心知肚明，出于一时感激和信赖，遂对这位勋臣不断加官晋爵。

建隆元年（960），赵普出任枢密副使，时年仅38岁，两年后升为枢密使，级别与宰相相同。乾德二年（964）初，他入居相府时，才41岁多。与此同时，还先后加授集贤院大学士、昭文馆大学士兼修国史、右仆射等显赫头衔，独掌相印近十年之久，为宋朝史上所少见。由此可见，赵普深得天子的器重，史称"视如左右手，事无大小，悉咨决焉"。一时君臣相得，的确令人叹羡。

然而，世间事从来都难两全，也没有不散的佳宴。赵普太快登上了功业的顶峰，览尽风光之后，同样不可避免地要走向下坡。

古来在人治的状态下，皇权与相权便存在体制上的矛盾，天子依靠宰相统辖百司治理国家，丞相则要上对皇帝效忠，下对群臣负责，彼此之间存在依存关系。若碰见个暴虐的帝王，宰相无论能力高下，都很难干久，所谓"伴君如伴虎"，弄不好还身首异处；而遇到昏庸无能的天子，宰相再是个能力强心计多的人，就有可能成为权臣，架空皇帝，甚至取而代之。可见双方能否妥善处理关系，直接关乎王朝兴衰。

要说妥善处理君、相关系，全看分寸拿捏是否到位，这当然与皇帝和丞相的素质和心态有关。就为人臣而言，除了忠心尽职外，还必须做到清醒明智，不能犯上，切忌居功自傲，更不用说要回避独揽大权。

但随着功成名就，加上天子的信赖和朝臣们的奉迎，赵丞相却不免有些自满，渐渐专断起来，这便与天子的独尊地位产生抵牾。他还疏忽了避嫌，有时甚至对皇帝也摆点谱，因此犯了为人臣子的大忌。于是，亲密的君臣关系旋即出现裂痕，彼此的蜜月期不可避免地走到尽头。

赵普到底是理论修养不足，还是缺乏大眼光大境界。他自认为从潜邸时就追随天子，忠心耿耿，献言献策，建国后又精心设计，消弭祸端，因此天子理应感念信赖。如此心态之下，他时常自作主张，各方上给皇帝的奏疏，凡认为不便实行，就投入火盆烧掉。一时间，宰相下达的指令甚至重于天子敕命。

赵普还敢于对太祖直抒己见，有时甚至不顾礼数。开国初，君臣俩私下里相见，他曾多次点出天子早年的缺陷。这不是揭短吗？太祖皇帝倒是豁达，终于说了句：若凡尘中可识天子、宰相，那人们都会物色追捧了。听罢，赵普才意识到自己言语过分，从此再不敢提及此事。

不过，赵普拂天子脸面的地方还是不少。如他不顾太祖的意思，一再反对用旧藩镇符彦卿典禁军的事，前面已经说过。又如他举荐某人任职，太祖没答应，他第二天会再次提出，如未获恩准，他还会隔天继续上奏，当天子愤怒撕破奏书扔到地上，他竟颜面不改地跪下拾起破碎的奏章下朝，直到太祖终于醒悟予以任命为止。更有甚者，当天子素来反感的某位官员，按例当升迁而得不到批准时，赵普也继续坚持，以至于龙颜震怒，气愤地对他说：朕就是不迁此人官职，你又能如何？此时若换作旁的人，早吓得心惊肉跳、五内俱焚，他却平心静气回答：刑罚用来惩恶，赏赐用以酬功，古今之理。且刑赏乃天下之刑赏，非陛下一人之刑赏，岂能因陛下喜怒而独专？天子实在受不了此人的顽固，离席站立，他亦紧随而立；天子进入内宫，他竟然久久等候在宫门前，直到太祖最终同意方才罢休。这些事都见诸《宋史》本传，或许有所夸张，意在赞扬他的坦诚忠君之举，比拟先贤名臣，却也多少折射出其自负的心态。当然了，太祖之所以在这方面让着他，是因为察觉他有理，算是秉公办事，为了自己的江山社稷也就予以包容。

如果仅此而已，倒还好说，但日子久了，其他的事情也不可避免暴露出来。在古代官场上，当权大臣，谁不想巴结？下属送个礼献个物之类的事自然少不了，本人再利用职务之便捞些好处，也不足为怪。其实，宋太祖早已洞悉人性贪念的弱点，惯用金钱收买人心，石守信一批功臣大将的兵权不就是用钱财赎买回来的吗？对忠心能干的臣下，从不吝惜公帑，纵然他们贪占点便宜，也大可不必追究。

赵普做宰相几年后，一位性格倔强的朝臣雷德骧因不满其专断，就向天子告发丞相家的违法营私活动。彼时，太祖正倚重赵普巩固帝位、整顿秩序，便不予计较，并当着近臣的面指骂雷德骧：鼎铛尚长有耳朵，你难道没听说赵普乃社稷之臣吗？因此不仅不接受控告，反将投诉者贬谪到外地。随后，地方官得到当权者的暗示，又诬告雷某讪上，结果再被削籍流放。由此看来，赵普若仅仅利用权势获利，太祖并不在意，完全可以宽恕。

事情就这样越积越多，连盘踞南方的小朝廷也打起行贿执政的主意。早在开国后几年，像吴越王钱俶不顾唇亡齿寒，紧跟朝廷打击近邻南唐，无非心存侥幸，希望保存国祚。为了打动朝廷，以后又派专人向赵普馈送大批礼金。不料礼物才送抵赵府，恰巧被前来探视的天子撞见，赵普只得惶恐解释收到吴越海货十瓶。

太祖故作好奇地说：海货肯定不错。即令打开瞧瞧，结果发现瓶子里都是"瓜子金"，即状如瓜子的黄金，他顿时紧张起来，连称不知情。太祖看着心腹尴尬的样子，不无敲打、讥讽地说：爱卿受之无妨，这些人以为国家大事都由你们书生做主。此事虽不属主动索贿，但却与国家利益有关联，故太祖心中相当不悦。

赵普当权久了，专断的作风不仅引起一些臣僚的怨言，还时常对天子讲原则，不顾及九五之尊的威严，如此一来二去，皇帝渐渐不耐烦了。

八

赵普是来自民间的人杰，拥有足够的社会基层智慧，其谋略用于乱世，钩心斗角，逞强斗狠，超乎凡人；收拾起胸无点墨的武夫、藩镇来，纵横捭阖，大放异彩。不过，随着秩序的稳定，国家追求的目标随之提升，于是对官员的素质要求也水涨船高，理论修养便不可或缺，这当然是世道转型使然。由此，赵普的长项逐渐不再凸显，似乎乏善可陈。

到开宝（968—976）中叶，天子临朝，群臣讨论国事时，科举背景的文臣日渐显示出优势，尤其是言及典章制度建设，大都纵论古今，引经据典，侃侃而谈。其中卢多逊以博闻机敏，深得太祖赏识，先后出任知制诰、翰林学士，也就是天子身边草拟诏书的近臣。

卢多逊出身进士，不仅饱学，而且奏言精巧多称圣意，不过为人却轻率，汲汲于功名，也好权谋一套，故与赵普关系不睦。

卢氏任翰林学士后，自恃天子恩宠，经常攻击赵丞相的短处。据宋人笔记记载：某次，他与赵普同时上殿论事，太祖决定将年号改为"乾德"，并得意地称此号自古未有。赵丞相随之附和叫绝，卢学士却冷冷地说：这年号伪蜀已用过。天子大惊，这还了得，大宋年号竟与伪邦小国相同！当即令人去查，结果确如所言。皇帝勃然大怒，一边骂赵普：你理论得过他吗？一边顺手拿起笔就抹到赵普的脸上。赵普回到家中，整晚上不敢洗去面部的墨迹，直到次日上朝才在天子的命令下洗掉耻辱印记。这段资料出自百年之后，大可不必全信，却也说明赵、卢两人关系的紧张，也反映出太祖对文臣之首寡学的不满。其实，此事背后明显有太祖借机压制赵普的动机存在。

开宝四年（971），赵普在京师起第修宅，规模宏巨，仅抹墙的"麻捣"就耗资一千二百贯钱。须知，当时一石粮食还不值一贯钱。其间，他派人到秦陇一带购买巨木，那些俗吏乘势打着丞相府的旗号，搞一些贩卖发财的勾当，这便触犯了官府的禁令。主管财经的三司使报告到天庭，丞相带头破坏规矩，影响过于恶劣，太祖十分恼怒，几乎要下旨罢免赵普相职。

人要糊涂起来，坏事接踵而来。赵丞相又犯了一个不该犯的大错，就是不该与枢密使结亲。

按照本朝规矩，宰相与枢密使并为两府首脑大臣，分别负责行政和军政，互相牵制，以防相互勾结架空皇帝，这一点赵普当然清楚。但在开宝五年，他竟忘记避嫌，糊涂地为儿子迎娶了枢密使李崇矩的闺女。天子闻听，顿时警觉起来，是可忍孰不可忍，大宋皇帝难道成了摆设不成？时隔不久，被流放西北的雷德骧之子雷有邻，跑到京城控诉当朝丞相包庇纵容部下诸事。太祖一看机会来了，当即令御史台审查。审验下来，自然大都属实。皇帝于是传旨对相府奸吏治罪，特赐雷有邻秘书省正字官衔，又命参知政事与宰相轮流掌管相印，以分割相权。明眼人一看，就知道赵普失去了天子的宠信。

到开宝六年八月，太祖终于下诏免除赵普的相位，随之也把那位不识相的李崇矩免职。耐人寻味的是，素与赵普有隙的卢多逊却升为参知政事。至此，压在太祖心里的一块石头终于卸下，可以长吐一口闷气。而昔日的军师，心头却压上了那块石头。

当然，天子对这位开国勋臣还是心存感激，不可能一棍子打死，遂授予其河阳三城节度使的头衔，再加授检校太傅、同平章事，打发他到地方赋闲。说起来，这的确有点卸磨杀驴的味道。

这一年，赵普刚 52 岁，仍是精力未衰之时，却猛然间被投闲置散。要说朝廷对他的安排，表面上看仍属礼遇，论级别论待遇都相当优厚，节度使加上同平章事的丞相头衔，就是所谓的"使相"，名位至高，其俸禄比在任宰相还要高许多。不过，他却完全远离了权力中心，无法过问朝政。

官场从来最是无情，昔日门前车水马龙、冠盖如云的喧嚣场景不再，除了家人和身边的几个亲随外，朝中那些官员们，包括赵普亲自提拔的朝臣已不敢也不愿与他联系，真正是门可罗雀。忽然间，从繁忙中闲下来，他一时还难以适应，面对如此残酷的现实，反差太大了，他心中不能没有怨气。

在孟州（今河南孟县）城自家深宅大院里，赵普的心情渐趋平和。冷静下来，他不免反思过往一切，可以总结的东西固然不少，但最大的教训却莫过于没能妥善处理与天子的关系。若多投天子所好，多些迎合避嫌，少些坚持固执，说穿了就是多搞些投机，便不至于落得如此下场，而做这点事，对自己而言实在不过是小儿科。"早知今日，何必当初"，但悔之晚矣！

正是因果报应，因缘轮回。当年赵普替天子出谋划策，算计了石守信等一批功臣，用的就是收夺实权、投闲置散之计，到头来轮到自己品尝。看起来，政治生命似乎走到尽头，昔日的重臣就要在小地方了却余生了。

九

有道是世事难料，尤其是政治的复杂多变性，任谁也难以长久把握。

开宝九年（976）冬十月间，一向身体硬朗的太祖皇帝突然染病驾崩，时年仅50岁。太祖临终前，还留下遗诏，传位于皇弟光义。这当然是宋代官方文献的记载，可不仅后世历史学家不相信，当年的许多官员也颇感诧异，因为太祖有两个成年儿子，明摆着的合法继承人。

在此需要说明，自早年商朝"兄终弟及"引起王位传承紊乱后，周代便确定了嫡长子继承原则，并为后世所沿袭。这不难理解，兄弟固然属于骨肉，但相较父子，关系还是要远些，除非君王自己绝后，否则通常兄弟轮不到这样的机会。不过，以往确实出现过皇子没做而皇兄弟却登上大位的事，但那几乎都是篡位的结果。此类宫闱事变，老练的政治家一看就懂。这一次，显然又是皇弟赵光义谋害胞兄篡的位。此即所谓宋朝史上的"烛影斧声"疑案。

不管怎么说，赵光义登上了宝位，是为太宗皇帝。在此还要说：赵匡胤兄弟共有五人，其中长兄与幼弟早死，依次匡胤、匡义、匡美。赵匡胤登基称帝后，依照回避天子名讳的惯例，匡义遂更名光义，匡美改名光美。

太祖驾崩、新皇即位的消息，迅速诏告全国。赋闲在家的赵普闻听，哪里肯信遗诏的意思？老谋深算的他，不用打听不用论证，便猜到个中真相。不过，此时他赋闲孟州，想要复出困难重重。

要论赵普与赵光义的关系，可以说相当微妙。这位比自己小十七岁的新天子，他再熟悉不过了。自打滁州之会期间，他就认识了赵匡胤的这位年轻兄弟。进入赵氏幕府后，更成为熟人。当年筹划陈桥兵变期间，年仅21岁的赵匡义积极参与，表现出与年龄不相称的成熟一面，令军师赵普印象深刻。但仅此而已，因为彼时的主角是赵家的大哥。

改朝换代后，在宋太祖眼里，外姓大都靠不住，需要时刻提防，自家骨肉就不同了，因此打压的对象全集中在家门以外。如此这般，赵光义以皇上至亲关系，开国之初就任殿前都虞候，授节度使，参与控制军权。以后，加同平章事衔，封晋王，出任开封府尹，也就是京城的长官。

这位皇弟却不简单，满腹的抱负、权力欲，不甘于现状。掌控京师管理权后，他便效法过去兄长的做法，也乘机培植自己的私人力量。一些骁勇的亡命之徒，通晓奇门遁甲之类的策士，都被私下里招入王府。他还利用各种机会，拉拢朝中的大臣和宫中的宦官。宦官首领王继恩就这样成为晋王的内线。

赵普身居相位，自然也成为晋王笼络的对象，不过那时赵丞相正受到天子的重用，不仅没接受，反倒颇为反感，他因此提醒太祖留心这类反常活动。遗憾的是，太祖真是"聪明一世，糊涂一时"，没有听进他的忠告。不久，赵光义就获悉此事，很可能是王继恩透露的消息。如此一来，晋王与丞相的关系便微妙起来，彼此都怀着深深的戒心，直到赵普罢相。

最终是兄弟阋墙，祸起萧墙，晋王成功登基。说起来，太宗继承帝位的最大依据，是老母临终留下的遗言：赵家帝位得之不易，当哥的死后，可由兄弟接替，兄弟们死后，再传给长房的儿子。太祖遵从母亲的教诲，并将此遗言放入一个金匣子里，深藏于宫中梁上。这便是演绎着一段貌似动人故事的"金匮之盟"。

不管外人是否相信，太宗入居皇宫后，总对臣僚们宣讲"金匮之盟"的意义。他还依照这一说法，郑重地封自家唯一的兄弟廷美（因避讳而更名）为齐王兼开封府尹，太祖长子德昭为武功郡王兼京兆府尹，太祖次子德芳为兴元府尹，并班序皆在宰相之上。与此同时，则对军政要职进行调整，将亲信安插到重要的岗位上。

按照常理，因为有以往的过节，赵普不可能得到起用，加上时任宰相的卢多逊素为政敌，所以他借入朝庆贺之际，大表忠心，以试探新天子的态度。果不其然，他碰了个软钉子，只获得个太子太保的虚衔，连原来的使相官位也被剥夺。看起来前途一片昏暗，他只好悻悻地留在京师的家中，继续蛰居。

天子的冷落，卢丞相的报复打压，以及官员们的回避，令赵普灰心不已，史称其"郁郁不得志"。但厄运压不倒强者，赵普经历过大风大浪，几度强忍几度思忖后，决定静观时局变化，寻觅重振的机会。

接下来事态的发展，逐渐向赵普露出希望的曙光。太平兴国四年（979）五月，也就是太宗即位的第三个年头，在亲征消灭北汉政权后，旋即发动对辽朝的北伐。当时，太宗皇帝激情澎湃，不仅要完成"先南后北"的既定统一大业，而且希望通过对外战争的胜利，树立自己高大的形象，以打消臣僚们的疑虑。然而，这场战争的结果却是宋军大败而归，太宗本人也大腿中箭，狼狈地乘坐驴车奔逃。

当北伐战败的消息传至内地，朝野议论纷纷。许多原本持反对意见的朝臣，都上奏批评伐辽之举。天子对军事上的失利固然相当郁闷，因为威望没提高，反倒招致臣下的指责。但更令他窝火的是，围攻幽州期间，一些将帅还在一度找不到皇帝的情况下，竟密谋拥立太祖之子德昭继承帝位。

显然，太宗帝位的正当性还是受到很大质疑，以致人心不稳。另外，"金匮之盟"虽为太宗即位提供了口实，却也留下无穷的后患。若依照这一遗训，太宗的兄弟和太祖的两个儿子，都是未来皇位的合法继承人。且不说一旦太宗遭遇不测，即就算无事，也难说朝臣们不会离心离德。

于是，心虚气短的太宗皇帝顾不得方式方法，便痛下狠手。当年八月，太宗借故将石守信等几位依旧效忠先皇的将帅贬责，以警告其他武将。接着，又在宫中羞辱逼死侄子德昭。但如何妥善收拾接下来的摊子,却令他头痛不已。

朝堂风云变幻,诡谲莫测,令许多大臣感到棘手,惶惑不安,不知如何应对。有道是"秀才不出门,全知天下事"。赵普可不是寻常秀才,他悉心观察事态发展后,认为时机成熟了,遂抖擞精神,决定出山。

十

赵普深思熟虑后,于太平兴国六年(981)九月上奏皇帝,信誓旦旦地表白自己亲身经历了杜老太后、太祖嘱托的"金匮之盟"。此时,他年已六旬,拿出晚节赌上了一把。也就是说,当今天子称帝得之于非常手段,其漏洞需要弥补,要有人能圆这个弥天大谎。而无论是话语的分量,还是身份的特殊,没有人能与他这位开国元勋可比。此时,赵普人性中积极作为的一面已然消退,阴暗投机的一面油然涌起。

当读到这份奏言后,陷于困境的天子顿时被打动了。赵普此举,明白是昭告朝野:帝位传承合法无误,同时也是在暗示天子,即使是谎言,他也愿全力辅佐辩护。搞政治是不能讲人之常情的,利益永远大于情感,敌人与盟友,亲人与仇敌,都可以随时转换。太宗为了稳固帝位并传给儿子,决定抛弃前嫌,起用这位勋臣。

当月,赵普应召入宫,受到天子的接见,彼此都心照不宣,因为早已达成共识。赵普复相前夕,太宗又试探性地咨询传位皇弟廷美之事,他自然深悉天子心迹,马上劝告道:太祖这样做已算失误,陛下岂能再次失误!太宗听罢,深感满意,当即委以司徒兼侍中的官衔，又封赵普为梁国公。随之，安排这位老臣去处理难题。

在此之前半年，太祖另一子德芳已病死，病因不详。至此，剩下唯一对皇位构成威胁的人便是皇弟秦王廷美。

赵廷美比先皇赵匡胤小二十岁，比当今皇帝赵光义小八岁，心计也较两位兄长少得多。太宗登基后，他先后封齐王、秦王，挂名开封府尹。朝野共知的"金匮之盟"，令他满怀希望，个别投机官员的暗中巴结，让他感觉良好，就连两个侄子的离奇死亡，也未引起他的足够注意。岂不知，恢复相位的赵普已处心积虑地算计起来。人要倒霉，上天也置之不顾。秦王如此幼稚，真是不可救药。

翌年三月的一天，开封城内皇家园池——金明池中的水心殿完工，太宗宣召近臣一同泛舟游览，欣赏春日风光。就在这时，天子潜邸时的心腹、如京使柴禹锡和内酒坊副使赵镕等人，突然密告秦王图谋作乱。听到报告，太宗立即终止行动，并下诏免去秦王的开封尹一职。随之，传旨改任廷美为西京留守，打发他到洛阳城居住。时隔两个月，赵丞相召集朝议，确定秦王谋乱罪名成立，于是奏请天子将罪人贬为涪陵县公，与其家人一并流放到房州（今湖北房县），令驻军严密监管。

在一连串突如其来的打击下，天真的赵廷美完全糊涂了，及至抵达荒凉的房州，才醒悟过来。清醒之后，涪陵县公意识到那个温情的"金匮之盟"原来与己无关，是二哥的专利，眼下所见只有四面杀机。真是可悲、可叹！一年半后，也就是雍熙元年（984）初，赵廷美在监管地惊惧而死。

说起来，在这次"未遂政变"中，柴禹锡等人固然眼明手快，而赵普在幕后的导演更功不可没。史称："凡廷美所以得罪，则普之为也。"因此，天子论功行赏，柴禹锡、赵镕等人都得到提拔，赵普则不仅坐稳了相位，而且"一石两鸟"，将另一位宰臣卢多逊也牵扯进来，严厉审查，锻炼成狱，然后奏请将宿敌流放到天涯海角的崖州（今海南三亚市西北）。这位有些无辜的书生宰相，最终死于流放地。

当秦王事件了结之后，太宗皇帝的心病已荡然无存。而经过血的教训，也使臣僚们变得恭顺起来，看来不用建功立业，照样能树立天子威权。在太宗眼里，赵普还是老到有办法，会替人主排忧解难，的确难得。但同时，太宗也意识到此人不计前嫌，大胆迎合投机，显然心机太深，非忠臣所为，不能不防。当然，满腹韬略的赵普也深知当今天子心胸狭窄，多疑猜忌，与太祖迥然不同，以往的过节必为挥之不去的心结，因此唯有小心侍奉，绝不可再像过去那样直抒己见、贸然顶撞。

不管怎么说，赵普毕竟通过超凡手段再入相府，又报复了宿敌，多年的积怨一泄而出，他的心境还是舒畅多了。

正是在如此微妙的关系下，太宗与赵普君臣暂时合作起来，继续推动朝政建设。到太平兴国后期，朝廷的人事安排已完全符合了太宗的要求，大臣中太祖时代的旧人大都替换下来。新提拔的宰相自然对皇帝感恩戴德，赵普自不用说，其余宋琪和李昉两位宰臣也都以谨慎、持重而著称。至于枢密院中的长官，如柴禹锡、王显等人都是天子藩邸出身的心腹，虽素质不高，却极能体察上意。

太宗从来是个刚愎自用的人,自坐上龙椅,就喜欢独断宸纲,看不得臣下比自己高明。因此,当缠绕在帝位上的疑难纠葛清理完,朝廷中枢的人事调整妥当,他觉得赵普的使用价值已不大,便不愿再看到老奸巨猾的重臣高踞庙堂了。

十一

太平兴国八年(983)十月,天子下诏授予赵普武胜军节度使,加检校太尉兼侍中。一句话,朝廷请元勋老臣卸下重担到邓州(今河南邓县)休养。

赵普早有心理准备,接到诏书自然明了皇帝的意思,政治就是如此无情,才替人主办完天大的事,62岁的年龄便成为年老退休的理由。礼遇归礼遇,离休就离休,但他仍想要化解天子的心结,才能放心离朝。

临别前,天子特意设宴饯行,并赋诗一首相赠。这本是逢场作戏之举,但赵普就是要假戏真做。当太宗将御笔书写的诗赐给赵普时,他双手捧起,热泪盈眶,哽咽地说:陛下赐的诗,我要刻成石碑,与臣的朽骨同藏于泉下。这倒把天子糊弄住了,念及为自己做了那么多的事,一时感情上来,竟为之动容。次日,太宗在宫中对宰相指示:赵普有功于国家,朕早年就与他交游,如今他齿发俱衰,不能再烦劳机务,可选择个好地方安置吧。太宗又感伤地说:朕写诗无非表达谢意,赵普就感激涕零,朕怎能不为之落泪。宰相宋琪马上安慰道:昨日赵普来到中书,手捧御诗涕泣不已,还对臣等说他余生不多,无机会报效陛下,只有来世做牛做马来报答。为臣昨闻赵普之言,今复聆听陛下圣谕,实在是君臣情分可谓两全矣!

就这样怀着几分惆怅几分失落,赵普第二次告别中书,来到距京城不算太远的邓州城。不过,他依然关注着朝廷的动向,没有将政治情缘完全了却。也倒是,赵普是典型的政治动物,愈老弥坚。离开庙堂后,没有闲情逸致,唯有韬光养晦。

雍熙三年(986)三月,太宗皇帝经过数年的准备,兵分三路,再度发动对辽朝的进攻,期望收复幽云十六州,建立盖世功业。但军事行动持续到五月下旬,就再度惨败。宋军班师后,损兵折将不说,又引起某些臣僚的非议。对此,太宗内心充满耻辱感,需要解脱,但还不得不强打精神对臣子们做出解释,以稳定众心。太宗再度陷于困境之中。这时,他突然想起赵普此前的奏疏。

当朝廷大军北伐期间,身在外地的赵普曾给天子连上两道奏疏,上奏中除了指出用兵殃及百姓生产生活外,又特别告诫"兵久则生变"的危险,提醒天子留心前代兵变的教训。到兵败班师后,赵普再次上奏,一方面恳请天子保养圣躬,另一方面建议无为而治,永罢兵革,如此则四方夷狄自会慕化归顺。最后还诚恳地表达道:为臣壮志未酬,虽年老体衰,无征伐之功,但愿意竭尽忠诚以报效天子。

太宗阅罢三份奏言,幡然悔悟不少,特别是读到要求追究北伐失败祸首罪责的一段话,马上意识到宿臣为自己解脱的苦心。明摆着,赵普虽然赋闲外地,却仍操心国运,主动替天子分忧。太宗深受感动,于是给赵普回复了手诏,表示同意放弃用兵的意见,又指出战败的原因都在于诸将不遵守圣命。消息传出,臣僚们也为这位老臣不屈不挠的精神感化,都称颂其忠心难得。

显然,赵普坚忍顽强的意志,春风化雨般的努力,终于打动了多疑的天子。太宗重新审视后,发现赵普身上有很多优点,特别是化解僵局的能力无人可比,忠诚度看来也没问题,遂淡忘了以往的过节,拉近了与他的距离。

次年二月,赵普调任山南东道节度使,改封许国公,迁至襄州(今湖北襄樊市),这表示朝廷没有忘记元勋宿旧。

端拱元年(988)正月,朝廷要举行皇帝亲自主持的籍田大礼。赵普遂上表请求入觐,获得批准。礼仪活动期间,君臣相见,赵普激动得呜咽流涕,太宗一再抚慰,场面感人。随后,皇子陈王元僖向父皇上奏,称赞赵普是开国元勋,厚重有识,实为本朝难得的良臣,可与唐太宗身边的名臣魏徵、房玄龄、杜如晦相比,因此请求恢复其相位。

至此,水到渠成。籍田礼结束后,太宗传旨将平庸的李昉调出中书,任命赵普为太保兼侍中,位列首相,次相则由太宗一手提拔的状元吕蒙正接任。这一年,赵丞相年已67岁。

老到的赵普第三度执掌国政,在群臣眼里分明是元老重臣,没有人不敬重不忌惮的。而他本人却自知在宦海的时日不多,故注意把握分寸,既要满足天子,也要做些事情。于是,他劝说太宗将注意力集中于内部,不在意边境尺寸之争,着力强化天子和朝廷的集权统治,整顿秩序,开展建设,营造盛世气象。他的这些大政方针主张,颇得太宗赏识,纵然出现某些异议,也不计较。甚至太宗亲信的佞臣侯莫陈利用,气焰嚣张,无人敢管,也因赵普的坚持,被贬官流放。

赵丞相偶然还会读《论语》,体会其中的精妙思想,在施政中有所参考,必要时也用来表达情怀。

一天,太宗皇帝对赵普说:朕每每读书,看到前代帝王多妄自尊大,谁敢犯颜论事?如不虚心接受臣下进谏,乃是自我蒙蔽。君王若只依据自己的喜怒赏罚,岂能使天下归心!赵普随之对答道:天子如能赏罚无私,内外无间,上面讲求义理,下面竭尽忠诚,天下便不难太平。接着,赵普又针对皇上提出的治民之术的问题说道:陛下体恤百姓,每闻听有利病出现,无不即日采取措施,古代圣明君王爱民之心也不过如此。如此巧妙的对答,虽然有些离开主题,但却给君臣之间带来一种和煦、愉悦的气氛。

在两年任内,因天子非同一般的眷顾,赵普享受到不少超常待遇。如考虑到他年岁大的缘故,特许在大暑时节中午便提前归第休息,又免去每日上朝的繁文缛节,遇有大事可直接上殿奏对等等。

然而,好运也有到头的时候。到端拱二年冬天,赵普终于大病一场。他在患病卧床期间,太宗特意驾临其家慰问,并赐予大量钱财。

"夕阳无限好,只是近黄昏。"大病之后,赵普感到身心疲惫,意识到自己无法适应繁重的政务。此时,他明智多了,懂得见好就收的道理,不想熬到被下诏免职那一步,于是主动上奏请辞。眼见他态度坚决,太宗只得勉强同意。

翌年初,朝廷特授予赵普西京留守、河南尹的隆高官职,并保留其太保兼中书令的头衔。赵普离京之际,太宗皇帝又亲自来到他家相送。

淳化三年（992）二月，疾病缠身的赵普连续三次上表请求致仕。天子派宦官赶赴洛阳探视抚慰后，恩准了他的请求，遂拜其太师，封魏国公。七月初，太宗特派赵普的侄婿张秉捎来珍贵礼物和问候，准备为他祝寿。想必赵普读到圣谕里的浓情话语，情绪激动，致使病情加剧。当月十四日，一代重臣赵普溘然长逝。

据说，赵普临终前一直被梦魇纠缠，死去的赵廷美和卢多逊化作厉鬼追讨不已，家人不得不请道士作法，但收效甚微。

噩耗传至京师，太宗颇为伤感，竟动情流下眼泪，遂下诏停止朝会五日，为其默哀。随之，朝廷追赠亡臣尚书令、真定王。太宗皇帝又亲自撰写神道碑文，赐予丰厚葬赙，派专使举行了国葬。

赵普长子承宗已故，次子承煦获得宫苑使和刺史的优抚。但赵普两个已婚的女儿却因哀伤过度，自愿出家为尼，天子感动之余，分别赐予智果大师、智圆大师的法号。真是君臣情浓、父女意切，感人至深。

光阴如梭，斗转星移。在宋朝人的眼里，赵普依旧保持着高大的形象，因为国初确立的许多政纲与他有关，开国的局面也与他有份。不过，来自后世的非议却不少，有指责他贪恋权位，奉迎宋太宗迫害政敌；有挖苦他学养不够，靠着半部《论语》治天下，造成宋朝开国气度不大，等等。然而，生于乱世的一介小吏赵普，虽读书不多，却谙熟人情世故，富有谋略，能牢牢把握重要机遇，遂幸运地成为宋朝开国重臣。而在太祖、太宗两朝交替复杂多变的时代,他一边总结经验,一边吞咽教训,几度屈伸,几度沉浮,终生斗争不息。以个人的成功三入相府,穿行于历史的浊浪滔天之中。

俱往矣!风流散尽,王侯将相成抔土;荣枯不再,唯余事迹供品评。好也罢,赖也罢,斯人已去,留于后世作谈资。就此想到明朝人杨慎的词《临江仙》:"滚滚长江东逝水,浪花淘尽英雄。是非成败转头空。青山依旧在,几度夕阳红。白发渔樵江渚上,惯看秋月春风。一壶浊酒喜相逢。古今多少事,都付笑谈中。"

状元宰相吕蒙正

一

宋朝历史上第一位状元出身的宰相吕蒙正,字圣功,先后历仕太宗、真宗两朝,三入相府,可谓一时风光无限。这位状元郎日后得意,富贵至极,不过其早年生活却颇为坎坷。

后晋开运三年(946),吕蒙正降生于洛阳城一个官宦之家,其时距宋朝建国尚有十余个年头。其祖上原籍太原,祖父吕梦奇在五代时曾任户部侍郎的高官,遂定居洛阳,父亲吕龟图也官居起居郎。要说家境自非常人可比,可摊上个风流好色的大人,日子就不好过了。

要说吕龟图,官阶虽然不高,却因出身优越,养成公子哥习性,除了正房刘夫人之外,又置了几房宠妾。如此一来,夫妻感情不和自然难免,儿子连带也受气不少。大致在宋朝初年,仅因一次口角,吕龟图就不仅将刘氏休去,竟还绝情地将儿子蒙正一并逐出家门,这在古时注重血亲关系的年代倒的确不多见。

按照传统门当户对的婚嫁规矩,刘氏想必也属大家闺秀。这位母亲具有典型的传统美德,又性情刚烈,发誓永不改嫁,一心抚育儿子,将一腔怨恨化作希望,都寄托于蒙正身上。因此,离开吕家后,刘氏寡母孤儿举步维艰,连生计一时都成了问题。

人的少年生长环境和经历,必将影响其一生一世,尤其是从衣食无忧跌宕到吃穿发愁的巨大反差,常使孩童迅速早熟起来,对人世间的冷暖有刻骨的敏感与反应。好在吕蒙正天资聪慧,遭此晴天霹雳打击后,更发奋读书,立志出人头地,为母亲和自己争口气。

据说,吕蒙正随母离家后,曾一度寄居于一处叫利涉院的寺庙。佛寺位于洛阳城南伊水河畔的龙门山上,庙里的高僧见到落难的翩翩少年,一眼便识出有大贵之相,于是特别在山上凿出石龛,供其落脚,吕蒙正在此潜心读书,一住就是九年。此为百余年后宋人笔记的记载,不免有些夸张离奇,但主人公徜徉龙门山间,遍览历代石窟寺倒是真的。那些造型高大神奇而又慈眉善目的佛像给了少年不少的心灵慰藉,也多少化解了心中的积愤,或许还在冥冥之中保佑了他。

当年的某个夏日,少年吕蒙正在伊水岸边看见卖瓜人,很想买一个解馋,但苦于囊中羞涩,只得站在路旁怔怔观望。卖瓜郎走后,地头竟遗留了一枚,他怅然取而食之,由此可见其当日窘困之一斑。日后他发迹为相,在洛阳城南置买园林,特意在比邻伊水边修筑一亭,取名"馈瓜亭"。

据记载,吕蒙正年轻时曾与张齐贤、王随、钱若水及刘烨等几位同学,拜洛阳当地人郭延卿为师学习诗赋。一天,师徒们结伴渡过伊河找著名道士王抱一算命,不料王道士外出,结果一位和尚出来接待,大家感到疑惑,都好奇地询问为何僧人以道士为师,那位和尚倒是坦然回答:已追随王道士学习相术三十余年。他们不愿白跑一趟,就请和尚算命,僧人却说:师傅告诫自己在相术未精时,须谨言慎行,诸君一定要看相,还请明天问师傅吧。

次日,众人再至,王抱一招呼各位随便入席,吕蒙正坐于道士正对面,张齐贤和王随落座其次,钱若水与刘烨则又次之。王道士一看,抚掌叹息良久,几位连忙请教,主人说道:我曾游历天下,东至于海,西达流沙,南穷岭外,北抵大漠,寻求所谓贵人,以检验相术是否灵验,却总难如愿,岂料今日贵人尽在席上!众人听了都喜出望外,那王抱一却接着自顾自地徐徐道来:吕君科场及第,无人可压得住,不过十年便可为相,十二年后出判河南府(今河南洛阳),出将入相,坐享三十年富贵长寿;张君过三十年也做宰相,同样富贵长寿告终;钱君能居执政之位,不过只有百日之久;刘君虽有执政之名,却无执政之实。诸位徒弟都被一一说到,唯独将老师漏掉。郭延卿脸面挂不住,愤然指责道士言辞虚妄:难道座上能出许多将相不成?王道士不为所动,依旧平和地回答:我并未收钱,你们一定要问,才如实相告。自今十二年后,吕君出判河南府时,你可通过本地考试,隔年你虽有科举功名,还是做不到京官。听罢此言,郭先生更为恼怒,徒弟们都不安起来,遂作鸟兽散。多年后,吕蒙正与张齐贤等人结局果然如此,而他们的老师郭延卿也确是在吕蒙正的帮助下中举,但不久死去。

以上出自宋代笔记《默记》的这段史料,自然充满附会想象,不可全信,却多少折射出吕蒙正求学期间的生活片段。

还据说,他在读书期间曾游历到邻近一个县城,其学问引人注目,但当地县令的公子胡旦,也就是后面要提到自恃才高而受到柳开教训过的那位,出于文人相轻,对外来的才子极为刻薄。当有人对吕蒙正的"挑尽寒灯梦不成"之句夸赞时,胡公子却大加嘲讽,挖苦为"瞌睡汉"。其实,此句乃是他当年昼夜读书的侧面写照。

二

太平兴国二年(977)正月,朝廷举行科举会考,此时宋太宗登基才三个月。新天子不仅亲自主持了殿试,还钦定录用标准,结果录取合格进士109人、诸科207人,又对曾参加过15次科考的举子191人予以开恩,合计录用各科人数达五百余名,其规模大大超过了以往,更是唐朝的许多倍以上。

本朝自太祖朝后期以来,革故鼎新,倡导文治,其中科举沿用了许多唐代惯例,包括赐宴、题名之类。这次科考完毕,太宗皇帝特赐每位新科举人一套鲜亮衣装,在城中开宝寺内大摆宴席予以款待,并亲自赋诗二首赐予众人。随后,天子打破常规对他们超等委任官职,像进士中一、二等成绩获得者和九经及第者,都被授予将作监丞、大理评事的官衔,直接差遣为各州通判,也就是州级政府里的第二把手。史称"宠章殊异,历代所未有也"。太宗如此厚待文士,连当日的宰相薛居正都觉得有些过分,就反映:取人太多,用人太快。但天子"方欲兴文教,抑武事",打算扶植大批文臣控制地方,收天下士心以巩固帝位,所以对宰臣的呼吁未加理睬。当新科"天子门生"们赴任辞行时,太宗还亲自在宫中予以接见，又特别告谕各位：到各自治所后，政事有不便的地方，可以立即反映给朝廷。最后再赐给每人20万行装钱，真是皇恩浩荡，前所未有。

此次科考高居榜首的状元便是吕蒙正，被授予将作监丞的官职，差遣到昇州（今江苏南京市）做通判。昇州乃六朝金粉之地，又是以前南唐的都城，是故属美差一份，此时他刚满30岁。实在是功夫不负有心人，多年的夙愿一朝化作现实，往昔的多少困苦也一日尽洗，母子都大可扬眉吐气，光宗耀祖。在此借用唐人孟郊的七言绝句《登科后》可谓："昔日龌龊不足夸，今朝放荡思无涯。春风得意马蹄疾，一日看尽长安花。"

吕蒙正毕竟饱读圣贤书，深明人伦大义，故登科入仕后，很快就将父亲接来团聚，不过与母亲同堂异室而居，悉心奉养，因此博得世人的赞誉。而已年过半百的薄情生父，想必既为家门出了状元窃喜，又羞愧难当，正是"早知今日，何必当初"，大喜大悲之下不久即辞世而去。值得一提的是，以后因儿子官居宰辅高位，这位死去的父亲还获得了尚书令的封赠头衔。至于吕蒙正的母亲刘氏，则在世时便已享受到诰命的待遇，死后又被追封徐国太夫人。

吕蒙正步入仕途后一帆风顺，仅时隔三年，就被太宗皇帝钦点为左补阙、知制诰，承担草拟皇帝诏书的职责。随之，又升迁为都官郎中，出任翰林学士，成为天子身边的近臣。到太平兴国八年（983），他超迁为参知政事，跻身执政之列，也就是副宰相，此时距其科举入仕不过七个年头，提拔速度之快可谓官场罕见。这一年他才37岁，令无数积压难迁的官员艳羡不已。

当委任吕蒙正执政的诏书下达之日,太宗特赐予京城内宅第一区,并告诫他:士人们未显达时,对当世不合理的事都心存不满,及至身居高位,拥有策划政事之权,就当尽其所能,虽未必每言皆善,也应反复思考加以修正,以贡献朝廷。朕固然不以崇高自居,还是愿听取不同意见。真是眷顾情深,推心置腹,他怎能不心存感激?又如何能不深受鼓舞?

状元可不是徒有虚名,全国几万举人中才出一人,故吕蒙正的学养非常人可比。更难得的是,他历经困苦,一鸣惊人,成为朝野关注的翘楚,却能淡然处之,保持平和的心态,举止毫不得意忘形,这便令人肃然起敬。据记载,他以参知政事身份初入朝堂之日,朝臣们分列两旁,有人不服气地在下面议论道:这小子也能做执政?吕蒙正佯装没听见,径直上殿。同行的大臣为其鸣不平,当下便要追问说话者,他却劝阻说:若一旦知道了此人姓名,则终身不能忘记,不如不知道为好。如此气度雅量,深得众人叹服。

端拱元年(988),吕蒙正入居宰相,与元老重臣赵普共掌中书大权。不用说,这一搭配是太宗皇帝的亲自安排,一个是经验老到、满腹心机的67岁宿旧;一个是学养深厚、明达事理的42岁新人。要说在天子眼里,吕蒙正是亲手选拔的状元和栽培的宰相,其学行备受赏识,故关系要亲近得多;而赵普则是先帝器重过的人,之所以继续任用还在于借重其权威,但关系却不免有些疏远。对于这些关节,吕蒙正自然心知肚明。不过,多年的读书心得及生活阅历,却令他谨慎从事,自甘居后,该尊重老臣之处绝不冒犯,该发表意见之时也坦然说出,这便将以往恃宠轻狂的卢多逊之流比下去了，完全一个谦谦君子的形象，因此不仅深得太宗皇帝的满意，也难得地获得赵普的赞许。

三

前面说过，宋朝建国以来，太祖皇帝着力结束动乱，整顿法纪，并确定了先南后北的统一方略。太宗登基后，已秩序稳定，江山一统格局也粗具规模，收复幽云遂一度成为施政的主要目标。但自雍熙三年（986）第二次北伐辽朝失败后，宋廷被迫彻底放弃对外用兵，而将注意力集中在内部建设上。

吕蒙正拜相之时，正是第二次北伐失败后的第二个年头，他作为宰相完全支持朝政路线的转移。就此，他曾耐心劝谏过天子：隋唐两朝，数十年间四征高丽，百姓苦不堪言。隋炀帝全军覆没；唐太宗亲自督战，劳而无功，悔之晚矣。因此治国的关键，在于内修政事，唯有国泰民安，则周边夷狄自会归顺，边关也才能安定。这些话，包含了历史的经验教训和现实的需要，指明了国家追求目标的价值所在，句句符合圣贤经典中的仁政治国理念。太宗听罢，深为所动。

在主政期间，吕蒙正还不失时机地规劝天子关心民瘼。某次宫廷赏灯宴会中，太宗皇帝自满地对在座的吕丞相说：五代乱世，生灵涂炭。像周太祖率军入汴京，官员庶民家都遭受剽掠，人间大火不绝，天上彗星横现，真是全无太平之日可待。朕亲躬政务，现在可谓万事粗理，天顺人和，京师已是一派繁荣气象，看来治乱还在人为！听到君王如此高论，他竟离席到皇帝面前奏言道：

天子所居之处，士民荟萃，自然繁盛。但在都城外不过几里的地方，为臣就曾看到许多饥寒而死的人，其他地方不必说了。故期盼陛下能由近旁发生的事推及远方，则苍生有幸啊！真是不识趣，也不看场合，明摆着扫天子的兴嘛。太宗听罢脸色都变了，闭口不言，气氛顿时紧张起来，他倒安然归席。执政们因此都暗暗佩服其直率敢言。当然，这些出自《宋史》本传的记载，或许有些溢美之词，但大致事实倒还可信。

在古时帝制王朝时代，宰相是臣子们一生追求的终极目标，但只有到了其位上才明白着实难做，上伴君王下面百官，千头万绪，时刻处于矛盾的聚集点上，尤其是在宋太宗这样猜忌心重又专断的皇帝座下供职，更是轻不得重不得，真不得假不得。外人眼里的体面风光背后，阴霾苦水多了去，明智之举只能是照民谣"宰相肚里能撑船"的说法去应付。

熟读经史的吕蒙正，当日就以雅量服膺朝野，有两条记载颇能说明。一件事说的是：卢多逊任宰相时，其子依照门荫条件入仕，被授予水部员外郎，属正七品官，从此成为定制。吕蒙正入相后，儿子也可循旧例享受如此待遇，但他却上奏皇帝：为臣忝位科举甲等及第，授官不过九品京官，何况天下有才之人终老于民间，不能享有尺寸俸禄者众多。如今臣之子才离襁褓，便获殊荣，我怕遭到报应，乞求以为臣科举授官时的标准给臣之子补官，就此足矣。看到和听到这样的奏言，太宗及臣僚们自然对其多一份敬意，由此修订了规则，成为以后的定制。还有件事是：一位朝官家藏一面古镜，据说可观看二百里，此人为巴结吕丞相，遂将此物献上。不料吕蒙正对其笑道：我的脸面不过碟子大小，哪里需要照二百里？此事传出，闻者无不叹服。

吕相公为官尽管持重守正，一路顺风顺水，仍不免要遭遇波折。淳化二年（991）九月间，言官宋沆与冯拯等人上奏请立许王元僖（太宗次子）为太子，忤逆了天子，受到严厉的惩罚。这位宋官人正是吕蒙正妻子宋氏的兄弟，他的冒失举动自然引起太宗对其当政姻亲的猜疑。就在这时，枢密副使温仲舒乘机攻击宰臣欺下媚上，致使民怨沸腾。须知此时赵普早已因病辞职，唯有吕蒙正一人独在相位，矛头所指当然就是吕蒙正。

说起来，温枢密与吕丞相原本是好友，当年两人同时科场中举，有同年之谊。温仲舒在任汾州（今山西汾阳）知州期间，因与当地驻军的监军家婢女私通，被告发出来，实在辱没官声，结果被朝廷削职为民。温某人穷困潦倒，只得到京师投奔昔日同年，吕蒙正出于友情和同情伸出援手，不仅接济其生活，还做工作恢复其官员身份，又一再推荐和拔擢，使这位名声欠佳的地方官进入中央。彼时，双方过从甚密，他对恩人更是感激涕零。有道是世道险恶，小人最是恩将仇报。当好友遇到难处之际，已居执政之位的温枢密不是挺身而出，反倒落井下石，无非觊觎更高的官爵。由此，其为人终为士林所不齿。

受到姻亲的牵连和温某的攻击后，吕丞相却并没有为自己辩解一句，因此天子迁怒于他，下诏罢其相职，由老臣李昉和吕蒙正的另一位同年张齐贤接替。罢相诏书的言语相当刻薄，其中有"援引亲昵，窃禄偷安"。虽保留了吏部尚书头衔，其实只是闲职。他听罢天音，未发一言就离朝返回故里。这一年吕蒙正45岁，在相位上才坐了三年。

四

北宋时,开封固然是都城所在,天子脚下公卿百官云集,禁卫如林,号令天下,里外一个帝国的政治中心之地;但洛阳府也非寻常城市,其早期历史不说,就从隋唐时算起,便是关东的中心,定名东都,首都京兆府(今陕西西安市)则称西都,两城并号为两京,其城池宫阙不下于京师,如隋炀帝、武则天及唐玄宗等等帝王,大半时光不是在长安城定居,而是在洛阳城度过。唐末五代期间,长安毁于兵燹,洛阳城就成为最大的都会。随后,汴梁定名为东都开封府,西京就让位洛阳府。

因历史人文的背景,西京洛阳城聚集了大批养闲退休的官僚,故多园林别馆,引得文人骚客也多荟萃于斯,于是此地成为北宋的文化中心所在。

吕前丞相回到家乡,聚首亲朋故旧,回忆昔日的艰苦日子,满足之感油然而起,加上早年就感悟过佛陀,胸怀一贯开阔,因此心情倒并不郁闷,遂陶醉于修筑园池,打算享受轻松闲适的生活。

据说,他还在相位的时候,曾喜食鸡舌汤,每日必餐。一天,他游自家的后花园,看到远处围墙旁有座山包,便不解地问随从是谁修筑的,仆从回答:此是相公吃鸡剩下的鸡毛。他大感意外道:我吃的鸡乃有几何?怎么能堆积如此之大?仆从再答道:一只鸡仅一尾舌,相公一顿汤须用多少尾舌?食鸡舌汤又已多久?他闻听后默默无语,从此舍弃这一嗜好。但毕竟今非昔比,饮食不说，故相家的园池就老大不小，濒临伊水，并为纪念少年时吃到弃瓜一颗，而专修一亭。

常言道"无欲则刚"，此非虚言。吕蒙正有心洒脱，不愿贪恋权位，反倒甩不掉庙堂之责。居洛不过两年零一个月，宣召入朝的诏书又抵达家门。显然，崇尚儒雅的太宗没有忘记一手栽培的状元宰相，对其亲家人妄议皇储之事恼怒过后，才察觉到与他无关，自然不再怪罪。日子久了，天子厌烦了老官僚李昉之流的昏庸，更觉得吕状元清新宽厚的难得。

淳化四年（993）十月，吕蒙正复相，李昉离朝，加上数月前张齐贤已先期罢相，吕蒙正又是独掌相印。

说到吕丞相的同年张齐贤，也是位值得一提的不俗人物。他与吕蒙正为洛阳同乡，但年长三岁，两人还同时拜师学习过。这位贫家子弟，身形壮硕，胃口极大。据说，他在青少年时总吃不够，只有遇到村里人办红白喜事时才能饱餐一顿。某日，他又去参加一家人的斋事活动，事后竟将主人悬挂在墙上的一整张牛皮煮熟吃光。即使日后贵为公卿，他依然食量过人，尤其嗜食肥猪肉。与吕蒙正同年中举入仕后，彼此风格迥异，一个是儒雅豁达，一个是粗犷敢为，如早年王道士所预言，前后脚做了宰相。可在太宗皇帝心目中，还是更欣赏吕相公的气质风范。不用说，这两位内心不免存有竞争之意，倒是不伤官场和气。

在重回中书的一年半多之中，吕蒙正施政依旧崇尚宽简，不过该照章办事时，也不随波逐流。如某次推荐出访外藩的使臣，他便不顾皇帝的不满，一再坚持，以至太宗终于叹服道：吕卿的气量，朕也不及。

怎奈宦海无情，君王心底难测！到至道元年（995）四月间，晚年的太宗皇帝为将来储君顺利继位考虑，需要一位宰臣辅佐，以防意外发生，最终看中了"大事不糊涂"又果决的吕端，而放弃了儒雅的吕蒙正。于是，下诏授予吕蒙正右仆射的隆高官衔，出判西京兼留守。在此需说明，按照宋朝的规矩，宰执重臣离朝出任要地长官，称"判"不称"知"，以示敬重，尤其是判洛阳府兼西京留守，带有替天子镇守之意，故更受世人尊崇。

再次荣归故里后，除府衙中大事过问之外，其余一概交于下属处理，他则依旧与故交亲友往来，流连于游赏宴饮之中，了无政务烦恼，真是快意人生！如此洒脱豁达、不为名利困扰的举止，令多少汲汲于功名利禄的官僚叹服不如。

至道三年（997）三月，太宗皇帝驾崩，太子即位，是为真宗。新天子大赦天下的同时，也对众多臣僚加官晋爵，吕蒙正的官阶升迁为左仆射。朝廷在洛阳郊县兴修大行皇帝的奉熙陵，他主动贡献家财三百余万钱，以表达心意。国葬之日，他匍匐于陵前恸哭不已，这当然是真心实意，令出席葬礼的君臣深受感动。

咸平三年（1000）十一月里，复相两年的张齐贤因朝会期间喝醉了酒，举止失态，有失大臣体统，被传诏罢职。其实此事不过只是表面文章，背后真正隐藏的笔墨，则是他与更受真宗信赖的另一位宰相李沆矛盾的结果。当日坊间遂传唱道："李相太醒，张相太醉。"

真是一对冤家同年关系，张丞相才罢官离朝，三个多月后，吕蒙正又回到中书成为首相，并加授昭文馆大学士，与李沆共掌相印。此时吕相公 55 岁,仍是精力未衰之时。

五

本朝建国以来,三度入相者唯有吕蒙正与开国元勋赵普两人而已,又都历经两朝皇帝,因此,就其仕途而言确是光彩无限,朝野无不羡慕。

真宗继位后,朝政大致沿袭前代路线,国内建设倒是蒸蒸日上,不过来自边关的压力却与日俱增。辽朝大军不时进犯就不用说,西北一隅的党项势力也日渐猖獗,一时狼烟不绝,令君臣为之宵衣旰食。

面对如此严峻的边防形势,当日宰执大臣班子的构成却几乎是一个和平内阁的架势。往细里说,中书里的宰相有吕蒙正、李沆和向敏中三位,参知政事有王旦、王钦若二人;主管军政的枢密院正职长官为周莹、王继英,副职是冯拯、陈尧叟。这些衮衮诸公中,除了周莹和王继英两人出自武官外,其余都是清一色的科举士人,懵懂军务。而仅有的周、王两位武人,还出身太宗、真宗藩邸随从,因此一路升迁主掌枢密院,既缺乏战场经验,更无高明的军事谋略可言。以此观之,朝堂应对边患自然乏力。

正是在此背景下,吕蒙正开始了第三任主政期,前后有两年多时间。不用说,从事内部各项建设,他得心应手,但解决边防困境就力不从心。好在局势尚未发展到不可收拾的地步,年轻天子又是自幼深受儒家文化培育的君王,素来不好动武用兵。因而,君臣相持着支撑偌大的江山。

吕丞相到底是个明白人,眼看国家面临无穷的边患,自己乏善可陈,一筹莫展,加之年岁渐高身体多病,遂萌生了退意。到咸平六年(1003)九月间,他已连续七次上表请辞,天子只得恩准,特授予太子太师官衔,并赐封莱国公。他就此卸下千钧重负,赋闲于京城。

翌年,也就是景德元年(1004),是宋朝历史上极不平凡的一年。当年闰九月间,辽朝专政的国母萧太后带着辽圣宗挥师二十万大举南下,双方上演了一场生死大决战。吕蒙正真是有先见之明,他的先期让位于公于私都恰到好处,既为一代豪杰寇准的出山铺平了道路,也使自己避免了难堪的境地。

同年七月末,宰相李沆病死任上。八月初,参知政事毕士安、三司使寇准被任命为丞相。新班子新气象,尤其是刚毅果决的寇相公敢作敢为,迅速做出了迎战的准备。于是,随后宋军的抗击和天子的亲征打破了契丹人入主中原的梦想,最终双方休战妥协,订立"澶渊之盟"。这一结果,倒是吻合了"化干戈为玉帛"的说法。

这一年,吕蒙正在家中密切关注着庙堂的变化和战场的形势,为最后的结局感到欣慰,对寇准的表现更为钦佩,确是江山代有才人出,各领风云于一时。他是个知足的人,该享有的都已享有,该领略的也都经历,是到了彻底引退之时。

来年春天,吕蒙正上表天子,恳请返乡养老。真宗理解花甲之年老臣的心意,遂予以恩准,并特意安排其两个儿子搀扶着父亲入宫觐见。君臣见面时,老相公表态对议和充分支持,认为属

"古今上策",天子深感慰藉,当即口谕升迁其两子官职。

返回洛阳城后,晚年的吕蒙正过着轻松优游、儿孙绕膝的日子。他先后娶妻两位,前妻宋氏封广平县君,不过早死,续弦薛氏封谯国夫人。他共有十子,皆为朝廷命官;女儿六人,也都嫁于官户,其中二女婿赵安仁、四女婿丁度官至参知政事。他还有二十五个孙子、三十一个曾孙。就此观之,真是多子多福,满门富贵,完全符合古人福禄双全的成功标准。

他还一直受到朝廷的关怀,爵位一再提升,先后改封徐国公、许国公。天子在巡幸途经西京时,两次驾临其家,赏赐不菲。老丞相一贯气量大,当真宗关切地询问他哪个儿子堪当大用时,他却仅推荐更具才干的侄子吕夷简,由此同门晚辈得到天子的器重,日后官居宰相。他又好奖掖后进,一位门客之子读书无门,他便安排其与自己的儿孙一起就读,这位寒门子弟就是以后历仕仁宗、英宗和神宗的三朝宰相富弼,这都是后话。

大中祥符四年(1011)四月,吕蒙正寿终正寝,享年68岁。按照惯例,朝廷予以追封抚恤,赠予中书令的显赫官衔,礼官们会商后奏请给予"文穆"的谥号,故后世称为吕文穆。

观吕蒙正其人一生,可圈可点之处不少,诸如少年时就甘于清贫,苦心读书,志存高远;入仕后为人老成持重,处理上下关系妥当,又能把握分寸对待权势诱惑,知所进退,遂以"厚重"赢得不小的名声。但最引人注意的一点,还在于一介寒儒仅凭读书科举出身,而终究执掌国政的事实。这确是宋代崇文风尚的一个写照,也是当世文人成功的一个缩影,正如他自己的一首诗所云:"昔为儒生谒贡闱,今为宰相出黄扉。两朝鸳鹭醉时别,万里烟霄达了归。羽客渐垂新鹤发,故人犹着旧麻衣。洛阳漫说多才子,从昔遭逢似我稀。"字里行间,无不流露出志得意满的感怀。吕蒙正算不上是万古流芳类的人杰,不过其洒脱的为官之道却值得后人体察玩味。

"吕端大事不糊涂"

说到中国古代的官场,过来人常谈"难得糊涂",尤其是清代名士郑板桥好此名言,且书写成条幅,从此更为世人所熟知。其实,此"糊涂"并非真是彼稀里糊涂,骨子里透着的是些许圆滑、超脱和许多无奈。面临错综复杂的人事纠纷,确非一言两语能够厘清,也非快刀斩乱麻可以解决,老到者便体悟出其间难处,发出如此感叹。不过,虽说游戏潜规则令不少人为难,但高明者却自有办法拿捏应对,该出手时还得出手,岂能一味糊涂!宋初的名相吕端就因此载之史册,为后世所传颂。

一

吕端能以"糊涂"而主政并扬名,还得先从其身世说起。

吕端,字易直,生于后唐清泰二年(935),家乡乃幽州安次(今河北廊坊),祖上为唐末五代时官宦之家。祖父吕兖应是读书人,曾任横海军节度判官,后因受到节度使叛乱牵连,举族遭到杀戮,唯有一个未成年的儿子逃脱,这便是吕端的父亲吕琦。吕琦幼年遭此灭门之灾,却并未自怜自艾、怨天尤人,而是发愤图强，到后晋时官居兵部侍郎，终于重振家门。如此家庭环境背景，必然对孩子的成长产生极大的影响。

父亲一定多次讲述过祖父和家族的凄惨悲剧，这使吕端自小就明白了命运无常的道理，随着年龄的增长，又见惯了世间百态，从而养成性情恬淡的特性。成年的吕端长得身材高挑，仪容俊朗，胸怀更是豁达无涯。

吕端和兄长吕胤（后因避讳宋太祖名讳，改名余庆）都凭借父亲的官职特权，先后荫补入仕。吕胤以后进入赵匡胤幕府，参与了"陈桥兵变"，成为宋朝开国功臣，在宋太祖时代官至参知政事，属天子身边的亲信。而吕端踏入官场后，也很快熟知了许多的明规矩潜规则。不过与常人相比，这位富家公子往往不计较长短，不在意得失，一句话便是缺乏急功近利之心，因此不免给某些精明者留下糊涂的印象。

本朝建立时，年方25岁的吕端调任浚仪县（今河南开封）知县，也就是都城直辖县的长吏，位处天子脚下。以后，胞兄在朝中的地位多少使他受益，遂顺风顺水，一路从知县做到知州。有一年，朝廷派遣使臣出使辽朝，他被选出担任副使，因他当时的官阶不够，还被特别假以更高的太常寺少卿的官名履职。到太祖皇帝晚年，他已出任西南重镇成都府的知府。须知，蜀地人烟稠密、物产丰饶，从来是称王割据的宝地。宋初以来，此地时常动荡不安，故非朝廷极信任者不能到此就任。到开宝九年（976）兄长因病故去时，他已41岁，不能说政治上完全成熟，倒也深明大义，懂得了政坛的基本路数。

吕端的性格决定了他从政的特点，便是为政宽简，抓大放小，所到之处上下相安,百姓也免了不少折腾,故官声口碑颇佳。

太宗皇帝登基后,皇弟秦王廷美出任开封府尹。亲王挂名首都长官,自然不可能亲自料理各种庶务,朝廷须配置得力官员予以辅佐。于是,吕端被朝廷相中,从成都召回京城,出任开封府判官,成为京师地面上的实际管事者。

上面说过,太宗以非常手段登上宝座,出于巩固皇位的需要,打出了"金匮之盟"的旗帜,秦王廷美一时加官晋爵,并沿袭太宗过去的惯例,挂帅开封府。但老练的政治家早已洞悉其中的隐情,且不说赋闲在外的元老大臣赵普猜到个中内幕,看起来糊涂的吕端也明了此间的微妙之处。话说回来,他毕竟是有底线的人,既在其位就要谋其政,不能怕棘手便袖手旁观,既要尽本分,也要对自己的顶头上司能帮就帮。

太平兴国四年(979)二月,天子亲征北汉前夕,考虑委任秦王为京师留守,负责内部一应事务。当幼稚的廷美打算接受如此重任时,吕判官立即私下劝说道:陛下不顾风雨辛劳,吊民伐罪,殿下乃天子至亲,应当做扈从皇上的表率,若就这样留在京城,怕是不合适的。听罢如此肺腑之言,秦王马上明智过来,便恳求随驾出征,就此赢得了太宗的好感,答应了这一要求。此举足以说明吕端在大事上的清醒程度,非常人可比。

有道是,自古在京城当官都是件不易的差事,且不说当年皇亲国戚、公卿百官定居于城内,还有各种来头的人也都群聚于斯,稍不留意,就立马惹来议论,弄不好还反映到宫里。故吕端在开封府的日子,总少不了高高低低、七七八八的事情。不过,他忙碌归忙碌、操心归操心,却是习性不改,但凡遇见细碎琐事,多大而化之，或交由下属处理，有时实在抹不开面子就随口应承。因此在朝臣中留下办事糊涂的看法。这样的糊涂，有时不免要付出代价。

时间久了，秦王府内一些亲随人员熟知了吕判官的脾气，便找他通融办事。对上司身边的人，他不能不给点方便，于是发生了贩卖违禁货物的事。此事举报出来，天子就借机敲打威胁皇位继承人秦王，于是下诏查办。吕端因此遭到惩罚，被连降几级，贬为商州（今属陕西）司户参军。殊不知此次贬官，却意外地使他及时脱离秦王府的圈子，避免了日后的危难，还成就了一番功业。

二

宋朝政坛的规矩还有值得称道的地方，官员只要没有重大罪行，遭贬之后总有复出的机会，这在中国历史上相当突出。吕端贬谪外地后，不急不躁，淡然处之，时过境迁，也就被宽恕了。不久，他便获得迁转，先后在地方州衙、中央御史台及太常寺任职。

吕端自幼聪颖好学，成年后属于有大智慧大聪明的人。他自知无科举功名，学养欠缺，与当日政坛讲究科举出身的潮流不符，于是一面自己读书，一面虚心求教他人。据记载，他入仕之初虽官位不高，却因家底殷实，已开设专门的厨房，招揽文人食客，谈古论今，讲经论典，以弥补早年学业不足的缺陷，这一习惯一直保持多年不变。如此一来，随着学识的不断提升和阅历的日渐丰富,加上为人宽厚沉稳,练达人情,他在政治上迅速成熟起来,从而受到高层的关注。

当朝廷讨论派使臣赴高丽国时,吕端再次入选。此时他的官阶已够,自然成为正任使节。在出使途中,暴风一度吹折了帆樯,船夫们惊恐起来,他却镇定自若,如往常一般照旧读书,如此豁达气概,令同行者钦佩不已。回朝之后,他的表现想必给天子留下深刻印象,于是不久就被钦点为皇储身边的属官。

自皇弟廷美和皇侄德昭被逼死后,天子就开始考虑自己的继承人。太宗共有九个儿子,长子元佐最早被作为太子培养,先后册封为卫王、楚王。但当秦王廷美遭到父皇迫害时,这位皇嗣对官员们群起围攻的做法深为不满,不谙世情的他曾孤立无援地为皇叔求情,却无法说动父皇,为此他深感痛苦,郁闷不堪。当秦王冤死荒山的消息传入京城后,他受到刺激,悲痛欲绝,精神失常,以至于持刀随意伤人,甚至纵火焚烧宫室。雍熙二年(985)九月,天子眼见楚王不可救药,只得将其废为庶人。此事对太宗的心理打击不小,也算是一种报应。

到翌年十月,天子经过仔细斟酌,决定另选次子陈王元僖为继承人,遂进封元僖为许王,同时按照惯例委以开封府尹头衔。

皇储从来是关乎王朝政治稳定的大事,历朝历代因此引发了多少流血争斗、战乱,甚至导致亡国的悲剧发生,故君臣乃至于百姓都无不关心。有鉴于以往的教训,太宗亲自为新皇储挑选僚属,以辅佐其熟悉政务。这一次,开封府判官一职又相中了吕端。此时,吕端官居右谏议大夫,正当50岁。

对吕端而言,重返旧职是件喜忧难断的事。以往秦王事件发生时，他正在外地做官，因此幸免于难。而在那次惊心动魄的政治案件中，多少人的命运都因此发生巨变，失意多年的赵普重返中书；告密者柴禹锡等人摇身显官要职；一批秦王府属吏被斩杀街头；许多与秦府有往来的官员被贬官流放。残酷的现实使他懂得了保护自我的重要，有时唯有"难得糊涂"，才能相安无事。可以说，面对险恶无常的官场，富有经验的官僚往往采取大智若愚或装糊涂的处事方式，来保护自己并对付政敌，乃至对待多疑的帝王，其效果常常比工于心计还要略胜一筹。来自祖上惨痛的教训和秦王事件的前车之鉴，都使吕端重回开封府衙署后谨慎行事，他显然掌握了"糊涂"的精髓，蔫锋锉锐，任人评说，尽可能避免卷入是非。

许王元僖入居东宫并挂印开封府，天子为之心安，臣僚为之欣然，看似一切祥和如意，岂料上苍不佑，时隔六年又出现意外。

人要碰上倒霉运，任你如何努力也无法摆脱。或许吕判官命中注定还要在同一位置上再遭磨难，正所谓孟子云："故天将降大任于斯人也，必先苦其心志，劳其筋骨。"

淳化三年（992）十一月间，许王元僖早朝进殿，方才坐下便突然感到身体不适，天子立即令其回府休息。随后，心焦的太宗顾不得许多奏章议论，亲自驾临王府探视。当天子来到病榻前时，元僖已陷于昏迷状态，虽然还能回应几声父皇的呼叫，须臾间却呜呼毙命。眼看着爱子在自己面前撒手人寰，历来刚愎自用的君王真是五内俱焚、肝肠寸断，联想到昔日长子元佐发疯的悲剧，此时再也按捺不住伤痛，恸哭不已。发生如此变故，天子早已无心政事，遂传诏废朝五日，追赠元僖皇太子，并安排后事。

据《宋史》记载，元僖相貌堂堂，沉静寡言，深得父皇的喜爱。他的忽然离去，令太宗悲伤许久，以至于彻夜不眠，涕泣达旦。作为父亲，还写下《思亡子诗》，以表达思念。

悲伤过后，天子下令追查许王的死因。情况很快就反映上来：元僖被身边一个嬖妾张氏迷惑，备加宠幸。另外，奏报还提到，张氏恃宠专横，私下打死过婢女，还曾在京城的西佛寺为亡故的父母招魂安葬，明显僭越违制，等等。报告内容中与皇储死因直接有关的，就是暗示张氏迷惑年轻的许王，致使房事过度、纵欲伤身。太宗闻听雷霆震怒，当即派宦官将张氏用丝带勒死，又毁去其父母坟墓。至于王府内的侍从亲吏，都一律施以杖刑驱逐。到此还不足以泄愤，对许王挂名管辖的开封府属官也要予以审查、惩罚。

要说许王之死，纯属个人生活问题所致，即使追究起来也应仅限于王府内部人员，实在与开封府无关。不过专制王朝时代就是如此，但凡有所关联者，都在株连范围。

当负责审讯的御史武元颖和宦官王继恩来到开封府衙时，正在处理公务的吕判官立即明了来意，便徐徐站立起来迎候。来人宣诏审查，他神色自若地对随员道：取我帽子来。两位审查官发问道：何至于如此？吕端回答：天子下诏审问，我即是罪人，安敢在堂上回答使者？言罢，他从容走下公堂，一一回答提问。审问下来，自然与上司之死毫无关系，结果他仍被贬为卫尉寺少卿。

不久，天子亲自坐镇对朝官进行考核，凡不满意者，当即就被贬为闲散之职。那些遭到降级的人纷纷哭诉求情，诉说家庭困难。轮到吕端时，他则主动自责道：为臣以前效命秦王手下，因不能管束王府属吏而被贬,陛下不计前嫌仍提拔使用。如今许王暴毙,是与我辅助无能有关,陛下又不予严惩,还使我继续忝列朝中,实在是罪莫大焉!今日朝廷考核百官,臣若能得到一个颍州副使,就足矣了。在此须注明:颍州即今天安徽的阜阳,副使主要包括节度副使、团练副使,当年是专门用来安置一定级别被贬官僚的闲差。听完吕端一席话语,太宗既觉得此人深明事理,也感到他有些冤屈,遂对他说:你的情况,朕自然清楚。事后,天子一想到吕端心甘情愿接受贬责,不免为其从容大度所心动,不能不高看一眼,也对其糊涂的传言有了自己的判断。

次年五月,因为有皇帝的好感,吕端官复原职,并加授枢密直学士。此职乃是枢密院中的重要职务,专掌军事机要。一个月后,再升任参知政事,成为中书大臣中的一员。这一年他58岁,可谓几经周折,大器晚成。

三

淳化年间,宋朝整体的形势大致安稳。就外部环境而言,此前两次北伐幽燕的行动虽然失败,辽朝转守为攻,频频南下骚扰,不过双方实力相当,一时形成对峙局面。至于其余周边地区,倒是烽烟少见,朝廷的权威不容动摇。从内部情况来看,经过太祖、太宗两朝三十余年的整顿,君臣义理严明,秩序稳定,社会经济与文教持续发展。

吕端进入中书后,依旧照章办事,对地位高于自己的两位宰相李昉和吕蒙正不卑不亢,对同僚和下属宽厚相待。据说,经多见广的元老重臣赵普观察了他的行事风格后，说出了这样的评语：我观吕公上朝奏事，得到嘉奖未尝就喜，遇到抑压也未尝便惧，言行得当，不形于色，真乃台辅之器也！的确，他的恬然大度出自内心，外圆而实则内方，自然得到有识者的叹服。当日的一件事，便颇能说明赵普所言不虚：

淳化五年（994）九月，寇准从枢密院副长官转任参知政事，吕端虽然先入中书，却主动要求排在其下。这得说明，寇准的本官为左谏议大夫，吕端则为右谏议大夫，位序倒是先左后右。不过，自古官场上都极为看重排名先后，计较争执并不少见。看到吕端如此谦让，太宗倒替他着想，当即将其官阶也改为左谏议大夫，以排在寇准之前。

君臣接触久了，太宗皇帝发自内心地欣赏吕参政，时常单独召见议事，一谈便是许久。吕端渐渐在天子心中占据了独特的位置。

太宗晚年，对皇储的问题视为头等大事，皇位要顺利平稳交接，必须有可靠的人来主持朝政，以保驾护航。此人须头脑清醒，能断大事，以坚定贯彻自己的意志和选择。此时，宰相只有吕蒙正一人，以往重用过的故相赵普已亡，另外不久前还用过的两位宰相李昉和张齐贤，一个已是七旬多的平庸老臣，一个属性情粗放的汉子，两人显然都不符合要求。唯有一手提拔的状元吕蒙正还算满意，但所谓知子莫若父，知臣莫若君，吕丞相学养深厚、儒雅洒脱，为人却不够果决，危急时刻恐怕难当大任。因此，还得再起用一位宰相，这个人选当以吕端最为合适。

至道元年（995）四月间，太宗向吕丞相征求任用吕端入相的意见，吕蒙正认为：吕端为人糊涂。这大概是朝臣们的普遍看法。但太宗却说：吕端小事糊涂，大事不糊涂。太宗皇帝从来独断专行，一旦做出决定，便不受外人影响，况且吕蒙正独居相位发此非议，反而引起了天子的疑心：是否意欲独揽大权？于是，在随后某天的后苑宴会上，太宗作《钓鱼诗》一首示意吕参政，其中有"欲饵金钩深未达，磻溪须问钓鱼人"之句，暗喻自己是求贤的周文王，而吕端则是垂钓溪边的姜子牙。几天之后，天子的任免诏书下达，吕端升任宰相，而吕蒙正则罢相出局。

吕端独任宰相后，保持一贯风格，即老成持重，为政清简。翌年，西北重镇灵州（今宁夏吴忠）遭到党项人的围攻，形势极为紧张。天子便召宰相吕端与知枢密院事赵镕商议对策，命令分别提出解决方案，吕端却请求共同提出对策。于是，有文臣上奏指责他缄口不言，是企图逃避责任。对此，太宗置之不理。同僚们上奏多有争议，唯有他不轻易表态。一天，太宗下达手谕：今后中书讨论的政事必须经过吕丞相审定，才能上奏。由此足以反映天子对吕端的器重。据记载，太宗皇帝对吕端眷顾至深，犹恨起用太晚。

当日中书之内，宰相之下有两三位参知政事，其中寇准最为天子看重，称之为本朝"魏徵"。要说吕相公与寇参政相较，前者深沉寡言，后者性格外向，直言敢谏，但两人志趣相近，关系甚好，昔日寇参政还极力推荐过吕端。因此，吕端拜相后，担忧老友内心不平，就请求皇帝恩准修订规则，从此中书大印由宰相与参知政事轮流掌管。

光阴就这样逐渐流逝，太宗皇帝的身体一日不如一日，其生命就要走向尽头。夕阳之下，想必太宗时常掂量自己不顾非议选中吕端是否妥当。其实，帝王从来最是无情，暮年天子之所以对吕端信赖有加、寄予厚望，并不按旧制再任命一名宰相，无非是希望他能辅助新近册立的太子顺利继位。上苍佑宋，以后发生的一切，证明了这一选择没有失误。

四

至道三年（997）三月间，天子终于一病不起，朝堂风云顿时出现微妙变化，几股力量开始暗中较劲。

在此要对太子的背景略作交代。当第二位皇储暴毙一年多后，太宗痛定思痛，又将第三子元侃晋封为寿王，寓意健康长寿，同时依例授予开封府尹之职，也就是定为皇位继承人。到至道元年八月，眼看自己病体难愈，太宗遂正式宣布寿王元侃为皇太子，改名为"恒"，同样代表长久之意。

要说太子乃当今天子钦定，并诏告天下，又有一年半时间的亮相，原本不存在异议。然而，古代宫闱政治素来变幻莫测，化腐朽为神奇的事时常发生。据史书称，宫廷宦官首领王继恩深忌太子英明，忧虑未来自己权势受到限制，眼见天子来日无多，便暗中与参知政事李昌龄及草拟诏书的知制诰胡旦等朝臣密谋，还说服了李皇后，准备拥立已康复的前楚王元佐继承皇位。这位李皇后因不能生育，自己并无子嗣，却同情被废黜的楚王，就此在皇宫内外形成一股不可小觑的势力。

平时看起来随和谦让、很少表态的吕端，此时却扔掉了"糊涂"的面具,一方面眼观六路耳听八方,另一方面坐镇中书稳定人心。他除了督促臣僚各负其责外,每天都亲自陪太子入宫探问天子的起居情况。太宗病危之际,吕端闻讯立即入宫探视,发现太子竟没在宫中,便马上在随手携带的笏板上写下"大渐"(即病危)两个字,派亲信随从持笏板火速召太子进宫。不久,太宗就驾崩于万岁殿中,时年五十九岁。

大行皇帝刚刚咽气,王继恩便请李皇后赴中书与宰执大臣商议立新天子的事。在王继恩前来通知吕相公时,吕端将对方诱入太宗书房,随之果断地将其锁于屋中,并派人看守起来,旋即立刻去见皇后。李后因同意王继恩、李昌龄等人的建议,就对他说:皇帝驾崩,立后嗣应以长兄为先,此顺乎常情,你看怎么办?吕端高声干脆地答道:先帝立下太子正是为了今天,岂容另有异议!皇后毕竟是没有经验的妇道人家,听了宰臣强硬的回答,只能默不作声。于是,吕端指点太子登殿即位,同时宣召群臣入宫朝贺。及至臣僚到齐后,细心的吕端望着垂帘后面新皇帝模糊的身影,还怕被李皇后实施"调包计",就站在殿下不拜,要求卷起帘子,然后亲自登殿查验。当看清楚确实是太子赵恒时,他才返身退到殿下,率群臣山呼万岁。新天子遂顺利登基,是为真宗皇帝,时年29岁。

在真宗即位面临重大威胁之际,吕端没有丝毫犹豫,也没有些许徘徊,不惧风险,也不征询意见,关键时刻当机立断,以过人的胆识化险为夷,从而为本朝立下了盖世功勋。由此,在当日就验证了"吕端大事不糊涂"绝非虚言,而又为后世传为佳话。

政治上的对决就是如此残酷,有一方胜利,便有一方失败。

那几位投机家耗费心机,却阴谋落空,真是人算不如天算。按说,发生如此谋逆事件,凡参与密谋者及其家族都要付出血的代价,历代王朝无不如此。但难得的是,从来宽宏大量的吕端却不搞无情打击,更不做株连之类的事,一律予以宽大处理。对于李前皇后就不予深究,还尊为皇太后,该给的待遇一样不少;对主谋当然必须惩罚,却是不开杀戒,其中参知政事李昌龄被贬为忠武军司马;大宦官王继恩被贬为右监门卫将军,均州(今湖北丹江口市)安置监管;知制诰胡旦被除名流放浔州(今广西桂平县),没收家产;其余一概不问。如此这般,迅速稳定政局,朝野不惊。

真宗皇帝入居宫廷后,自然视恩公吕丞相为当今第一功臣,感激备至,优礼有加。如年迈的吕端因身躯庞大,攀登大殿的台阶门槛有些困难,天子看见就下令让匠人专门加宽木质台阶,以方便爱卿行走。在军政大事上,更是悉心听取其意见。吕端也稍改昔日作风,向天子有条有理陈说时政急务。

不过,天有不测风云,忠心耿耿的吕相公到第二年夏天便身罹疾病,无法正常行使肃穆有序的入朝仪式。天子考虑到老臣的身体状况,特下旨请他不必入宫参拜,只需每天去中书裁断即可,并且一再委婉地拒绝了辞职的请求。

直到第二年十月,真宗才不得不批准了吕端的辞呈,给恩公加上太子太保的隆高官衔,请他安心养病。按照惯例,大臣退休后,俸禄就应该中止,但天子又下特旨依旧发放。

当吕端病重时,真宗皇帝还亲临其府探视慰问。然而,天不假年,皇恩虽然浩荡,吕太保却不能继续享受。他的沉疴拖至咸平三年(1000)四月,终于无法挽救,溘然长逝,终年66岁。

吕端死后，天子下诏给予诸多优渥抚慰，赠其司空官衔，定谥号正惠，又追封其亡妻为泾国夫人，录用其四子为官，等等。即使如此，真宗仍觉得无法表达感激之心，以后还继续关照吕家后人的生活。数年后，听说吕端的子弟长进不大，特传诏迁转一子官职；得知其家因经济拮据典卖宅第，便拨付内府钱五百万赎回，另外再赐给大量金帛。

就吕端从政一生来看，政绩可谓平平，唯有在确保太宗选定的继承人之事上有精彩表现。而仅此一点，恰是古代王朝对忠心臣子的最高评价，如伊尹、周公之所为，安社稷定邦国者非如是大臣不可。因此，当日已足以使他成为名臣，理所当然地受到朝野的尊重，后世的许多政治家亦常以他为揣摩的对象。

其实，吕端还是属于有大智慧的人，他很早就看透了宦海的无情与残酷，故一贯韬光养晦，淡定应对各种挑战，并不在乎给外人留下"糊涂"的印象。到了关键时刻，他才显山露水，果断出击，置对手于措手不及，从而一锤定音。在此借用皇帝给吕端拜相制词中的几句话，可对其一生予以总结："简直夷旷，宣慈惠和，挺王佐之伟才，负人伦之硕望。项自擢参枢轴，再历炎凉，运奇兵于庙堂，询谋惟允，贡昌言于帷幄。"

亲将张琼与杨信

要说宋朝初年的那批武将，张琼和杨信虽然不是其中声名最显赫者，却也是握过禁军实权的要角。两人因性格脾气迥异，命运与结局遂大相径庭，一个最终被逼自杀，另一个则荣至而归，由此或许暗合了"性格决定命运"这句话。

不怕死的张琼

在五代那种军阀混战的岁月里，兵燹不息、社会动荡不说，即便是王权也更迭频仍，朝纲败坏，而造成这种状态的主要原因乃在于武力因素失控，就连当时目不识丁的武夫悍将都懂得"枪杆子里出政权"的道理。一时，野心勃勃的将帅无不招兵买马、招降纳叛，胆大妄为者还争先恐后地挤到政治舞台的前列亮相表演。

未来建立大宋王朝的开国皇帝赵匡胤，在出任后周朝禁军殿前司首脑之日，也逐渐聚集起一批自己的势力。张琼便是彼时赵匡胤身边的一名亲随军校。

说起这位张琼，祖籍在河北大名府馆陶县（今河北馆陶县），他出身行伍世家，父祖几代都做过河北藩镇的牙将。此人长得粗壮威猛，膂力过人，且射术高超。要说张琼最大的特点，就是强横无比，拼打起来不顾死活，遂以硬汉的身形折服众多壮士。由此，他被赵匡胤收为帐下卫队头领。

张琼追随主帅南征北战，屡立奇功，其表现之勇猛常常令人望而生畏。一次，在与南唐军水战中，赵匡胤的坐船被敌军战舰包围，对方一员勇士持盾挥戟猛冲过来，众人都抵挡不住。在危急时刻，多亏张琼一箭将其射倒，才打退了对方的攻势。

随后，在攻打寿春（今安徽寿县）城时，赵匡胤乘坐一艘皮船进入城壕水中督战，城上突然弓弩齐发，张琼为了保护主帅，毫不犹豫地用自己的身躯阻挡飞矢。结果他大腿被射中，箭镞深入肌骨，坚不可拔，他一时疼痛得昏死过去，史称"死而复苏"。张琼不愧为军中豪杰，返回营地后，他要来一满杯酒，痛饮之下令军医破骨拔箭，"血流数升"，他却神色自若。这一幕颇似以后小说《三国演义》中关公刮骨疗毒的描写，旁观的赵匡胤不能不大为赞叹。如此看来，张琼可称得上是赵大帅帐下的第一条好汉。

宋朝开国伊始，外有地方藩镇林立的威胁，内有功臣统兵大将的掣肘，再加上大批积习已久的跋扈将士，都对天子的权威和地位构成极大的威胁。

出身武将又熟知军旅习气的宋太祖赵匡胤，自登基之日起就不能不考虑收兵权的问题。但只有自己腰杆子硬，才能收拾对手；若要腰杆子硬，便须牢牢控制禁军队伍，而禁军的核心又是皇帝的宿卫亲军。于是，太祖即位后马上就任命张琼典领宿卫亲军,不久又授予其内外马步军都军头的军职,并加封给刺史的官衔,也就是说张琼获得了中级武官的待遇,这当然是天子对这位猛将的信任和奖赏。

在开国天子身边,张琼担任扈从职责有一年半左右的时间。在此期间,皇弟赵光义任殿前都虞候,是张琼的顶头上司,也是太祖皇帝安排在禁军重要统军机构中的自家人。自家兄弟加上亲信,当然是控制禁军的最佳搭档。

建隆二年(961)七月,赵光义升任开封府府尹,殿前都虞候一职便空缺出来。当考虑殿前都虞候继任人选时,天子钦点张琼接任。之所以如此,显然是首先考虑到此人的忠心,但其威名和震慑力也是重要的因素。太祖当时就对身边人说:殿前卫士如狼似虎者不下万人,非张琼不能统制。从御口中说出的这句话,正说明殿前司掌管的京师禁军将士既枭悍擅战,又是何其难制,而张琼则具有足够的控驭能力,大概论武艺论胆气都无人能出其右。

值得注意的是,张琼当日的身份还只是一员中级军官,资望俱浅。因此,太祖皇帝在发布任命书的同时,将他的头衔越过团练使直接超迁为中高级的防御使,但其地位仍不能与那些节度使级的将帅相比。从职位来说,殿前都虞候之上还有殿前正副都指挥使,通常由节度使级的大将担任,至于殿前司原本最高的军职——正副都点检,则已空置不再委任。由此看来,张琼虽位居禁军殿前司的第三把手,却是最受信任的一位,这正是太祖以小制大的一招。

正是这位张琼,两年之后却被皇帝赐死,其缘由颇值得回味。

强横的代价

从宋代有限的史料记载可以看出,张琼脾气暴躁,素无心机,对待同僚下属时常蛮横无理。一句话,他里外就是一个有勇无谋的粗汉子,这自然与其身世和性格有关,也属五代以来大多数武人的旧习性。然而新朝已然诞生,天子重礼法讲秩序,尤其痛恨武夫悍将专横跋扈、破坏规矩。于是,昔日司空见惯的行为便难容于朝廷。

张琼出任殿前都虞候后,成为统率京畿禁军的重要将领,他严厉管束部队,下属无人敢违犯军纪,军界的同僚也都让其三分。可张都虞候待人总是大大咧咧,无所顾忌,但凡看不顺眼的人,张口就骂,因此得罪了不少人。

宋初以来,太祖皇帝最大的担忧是发生兵变造反,故对带兵的将帅防范心极重,时常派人刺探军中动向。有两位叫史珪和石汉卿的武官,就是天子的心腹耳目,不免也常到殿前司打探将校的表现及隐私。这让张琼感到大为不快,便当众凌辱史、石二人,出口骂他们为巫婆,因此引起了对方的切齿仇恨。张琼做事又常常缺乏考虑,不免干出几件惹人注意的事来。如他曾擅自挑选官马骑乘,还曾在以前征讨河东李筠之乱后,将李筠的家奴收归己用。这些看似末节小事,一旦被加上联想,也能构成罪名。

乾德元年(963)八月,史珪和石汉卿在查知了以上两件事后,便向天子密告张都虞候私养部曲百余人,再进一步说他作威作福,搞得禁军们都十分惧怕。此外,他们还汇报张琼曾污蔑诋毁过前任都虞候、皇弟赵光义。太祖听了这些报告，自然十分恼怒，就下令将张琼抓来当面讯问。

谁知张琼性格刚烈倔强，自认为有功于朝廷，所以在天子面前既不承认那些诬陷罪名，又不服气，估计言语间也多有莽撞。于是太祖龙颜震怒，当即下令拷打，早已怀有报复之心的石汉卿立即奋起铁挝，向仇人头部猛击，直到张琼几乎气绝时，才被拽出皇宫，转往御史台继续拷问。在行走途中，张琼苏醒过来，知道不免一死，经过明德门时便解下腰带，托人带给母亲。随后，张琼在御史台被很快定为死罪，旋即被昔日救过的主帅、当今的天子赐死，也就是被逼自杀，地点在开封城西的井亭。

张琼如何自杀的一幕，因记载阙如不得而知，想必颇为凄惨。

张琼死时年岁几何，史书也没有记录，一个倒霉的跋扈武夫又有谁会去注意？根据各方面的情况推断，其卒年大概只有三十多岁。

出乎天子意料的是，张琼死后，派去调查的官员回来反映：张家并不富裕，所谓"家无余财"，仆从也不过三人而已。不用说，给他定的大多数罪状皆系子虚乌有。太祖听罢才知冤屈了张琼，因此责问石汉卿道：你说张琼有家丁百人，现在何处？石某倒也机灵，马上回答说：张琼所养的人，都是以一敌百的壮汉啊！这话说得巧妙，虽然骨子里是在强词夺理，可天子竟也不再深究。

事已至此，天子只得传诏为死者安葬，对张家予以抚恤，因张琼之子尚幼，遂将其兄张进提拔为营级指挥副使的小官。

考究张琼冤案，不能不令人深思，史、石二人以不光彩的行为捏造了"莫须有"的罪名,害死一员握兵大将,事后却未受到惩罚。显然,太祖将错就错,以此警示武臣们遵守规矩、安分守己,不信的话可以瞧瞧张琼的例子,纵然护主有功的亲信大将有了嫌疑,随意诛杀也在所不惜,何况他人?

值得一提的是,到开宝二年(969)五月,石汉卿在随天子征北汉时被一支流矢击中,随之落水而死。随征的将校闻听,"无不称快"。这也算是迟来的报应。

无独有偶,张琼冤死后三年,又发生了一件相似的事件,只是当事人的结局没有那样悲惨。事情的经过是这样:

乾德四年(966),正当朝廷在京城南郊举行隆重庄严的祭天活动时,有人向天子密告承担维持秩序的殿前都指挥使韩重赟有不法行为,竟私自将天子的亲兵变为自己的心腹。闻听此言,太祖大怒,既不了解也不调查,就打算诛杀韩重赟。说起来,韩殿帅可是太祖称帝前的老部将,直接参与了"陈桥兵变",为大宋建国立下了汗马功劳,因此作为开国功臣被授予节钺,并一直担任殿前司主帅之职,也是昔日张琼的顶头上司。

韩重赟被告发与拟定杀头的事非同小可,宰相赵普深知天子猜忌心过重,此事纯属误会所致,若不劝阻的话,造成的影响将太大。于是,赵普便对太祖说:亲兵,陛下总不能亲自管辖,还是需要有人来带。假若韩重赟因谗言被杀的话,就会人人惧怕得罪,谁还敢再替陛下管带亲兵?道理就是这样简单,原本听起来耸人听闻的事,冷静地排除添加的猜想成分后,又不算什么问题。经过赵丞相的劝说,天子怒气消退,韩殿帅才幸免于难。虽然如此,到次年二月,韩重赟还是被解除军职,调为外镇节度使。

在处理完韩重赟问题后,太祖为了防微杜渐,避免再发生类似事情,专门下了一道诏书,禁止京师禁军将领和边防监护使臣挑选骁勇士兵作为亲兵卫队。

在本朝初年,张琼狱案算不上一件大事,后世史家也没有多少议论,至于发生在韩重赟身上的未遂案件,同样没有引起太大的波澜,然而这两件事却对周围的有心人产生了不小的负面影响。

谨慎的杨信

宦海莫测,荣辱无常。张琼被赐死后,留下的遗缺由杨信接替。

杨信原名杨义,后因避太宗皇帝赵光义名讳才更名,这自然是以后的事,但后世却几乎已不知道杨义这个名字。杨信祖籍河北瀛州(今河北河间县),家世不详,他大概属于寻常农家子弟,因乱世而从军。

杨信也是在太祖开国前就追随左右的小校,但他与张琼强横的习性迥然不同,其为人最突出的特点就是谨慎本分,虽无值得一提的战功可言,倒也颇受主帅信任。本朝创立之日,他在禁军中任下级军官。不久,便先后迁任铁骑军、控鹤军都指挥使,加领刺史头衔。不过,彼时他的地位和声名都远在张琼之下,不仅是张都虞候的下属,按照当时军队中盛行结拜的传统,他很可能也是张都虞候的结拜小兄弟,若非发生张琼狱案,他恐怕永远无法超越这位张大哥。

张琼于乾德初年被冤杀后,太祖亲自挑选谨言慎行的杨信接替殿前都虞候一职,以防止再度发生前任的问题。为了使杨信的身份与殿前大将的地位相符,天子又特意像昔日特赐张琼那样授予杨信防御使头衔。

杨都虞候带兵到底比前任张琼稳重,尽职尽责外,便是安分守己,毫无跋扈逞强之举,因此各方都无闲言,天子也甚感满意。不曾想到乾德四年三月间,也就是殿前都指挥使韩重赟遭人诬告并差点被诛杀的同一年,杨信忽然染上怪病,嗓子遭到严重破坏,不能发声了。太祖听说后,亲自驾临其宅探望,并赐给二百万钱的一笔巨额慰问金。看到杨信虽然不能说话,与人交流有些困难,但身体其他部分依然正常,太祖遂决意仍然保留他的原职。翌年,又进一步超授其隆高的节度使官衔。蒙受如此旷世恩典,口不能言的杨信从此愈加谨慎履行职责,以回报朝廷。

宋代官方史籍称:杨将军"忠直无他肠,故上委任之不疑"。据说,杨信身边有一个名唤玉奴的家僮具有体察主人言行的能力,每每入朝上奏,或在军中传令,杨信只需在展开的手掌上比画几下,这位僮仆就能准确地表达出主人的意思,所以不仅不影响对天子表白赤诚,而且能照旧戒敕部属,"众皆禀令,军政肃然"。

在韩重赟罢任殿前都指挥使后,哑巴杨将军以都虞候的身份独掌殿前司达六年之久,始终受到皇帝的信赖,这的确在中外历史上都极为罕见。

杨信在殿前司管事期间的事迹不多,史籍上主要记载了两件突出表现:开宝二年(969)十月,太祖皇帝在一次郊野狩猎活动后,察知亲军中有人图谋作乱,当天夜晚便派宦官带密诏召杨信入宫。在杨信的指挥调度下,卫士们迅速出击,一举擒获二十多名不法之徒，及时消除了一场危险的阴谋。

他做的另一件事，也令天子大为感动。某日，太祖在皇宫后苑水池中督练亲军演习，这些赳赳武夫们肺活量都极大，对练起来喊声竟远震宫墙之外。杨信的衙署正在宫廷玄武门的外侧，忽然间听到宫内的厮杀声，他顾不得穿戴正式朝服，当即便带人冲进宫廷后苑。天子看到身穿黑袍便装的杨信来到面前，便对他说：没事，朕教他们水战，所以发出喊声。杨信一看没有意外才告退出去。望着爱将远去的背影，太祖对身边的侍臣们赞叹道：这可真是一位忠臣啊！

功夫不负有心人，到开宝六年，杨信升任殿前都指挥使，同时仍继续拥有节度使的官衔。须知殿帅的军职加上节钺的头衔，可是当年多少武将终生都难以企及的人生目标。虽然从有关杨信的记载中看不到任何值得一提的战功，但只要悉心管好京师驻军就已经足够了。

荣归背后的隐情

开宝九年冬，太祖皇帝突然不明而死，具有最大谋害嫌疑的皇弟赵光义即位。新天子也就是太宗皇帝登基后，首先是笼络人心，除了封赏皇弟赵廷美、皇侄，也是太祖之子赵德昭、赵德芳几位皇亲，宰相薛居正、沈义伦和枢密使曹彬等以下诸位大臣外，还赏赐给殿前都指挥使杨信、侍卫马军都指挥使党进白银各600斤，殿前都虞候李重勋等三位将领则各得赏银300斤。

当收买人心的事做足以后，太宗便开始对朝中的许多重要职位进行调整,即陆续排挤先帝的亲信旧臣,同时提拔自己的班底人马,这种政坛"换血"现象实属正常,正所谓"一朝天子一朝臣"的规律使然。

当许多文武宿旧离朝之日,掌握禁军重要实权的先朝旧臣杨信却保留了下来,这倒是件怪事,一个哑巴将军怎么会连续受到两朝的赏识?连一些在朝的官员都有些看不懂。其实若深究此事一番,也就不难理解。太宗深知杨信为人,知道此人从来安分守己,不属于那种好出头惹事之辈,自然不会对自己的帝位构成威胁,而保留其人其位,既可显示自己的大度,又可收到安抚军心之效。故而杨信得以继续留任殿帅之职。

的确,在太宗朝的头两年半里,杨信一如既往地谨慎履职,尽忠尽责,对稳固新天子的地位做出了贡献。不过,他依然是常驻京城内的殿前司衙门,没有统兵出征过,当然也就谈不上建立赫赫战功。时光就这样匆匆度过,作为军界地位最高的将军,他在荣耀与寂寞中走到了人生的尽头。

杨信最终病死于太平兴国三年(978)五月里,此时正是太宗即位后的第三个年头,实际换代的时间则仅有两年半左右。令人匪夷所思的是,杨殿帅临死的前一天,多年的失音痼疾突然消失,就像当初患病时那样来得迅速。消息报至宫中,太宗皇帝甚为惊诧,马上亲临其家探视。望着天子关切的目光,病榻上的杨信哽咽不已,不断表达着自己感念两朝知遇之恩的话语,说到感慨之处不禁泪流满面。太宗对杨将军则一面好言安慰,一面厚加赏赐。但病魔却不松手,次日这位宿将便撒手人寰。

遗憾的是,杨信地位够高了,却也未留下死亡时年岁的记载。

要说国史馆里肯定有记录，要怪只能怪以后修史的文人粗心或者不关注武人，所以才使后世无法获知这一信息。还是大胆推测一下，他享年在四十七八岁。

杨信死后，朝廷给予优渥抚恤，追封其侍中的高官头衔，他的两位兄弟杨嗣和杨赞也因此获得提拔。总之，与倒霉的张琼相比，杨信可谓荣至而归，在九泉之下足以笑对列祖列宗以及同辈们了。

以上都是宋代正式文献的记载，似乎完整而无懈可击。但是，仍然有件事令人无法释怀，那就是杨信患哑疾的问题。

时隔千余年后的今天，仔细翻检有关杨信的一生资料，再联系当时帝王心理、朝政走向以及错综复杂的时代背景，不免使人对杨信的哑疾心生疑窦，杨信是否真的患病变哑？他染上哑疾的时间，为何恰好与韩重赟遭到诬告的事发生在同一年？如果确实是哑巴的话，他何以到临死前一天突然又能说话？面对这些疑问，都不能不使人产生一种猜测：素来谨慎的杨信看到前任张琼和上司韩重赟的连续悲惨遭遇，一个被逼自杀，一个虽幸免一死，却被驱逐出朝，他不能不心惊肉跳，深受刺激。最有可能的解释是：他为了保护自己，便装起哑巴来，以此打消太祖对自己的戒备。而太祖在杨信变"哑"后也的确更加信任，不仅赐以重金，越级提拔为节度使，而且将殿前司的最高职务也交给了他。到太宗称帝后，在人事大清洗的情况下，他虽然不属亲信，却继续得到重用，长期掌管京师禁军大权，这让他更承受巨大的压力。但是，在人前装哑实在是太憋屈和不舒畅的事，坚持十余年就更为痛苦，所以临死之前要一吐为快。这当然又是后人的猜想，在史籍中是绝无如此片言记载。

安分守己的杨信,成为宋初武将羡慕的榜样,只是变成哑巴的事让人搞不懂,可能永远是一个谜,一个无法破解的千古之谜。而那位强横的张琼,死得很明白,是被天子逼死的。

最后要说的是,张琼与杨信两位河北同乡,共同投奔了一个主子,又曾干过同样的工作,但彼此的结局却是一枯一荣,两厢形成鲜明的对照。时代使然乎?性格使然乎?抑或还是两种因素交织而成?要下一个明确的定论,还是很难,因为详细的记载都已缺失,更有诸多隐秘的内幕不为人所知。不过,他们俩不同的行事风格,倒确实在帝王专制时代效果不一,也为后人留下值得咀嚼的话题。

名将郭进

一

宋朝太平兴国四年（979）三月中下旬，正是仲春时节，今山西中北部一带虽较开封气温低些，倒也四处可见枝头的新绿和田间零星的野花。在这适宜踏青观景的日子，太原城周围却发生着激烈的战事。

所谓战事，也就是前面提到过的宋太宗的第一次北伐。

正月间，太宗皇帝做出了征讨五代残余——北汉的部署，旋即调集大军直逼其都太原。宋军进展顺利，很快兵临城下。不过，此时天子虽坐镇镇州（今河北正定）城，遥控大军四面围攻，一时箭如骤雨，杀声震天，搅得天昏地暗，但历经多年修建的重镇，城高池深，在北汉将士的顽强坚守下，却是岿然不动。

就在三月中旬，前线突然传来紧急战报，称辽军数万铁骑昼夜兼程赶来增援北汉。这得说明，北汉乃辽朝臣属国，双方签有军事同盟，自后周世宗天子至宋朝太祖皇帝数度征伐太原，辽朝皇帝都出兵相助，搞得两代帝王分身乏术，致使北伐行动功亏一篑。这次又是如法炮制，形势确是万分危急，一旦契丹大军抵达，朝廷军队势必陷于两面作战的境地，兵力分散，后果不堪设想。

徘徊于行宫内的天子，心神不宁，一面督促诸将不顾一切强攻，一面派人火速赶往石岭关打探战况。他在焦急地等候那里的战报，因为预先已在该处布下一局，就看能否奏效。

宋太宗所布之局，是提前派出云州观察使郭进率部在石岭关驻守，专门对付辽朝的援军。石岭关位于今山西阳曲县东北两山之间，形势险要，为太原城以北的门户锁钥，历来为北方游牧势力南下的必经要道。想当年，唐朝为防范突厥进犯，便于此屯兵驻守。这次征讨北汉，太宗皇帝吸取前车之鉴，就钦点郭进为太原石岭关都部署，以依险阻击，这可是关系灭汉行动能否成功的关键一环。

几天之后，终于传来捷报，郭将军果然不辱使命，大败契丹援军，对方不仅丢盔卸甲，溃不成军，而且落荒逃回。随之，北汉国主再度派往辽朝乞援的使者和蜡书信函，又被郭进截个正着。消息传出，太宗长出一口气，北汉君臣则为之丧气，军心动摇。次月，天子放心大胆离开镇州，兴高采烈地亲赴太原前线督师。

就在太原城即将攻克前夕，太宗皇帝却接到来自石岭关监军田钦祚的奏章，报告主帅郭进染病身亡，死因乃中风眩晕所致。此病属传统中医说法，用现代常见西医的划分，可称脑溢血。阅罢奏书，天子悼惜不已，遂下诏追赠亡臣安国军节度使，予以优抚安葬。

到五月四日，北汉国主刘继元已穷途末路，且不说城堞坍塌门户破损，外援断绝更坏了军心。眼见杀红眼的人马涌上城头，他只得自叹命该如此，极不情愿地挥泪出降，宋军北伐于是告一段落。随后发生的北汉大将杨业归降,以及宋军继续进军幽州的战事,那都是后话。

　　说起这位立下大功的郭进,可是宋初响当当的北疆名将,以善于用兵和从严治军享誉一时,故深得前朝太祖皇帝的赏识和器重。他的突然亡故,原因其实并不简单,牵扯到复杂的人事纠纷,连太宗皇帝当时也未察觉,因而留下许多令人深思的话题。

二

　　在中国古代,河北长期处在南北拉锯交战之区,故民风强悍,不仅多慷慨悲歌之士,也不乏草莽英雄。郭进便是一位由草莽终成名将的人物。

　　郭进,生于五代后梁龙德二年(922),家乡深州博野(今河北博野)。他出身贫贱,家世不详,幼年时的经历已无从知晓,想必吃过不少的苦、磨过不少的难。年龄稍长之后,又流落到巨鹿(今河北巨鹿),为当地的一位富户家做过佣工。

　　想当年,十八九岁的郭进已长得身强力壮。受到当地民风的熏染,他在艰难困苦中练就一身功夫,膂力超群,身手不凡。还值得注意的是,他虽出身低下,却充满豪侠之气,"倜傥任气",喜好接交同类,加之还嗜酒与赌博,不免逞强斗殴,成为本乡的好汉。不难想象,他这样的性情完全与一个下人的身份不符,里外一个刺儿头。因此,一来二去,惹恼了主人家的公子,竟打算暗中将他杀掉。倒是那位少东家的母亲竺氏心肠软,私下里告诉了郭进。他眼见此处不留人,只得另谋出路。

彼时正是后晋朝廷主宰中原，兵戈不息、武风烈烈，各地的大小藩镇都在招兵买马，以壮声势。郭进一身的力气和功夫，不愁无用武之地，遂投奔驻守太原的河东节度使刘知远。刘节度很欣赏他的身手，便留在帐下当了侍卫。

开运三年（946）冬，契丹国主耶律德光统军大举南下，很快便攻陷开封灭亡后晋。翌年正月，刘知远乘机在太原称帝建国，是为后汉高祖。不过，契丹人一时不仅控制了京师开封，而且打算定鼎中原，留给刘天子的空间极为有限。这一年，郭进刚过24岁，已成为一名带兵的军官。

有道是不该有的，强抢也不行。耶律德光在开封城还没坐暖龙椅，就因内地军民的激烈反抗，不得不愤愤地于三月北撤。正是天赐良机，后汉高祖立即挥师入汴。行前，郭进主动请缨，率领一支奇兵间道先期收复洺州（今河北永年以西），对抚定河北诸郡立下头功。因此获封刺史官衔，成为高祖麾下一名勇将。后汉少帝即位，他实授磁州（今河北磁县）刺史，有了自己的地盘。

五代时，王朝更替频仍，无所谓忠逆观念，故官员大都继续留任新朝，世人也见怪不怪。还得说，当时藩镇称雄割据，地方长吏也多由武将出任，这些以军功博取刺史者，"恃功纵下，为害不细"，可谓兵匪一家，百姓苦不堪言。

后周建立后，郭进历任淄州（今山东淄博）、登州（今山东蓬莱）及卫州（今河南汲县）刺史。难得的是，这位来自下层的壮士，从出任一方长官之日始，已一扫早年鲁莽的习气，注意修炼自己，唯刚直的性格保持不变，爱憎分明。他从切身体会出发，深知百姓生活不易，所以十分痛恨贪官污吏及扰民的兵痞土匪，因此在数郡任内，都严厉约束部属，并戮力剿匪，以保一方平安。

据记载，在淄州任内因颇有善政，当地吏民曾联名上书请求留任。在登州期间，郭进率领镇兵平定了为害一方的群盗，感动得当地父老千余人不顾辛劳赶往京城，伏阙乞请朝廷为其立《屏盗碑》。他到卫州上任后，针对久治未绝横跨数州的亡命盗匪，又发兵围剿，历时数月"剪灭无余"，百姓们又感激地上书请求立碑记功。

郭将军忠于职守的表现，大大超越了武夫同辈所为，时逢明君周世宗在位，遂予以嘉奖，提拔他为洺州团练使。他再接再厉，除了关注民生、剿匪之类的善举外，还提倡植树改善环境，这在那时树木砍伐殆尽的情况下，尤为难得。于是，老乡们又跑到开封，伏阙请立碑颂德。世宗皇帝特下诏命左拾遗郑起撰写碑文，赐予洺州百姓。

透过千余年前的片段文献记载，可以清楚地看出郭进不仅是一员良将，身上还有着爱民的品质，而这在五代乱世实属凤毛麟角。公道自在人心，善良质朴的草民知恩图报，屡屡树碑立传表达感恩。多少年后，郭进虽已葬身黄泉之下，但洺州乡民却始终记着他，看到枝繁叶茂的柳树，睹物思人，许多老人难掩悲情，垂泪感慨地告诉晚辈：这些树木都是当年郭公所种的啊！甚至南宋人写史时也追忆道：郭进"知人疾苦，所至人为立碑纪德政"。

三

宋朝建国后，郭进依旧尽职尽责。正派凭本事吃饭的人，往往无刻意奉迎之心，此是古今一理。不过，是人才总会引人注目，尤其在明智者当权时更是如此。太祖皇帝心胸豁达，识人善用，遂提拔郭进为洺州防御使，委以西山巡检重任，专责与北汉接壤的太行山一线防务。此时，他38岁，精力旺盛，已是难得的将才。

郭将军在西山巡检的岗位一干就是十八年，直到死去。

在太祖朝，郭进率部镇守西山，抗击北汉及契丹十多年，战功卓著，成为北疆名将。有关他这方面的事迹记载很多，举其要者有：乾德元年（963），他与大将王全斌等率军攻取北汉乐平县（今山西昔阳），俘敌数千人。不久，北汉引契丹军猛攻乐平，他又与曹彬等带兵解围，三战三捷，击退对手；翌年，宋军进攻北汉辽州（今山西左权）城，契丹六万大军赶来增援，他奉命配合李继勋等挥师六万迎击，大败辽军骑兵和北汉军于辽州城下；开宝二年（969），太祖亲征河东时，郭进出任行营前军马军都指挥使，也就是先锋骑兵大将，参与此役；开宝九年，朝廷再度对北汉用兵，他任河东道忻代等州行营马步军都监，率军进攻太原以北数州之地，获取民户三万七千余口。遗憾的是，此役不久因太祖突然暴死而中断。

郭进不仅勇于和善于用兵，厚赏部下，而且治军极严，因此所部战斗力非凡。说到他从严治军，《宋史》本传称：

（郭）进有材干，轻财好施，然性喜杀，士卒小违令，必置于死。

说起来，治军当然本该从严，因为一支拿着武器的军队，就是一批职业的杀人队伍，既可以保家卫国，也可以屠杀平民或者叛乱，因而自古高明的带兵将领都重视军纪军法。不过郭进过分严厉，却是事出有因。本朝开国之初，以往军纪败坏的问题虽有所扼制，但遗留的兵骄将惰的现象仍不少见。明白事理的将帅懂得放纵属下的危害，且不说扰民，一旦到了敌我角力的生死关头，部属无惧军纪军法，便敢于临阵溃逃，后果自然不堪设想。因此，郭进不惜动用杀手锏，毫不留情地斩杀违纪者，此乃乱世用重典的做法。由此，他统率的部队军纪整肃，每上战场，将士无不奋勇拼杀，是故攻无不克。值得一提的是，他还将军风带到家内，对待仆从婢妾亦然。无独有偶，他的老对手、北汉的名将杨业也是如此。

宋太祖出身将帅，熟知军中内情，故极赏识郭进的御军手段，每次派遣戍卒到郭氏部队，必特别告诫：汝辈去了当谨奉法。否则朕犹可宽赦你们，郭进可是要杀你们的头！一次，朝廷从天子近卫的御马直中选派了三十人，派往郭部承担压阵任务。不曾想，在与北汉军队激战时，这批武艺非凡负责压阵的军人，临阵竟带头退缩，他当即下令连斩十余位，才震慑住众人。事后，他如实奏报天庭。太祖拿到奏书的时候，恰在内廷检阅宿卫队伍练武，遂故作恼怒地发作道：御马直侍卫，千百人中才得一二人，稍违命令，郭进便杀之。照他这样子，龙种健儿也不足供应。这当然是天子在演戏，有意说给那些卫士们听，既表示关爱身边人，同时则以儆效尤。随后，太祖专门派遣宦官私下给郭进带去口谕：此辈自恃宿卫亲近，骄踞不听军令，杀得好。郭将军聆听天音，感动而泣,君臣如此相待,确是难得。话说回来,郭进对天子的知遇之恩自当舍身相报,最终受益的还是君王。

据官方史书记载:曾有一名军校自西山军营奔赴京城控告郭进,太祖皇帝了解情况后,对左右说:这人犯了过失,惧怕惩罚,所以跑来诬陷主帅以求脱罪。随之遣使将诬告者押回西山,交由郭进处死。当时正遇北汉军队来犯,郭进便对在押犯说:你敢告我,相信有胆气,如今可免你死罪,令你带一支人马迎敌,若能掩杀来寇,照样荐举给朝廷,如果战败,你可自投河东去罢。此人感奋听命,于是在战场上拼死厮杀,终告大捷。郭进没有食言,将其军功上奏朝廷,请求迁官奖赏。

有关此事,欧阳修在其笔记《归田录》中也有类似记述,只是细节略有不同。据六一居士记载,当郭进送立功者到京师并为其请赏时,太祖对来人说:你诬害我忠良,此功仅够赎死罪,赏不可得!又命将此人交给郭将军。郭进再度上奏说:若使臣失信,以后就无法用人了。就这样,天子才予以恩准。

由此可见,郭进治军虽严,却赏罚分明,并善以权谋用人,故为部下所服。透过这些事迹,不难发现郭进所具有的杰出将帅品质,其中为了达到严明军纪、树立主帅权威的目的,不惜诛杀违令的天子亲兵的做法,可与先秦时名将吴起治魏军的范例相媲美。

宋太祖一朝,郭进一直驻守河北西部前线,在抗击北汉和契丹军队的战争中声名远扬,并有力地支持了南下的统一事业。因此,太祖皇帝对他既充分信任,又极为欣赏和厚爱,故长期委以西山防务重任。有一件事颇能说明太祖对他的态度:开宝(968—

976）中，天子下令在开封城中为爱将建造宅第，还特许打破常规，屋顶悉用筒瓦。负责督建的衙门以为皇帝弄错了，就汇报说：按照规定，非亲王公主宅第不可使用筒瓦。太祖一听便恼了，对属官教训道：郭进控扼西山十余年，使朕无北顾之忧。我对他岂能连儿女都不如吗？尔等马上前往督役，休得多言。

要说，宋太祖对郭进优待是不用说，其实对当时守边的其他将领也未尝不是如此。像李汉超守关南（今河北高阳）、马仁瑀守瀛州（今河北河间）、贺惟忠守易州（今河北雄县西北）、何继筠守棣州（今山东惠民）、姚内斌守庆州（今甘肃庆阳）及冯继业守灵州（今宁夏吴忠）等等，天子都赋予很大的自主权，并予以诸多优厚待遇，史称："故边臣皆富于财，以养死士，以募谍者，敌人情状，山川道路，罔不备见而周知之，故十余年无西北之忧也。"这正是宋太祖的高明之处，放权给兵力有限的边将，调动其用兵的积极性，以捍卫边疆安全，而对中央禁军的兵权则牢牢控制，伸缩有度，无肘腋之患。

四

宋太宗即位初，对大批文臣武将加官晋爵，郭进也迁官云州观察使，改判邢州（今河北邢台），并继续负责西山防务。这一年，他54岁，已是久经沙场的宿将。新朝天子还赐给他京城一区宅第。皇位轮替，表面上看似乎一切如常，但实际上正是从此开始，本朝武将群体的命运逐渐出现了逆转，而他也因此最终走上了不归之路。

前面说过，太宗皇帝是以阴谋手段弑兄篡位，故心理阴暗，加之气量狭小，遂对带兵将帅极为猜忌。因而，从即位伊始就在武将中画圈子，凡是圈子内的亲信，纵然能力低下，都加以重用；凡是圈子外的人，尤其是与自己关系疏远的前朝大将，都予以防范压制，借此整治军界。如石守信、刘庭让、党进等一批太祖爱将，先后被罢为虚职。而像亲信白进超全无战功，却出任殿前司首脑。至于太宗藩邸随从出身的柴禹锡、王显、赵镕、张逊之流，先后出入禁军和枢密院要职，元人所修《宋史》即称："自柴禹锡而下，率因给事藩邸，以攀附致通显……故莫逃于龊龊之讥。"当然这许多人事安排，非一日而成。

与太祖厚待边将态度不同的是，太宗对这些将领进行严密的监控。总结起来，主要是设置监军加以监督，再随时派遣使臣暗中侦察动向，出征作战时，又使用预设的方案，也就是"阵图"来约束行动。且不说这些手段早已违背了"将在外，君命有所不受"的原则，即就从帝王术来看，也过于狭隘僵硬。太宗首要的目标是稳固自己的皇位，也就顾不了许多军事原则兵家常识。太宗甚至不惜代价，在军队指挥权上制造矛盾，令监军与主帅互相牵制。新朝君王的如此行事风格，让各地的将官骤然感到了无穷的压力。

太平兴国三年（978）秋，即太宗登基的两年后，派到四方的使臣报告了一堆的驻军问题，朝廷分别予以整肃。其中一位叫王侁的武官，军阶不高，被派到西北前线巡查。他回朝后反映主帅都有自己的牙兵，桀黠难制，认为时间久了必然生变，因此建议一律撤换。其实，自古前线将帅都有亲兵护卫，以掌控部下和应付战事，彼此关系密切，才能得心应手。太宗对王某的馊主意却非常赏识,不管是否属于军旅的惯例,当即令其带人处理。不料那些边关老兵不愿离开,于是王侁强硬地斩杀了一批人,才算完成了使命。至于那些被撤换了亲兵的将军,自然心有余悸,对天子及其使臣充满恐惧。以后,王侁又数度往来西陲与京师之间,不断汇报将领动向,从而赢得天子的欢心,曾一次获得赏钱百万。正是这位王侁,以后做了监军,逼死一代名将杨业。

须知,这些官职不高的天子使臣,当时被简称为"天使"。当然此天使非彼天使,肯定不是送福音的,倒是个个急功近利,都琢磨着整出点响声,好升官发财。其时,甚至可以不问事情原委,便诛杀被怀疑者。一个名唤李鹤的南疆守将,就是在不问青红皂白的情况下,被先斩后奏。

太平兴国三年五月,还发生了一件荒唐的事情,足以从侧面反映前线将领对太宗的恐惧。秦州(今甘肃天水)州衙有位李姓节度判官,其子李飞雄一无所长,在开封城里混不出名堂,只得投奔秦州的父亲。当西行到陕西周屋县(今属陕西)时,忽然灵机一动,诈称自己为天子的巡边使臣,当地吏卒哪敢怠慢,任其驱使。这位官宦子弟本非有心造反,不过是想骗吃骗喝,再免费用个官府交通工具。既然这一招奏效,他乐得骑上官马,在地方武官的侍奉下一路西行到秦州。面对不持任何关防证明的这样一位天使,当地驻军将领竟俯首帖耳。结果,李飞雄的方寸膨胀起来,起了造反称雄的野心,遂矫诏逮捕多名带兵将官,并准备处死,而诸将都甘心受缚就刑。在刑场上,李飞雄因利令智昏,露出马脚,才被醒悟的众人捉获。李飞雄事件说来令人难以置信,只能说明当时武臣已完全屈从驯服。

在太宗朝,郭进活着的时候,除了承担抗辽和讨伐北汉的战争任务外,也十分注意武备及城防建设。据以后沈括的《梦溪笔谈》记载:"郭进有材略,累有战功。"在主政邢州期间,又对州城进行了整修。见到百年之后邢州城依然高大坚固,城墙厚达六丈,城内武库的铠仗精良,管理井然有序,都是沿袭郭将军当年的规矩,沈括不能不感慨万分。

然而在上述背景之下,郭进勇于专兵的特长和果敢好强的性格,便不合时宜了。

五

话又回到开篇。太平兴国四年正月,太宗亲征北汉前夕,郭进出任太原石岭关都部署,担负起阻击契丹援军的重任。说起都部署一职,乃是北宋前期的方面军主帅,照理应负有统军的大权。但此时,太宗又依其惯例派来了一位监军,此人为引进使、汾州防御使田钦祚。就官爵而言,田氏比郭进矮一截,只能做下属,不过监军属于天子特派的人员,并不买主帅的账。

从经历来看,田钦祚也算是一名武将。他在后周时从军,宋初为阁门通事舍人,曾参加过几次战役。不过说句实话,此人非正路人,不仅品行低劣,贪财好利,阴险狡诈,还好欺负同行,是故"人多恶之"。在灭蜀之役期间,他利用入朝奏报的机会,陷害与己不和的将官王继涛,结果引起太祖的误解,逼死了老实的王将军。

田钦祚到石岭关赴任后,积习难改,竟不顾军情紧张,利用职务之便从事贩运牟利的勾当，从而引起郭进及其他将校的不满。郭将军自知无力约束田监军，只能当面骂几句解气。由此，田氏怀恨在心，事事挑刺儿掣肘，甚至不惜破坏行动部署。人若太不厚道了，难免众叛亲离。田钦祚的部下也受不了他的违法乱纪，纷纷控诉到朝廷，结果是他被贬官一级，降为团练使，但仍保留监军职务。由此看来，在太宗皇帝眼里，田某虽非良将，却有牵制主帅的价值。

当年三月中旬，朝廷大军围攻太原之际，契丹援军赶来增援。驻守石岭关的郭进率军据险出击，大破数万敌骑，有力地支持了太原攻坚战。就在此时，田监军对主帅进行了恶毒的报复，直至将对方逼死。有关当时的具体细节，因史料阙如，已无从知晓。据北宋人钱若水的《太宗皇帝实录》记载：

> （田）钦祚之典石岭军也，大将郭进屡有战功，为钦祚所凌轹，（郭）进不能甘，遂自经死。事甚暧昧，时皆以为钦祚杀之。左右无敢言者。

以后宋人也称：田钦祚诬陷郭进，郭进"刚忿不能辩"，走投无路下便上吊自杀。事后，田钦祚以中风眩晕而死上报。由此不难发现，田某人的报复手段极其简单，即以监军身份一方面凌辱郭进，另一方面则向天子上奏诬告，羞辱加上陷害，终将刚烈的一代名将逼死。遗憾的是，诬陷的口实已不得而知。

郭进的悲剧发生后，虽然冤情一目了然，消息也很快在私下里传播，但太宗身边却无人敢说，想必是怕引起天子的猜疑。这一切只能说明：太宗赋予监军太大的权威，使其"口含天宪"，无人敢惹。也就是说，"性刚烈，战功高"的郭进，实际上是当时极端独裁和狭隘统治的牺牲品。

郭进死时，年仅58岁，正是战场经验丰富、可以施展军事才能之时，但死不得其所。

太平兴国六年（981），太宗皇帝获悉了真相，却未严惩田钦祚，不过是将其改调为房州团练使而已，此时距郭进含冤死去已两年有余。以后，田氏一度到岭南的柳州（今广西柳州）任职，不久得到天子的同情，迁回内地。他在入朝觐见皇帝时，故作无辜，涕泣不已，太宗念及他为自己办过的事，又授予对夏前线数州都巡检使之职。

有道是多行不义必自毙，不是不报，时候未到。到雍熙三年（986）第二次北伐时，太宗又一次起用田钦祚，命他与亲信郭守文同为排阵使，也就是负责弹压军阵的大将。此时他正在病中，接到重用的诏书，狂喜过头，一天工夫就为之毙命。苍天还是有眼，在郭将军身后七年为其出了口气。

田前监军死后，他的几个儿子还是得到加官的恩荫待遇，可谓皇恩浩荡。相比之下，郭将军的后人就没有那么幸运，从有关史籍看，没有其子弟得到优抚的任何记录。

六

就郭进的生平功业及悲剧性结局来看，实与家喻户晓的杨业颇为相似，只是遗憾的是，其人其事既未能为后世所传诵，当今学界也少有关注。[1]

在此不妨将杨业与郭进做个对比。杨业在北汉守边时，以骁勇闻名，号称"杨无敌"。归宋以后，杨将军担负起捍卫河东北部边防的重任，屡败来犯的辽军。两人可谓都属守边名将。《宋史》称：杨业"忠烈武勇，有智谋，练习攻战，与士卒同甘苦"，又军纪严明，故部下悉心听命。一句话，杨业的事迹及功业与郭进极为相似。

杨业生前官至云州观察使，出任判代州（今山西代县）兼三交口（今太原以北关隘）驻泊兵马都部署；而郭进也官居云州观察使，死前为判邢州兼太原石岭关都部署，二人官爵相等。杨业死于第二次北伐辽朝的战场之上，其过程虽与郭进略有差异，但死因却几乎一致，即同样是遭到监军王侁等人的羞辱，被逼孤军出战，战败绝食自杀。郭、杨二人死后，又都得到了节钺的追加官衔，前者是安国军节度使，后者为大同军节度使。

但郭进身后却远远没有获得杨业那样大的声誉，特别是到宋朝以后，其人其事已淡出世人的视野。说起原因，并不是因为郭进功业相对逊色，而主要还在于杨家后继有人。杨老将军死后，其子延昭、延浦、延训、延环、延贵、延彬继续活跃于军界。其中杨延昭还在抗辽前线屡建功勋，连第三世皇帝真宗也赞叹道：延昭之父为前朝名将，延昭本人又守边有功，有乃父遗风，实在是可嘉可赞！再往后说，杨延昭之子文广也曾参加了抗击西夏、南征叛乱的战争，颇有战功，到第五世皇帝英宗时官至禁军高级

---

[1] 迄今为止，仅有笔者《宋初名将郭进事迹述评》一篇论文予以论述，载于《西北大学学报》2002年第1期。

将领之职。于是，杨门一家三代从军御边在宋代便成为佳话，以后历经元、明、清三代，又通过民间传说、评话、小说及戏剧而广为流传，影响至今。

而郭进就没有这样幸运，主要是儿孙不争气。还是据《梦溪笔谈》记载，郭进当年在邢州城内修建宅第，落成之日，宴请亲朋好友，主席设于正房，另外在东西厢房安排次席，令工匠和诸子分别落座东西两边。亲友不解地问：怎么能让公子们排在工徒下面？主人指着东厢房里的匠人说：这些是修宅子的。再指着西厢房里的儿子说：那些是卖宅子的，当然应该坐在修宅子的下面。他说出这样的话，自然是清楚儿子们的毛病，所谓知子莫若父。结果一语成谶，他死后不久，果然不肖之子连宅院都保不住，卖与他人所有。

就这样，家门不幸，无人继承父业，也无力宣传先人的业绩。随着岁月的流逝，郭进生前的非凡事迹及不幸遭遇便渐渐被尘封于故纸堆中。

收笔之际，想起杭州西湖岳飞墓前的对联："青山有幸埋忠骨，白铁无辜铸佞臣。"此联是后人专为追忆英雄岳飞所写，意在歌颂千古英烈和针砭万世奸臣。其实，宋朝历史上悲剧性的名将不限于郭进、杨业和岳飞三人，还有如狄青、宗泽、曲端、张宪、余玠等等许多位，都因遭到当权者的各种猜忌，或积愤而死，或蒙冤被杀，或不明暴亡。实在是"出师未捷身先死，长使英雄泪满襟"。在此借用以上对联，祭奠早于岳武穆一百六十年冤死的郭进以及其余那些被遗忘的孤魂。

有道是公论自在人心。权贵无道，即使生前风光无限，身后不免遗臭万年；英雄不幸，纵然一生坎坷多难，却是自有青史垂名。

猛士呼延赞

《水浒》第五十四回中说,为平定梁山泊众英雄,殿帅高俅向宋徽宗皇帝荐举了一位武艺高强的大将,此人名唤呼延灼,"使两条铜鞭,有万夫不当之勇"。高俅还特别向天子介绍道:"此人乃开国之初,河东名将呼延赞嫡派子孙。"这虽是元明之际小说中的描写,却着实有些史实的依据,因为呼延赞确是宋初一位剽悍的猛士。

"小尉迟"出道

呼延赞,河东太原(今属山西)人,出生于五代时一个军伍之家,究竟何年降生,却无记载可言。他的父亲呼延琮便是一员武将,在后周时做过淄州(今山东淄博)马步都指挥使,也就是当地的统兵官,只是官阶并不显赫,勉强归属到中级武官之列。

说起这家的姓氏,也不寻常。呼延氏最早可追溯到汉朝时的匈奴族,本称"呼衍"。时光流转至隋唐,历数百年民族交融,呼延氏已成为当时塞内外鲜卑族大姓之一。据宋代学者郑樵指出:匈奴之呼衍姓氏,进入内地后改为呼延氏,为唐朝五代时河东北部一带（今山西北部）的一个重要胡族复姓。由此看来，呼延赞的身世显然有着"胡族"血统的背景。

要说历史上，北方游牧部族的汉子因身强体壮，擅长骑射，常常被中原朝廷招募从军，一些强悍的勇士还因战功卓著成为名将，远的不说，唐朝的尉迟敬德、哥舒翰等人便是如此。当然，鱼龙混杂之下也不免出些跋扈叛将，像安禄山、史思明之流。不过，叛乱归叛乱，使用胡将的传统却是一直自觉不自觉地在延续。到五代之时，大小割据君王穷兵黩武，唯武力是崇，胡人从军为将的现象就更为普遍。

今山西北部地区，历史上长期为胡汉杂居之地，也是交战频仍之区，特别是在唐末五代之际，以当地李氏沙陀人为核心的武装集团能征惯战，先是助唐天子打击黄巢造反农民军，以后干脆入主中原，草创后唐王朝。于是，一时河东的胡汉男子蜂拥而起，从军如云，视军功为安身发迹要途，呼延琮、呼延赞父子自不例外。

受到家庭环境与当地民风的熏染，呼延赞自幼习武，练就一身过人的功夫，年轻时便已从军，成为一名骁骑军的骑兵。正是因缘际会，这支队伍归属后周禁军统帅赵匡胤统辖，因此他在行军作战中的表现，自然受到未来宋家天子的留意。宋朝开国后，太祖皇帝因赏识这位士兵的强健勇敢，遂将其调入近卫部队，并很快提为殿前司东班承旨，也就是进入天子的宿卫诸班直卫士队列。而诸班直的卫士，通常非武艺绝伦者不得入内，由此足见呼延赞体质与武功之超群。

据说，呼延赞因追慕唐初胡族名将尉迟敬德，遂自称"小尉迟"。这一名号就此传出,其后流传甚广,也为后世话本提供了素材。

宋初,朝廷倾力征剿各地的割据势力,因此大批军队投入战场,呼延赞也被派往前线,参加了讨伐盘踞四川的后蜀之役。他作为前锋部队中的一员,冲锋陷阵,一路拼杀,结果身负多处创伤。战后,他因功升为骁雄军的一名副指挥使,并返回京师继续承担卫戍职责。这得说明,按照宋朝军制的规定,营级编制辖有五百士卒,以正、副指挥使来统领,也就是说呼延赞属于骁雄军中的营级副官。

寻常的驻防工作不显山不露水,这位强悍的军官便难有用武之地,其能力便湮没于单调的练兵之中。故一直到太祖朝末年,呼延赞的军职都没有变动,始终停顿于下级军官之位上。

舞剑盘槊的功夫

一个人的命运起伏,既与自身的资质能力和所处的环境形势脱不了干系,也往往与偶然的机遇有关,政界军界人士更是如此。

所谓"一朝天子一朝臣"。宋太宗登基不久,为了迅速控制兵权和笼络军心,就亲自出面考选禁军将校,以提拔一批效忠自己的武将。不用说,高级将帅首当其冲,而身居下位的军官也有了出头的机会。这一次,呼延赞因表现出众,被选为铁骑军指挥使,也就是由副转正,并调入更重要的一支骑兵队伍。从此,他开始踏上了军旅生涯的快速干道。

太平兴国四年(979),太宗皇帝亲征北汉,呼延赞随同大军出征。在行军途中，这位武将身骑乌骓马，手持重达数十斤的多种自制兵器，铠甲衣装也不同寻常，又将额头涂成绛红色，令人望而生畏，也不免使人感到怪异。宋太宗目睹后，甚感不快，觉得诡异惑众，曾有过将其斩首的念头。在围攻北汉都城太原期间，呼延赞如同一头出笼张牙舞爪的猛兽，冒着刀枪锋镝冲锋在前，先后四次攀上城堞又坠下云梯，但全无惧色，依旧不顾死活地拼搏。天子闻听，大为惊叹，就此打消了此前的恶感，于是当面赐予金帛以示嘉奖。

灭亡北汉后，宋朝大军继续北伐辽朝的行动功亏一篑，天子只得下诏班师，暂时屯军防守河北要地，此事前面已经说过。呼延赞随大将崔翰驻守于定州（今河北定州市），在随后抗击辽军进攻的活动中，他当然还是勇于拼杀，因此被主帅奏报到朝廷。此时，正是抗辽和筹划继续北伐之际，良臣猛将自然受到朝堂的关注，呼延指挥使遂被先后提拔为马军副都军头、内员寮直都虞候。他获得的这两个军职都属骑兵武官头衔，而后者更是宿卫皇帝的骑兵诸卫队之一的长官，能就任此职想必与太宗的印象深刻有关。

雍熙三年（986），朝廷发动的第二次北伐又告失败。在这次三路伐辽军事活动期间，呼延赞作为负有宿卫职责的武官未能参加，失去了纵马挥戈疆场的机会。翌年，他升迁为马步军副都军头。还得说明，当时的马步军头司属禁军中的闲散机构，副都军头即为副长官。不过，呼延赞挂此官衔便标志着已跻身中级武将行列。根据他五代末从军时的年龄来推算，此时他四十七八岁。

官爵地位的提高，肯定令人欣喜，由此带来的功名利禄之类好处自不须多说，呼延副都军头至此已超越父亲，算是将门有后，也可光宗耀祖。但这位执拗的将军却是志不在此，一心向往金戈铁马的沙场，内心炽热的血性总难以抑制，若就此过起闲散舒适的日子，又何必多年持续不断地苦练武功和研习作战阵法？于是，他主动向天子献上自己琢磨出来的作战阵图、用兵要略以及安营扎寨之法，同时请求赴边关任职。太宗皇帝看到这些后，心有所动，便决定专门召见这位武将。

呼延赞接到入宫的通知后，想必异常激动，他精心准备，要抓住这次机会，通过展示自己浑身的解数，以表达武将们不甘屈服的决心。他还有四个儿子：长子必兴、次子必改、三子必求和四子必显，在他的亲自训练下个个都身手不凡，也有必要引荐给君王。于是，他带着儿子们全副披挂来到皇宫。在宫廷的大院内，天子下令呼延将军表演武艺，他身披全副盔甲，跨上战马，双手先后挥舞着两条铁鞭和一支枣形钢檛往来奔跑，时而疾驰，时而击杀，确是威风凛凛，锐不可当。他自己结束演示后，又请求陛下给予恭候在外的几个儿子操演的机会，得到太宗的欣然同意。呼延赞的四个儿子也全副戎装，先后都演示了一身的刀剑、矛槊的功夫，史书称"迭舞剑盘槊"。真是虎父无犬子，天子对呼延父子满门的武功自然赞叹，遂当即赏赐白银数百两，并赐给四位年轻人每人一套衣带。

然而，此时朝廷两次北伐先后失败，朝政追求的目标及价值趋向已悄然转移，天子及执政大臣都视内部整顿和建设为关注的重点，不再热心向外武力扩张发展。因此，呼延赞要求上前线带兵打仗的愿望自然未被接受。

呼延赞只得继续在开封城的军营内度日，闲暇之时教习诸子操练武功,光阴就这样一天天消失。三年之后,依照论资排辈的规矩,他获得了刺史的加官头衔,不久又由副转正,升迁为马步军头司的都军头,但边关前线似乎依然遥不可及。

"可怜白发生"

呼延赞作为一名武将,身怀超群武艺,作战异常勇猛,史称"有胆勇"、"骛悍",这便吻合了"文臣不爱钱,武将不怕死"的传统古训,具备了本职角色应有的素质和能力。时势造英雄,但英雄更受制于时代和环境提供的空间。

据记载,呼延赞深受朝廷恩典,便以身许国,发誓与北方强敌辽朝不共戴天,故经常表达宁死沙场的意愿。他性情虽颇为粗悍,却极有胆魄,其全身遍体刺上"赤心杀契丹"几个字,不仅他本人如此,甚至连妻儿和家仆也不例外。他还与诸子都在耳后刺有"出门忘家为国,临阵忘死为主"两行小字,由此足见呼延将军满怀强烈的报国杀敌之心。

说到面部刺字,乃五代以来普通士卒与罪犯所共有的标志,本含有耻辱之意。眼见宋辽双方时常发生激烈的战争,特别是本朝第二次北伐以失败告终,从此辽军不时南侵,边关烽烟不绝。特别是雍熙三年冬季的君子馆(今河北省河间市北)之战,朝廷损兵折将,军队斗志大受挫伤,"自是河朔戍兵无斗志"。因此,呼延赞全家不忌耻辱的刺字行为,正表达了坚定投身抗辽事业的决心。

为了锻炼下一代的体质,呼延赞甚至还做出一些极度违背人情的事来。史称：呼延赞为了使家中幼儿长大后身体强健，并能耐住严寒，竟然在隆冬季节用冷水浇在孩子身上。这些做法，常为世人不理解，其实也反映了他严酷培养子弟的用心，以便为将来迎战做好准备。值得一提的是，这位父亲虽对其子训练起来严厉得不近人情，但并非毫不关爱。某次，其子生病，他依据传统说法，不惜在自己的大腿上割肉，与药烹煮，"为羹疗之"。

既一心投入御辽事业，呼延赞便思索对付敌方的阵法，有机会就献给天子。他还自己设计兵器，先后打造出降魔杵、破阵刀和铁折上巾等特殊武器，破阵刀两面都开成利刃，皆重达十几斤。显然，这些兵器是为针对辽军铁甲骑兵而设计。日后，宋仁宗朝的一位武官杨偕也向朝廷献"神楯劈阵刀"，在对付西夏重装甲骑兵中发挥了作用，杨将官的劈阵刀便是效仿呼延赞之破阵刀。

自出任马步军都军头之后，又时隔三年，也就是淳化三年（992），呼延赞终于获得赴前线的机会。这一年，太宗天子降诏，调任他为保州（今河北保定）刺史，兼任冀州（今河北冀州市）副都部署。保州地处对辽边界，属于防御要地，刺史作为地方长官既要负责军务，也要管理民事，而冀州副都部署则是这一带数州防区的副总指挥官。

当此之时，辽军虽偶尔还会南下，但大都不过属于骚扰掠夺性活动，宋辽双方间激烈的大战已结束。本朝则实施了全面防御的战略，终止了大规模的出师行动，更不允许武将擅自出击。如此一来，呼延赞到任后的主要职责便是管理日常兵营事务，诸如点名考勤、发放粮饷以及案牍之类的事情，他对此显然并不热心也不擅长。故不久，他被改调到内地的辽州（今山西左权）任刺史，而这一新职属于纯粹管理地方民事的行政长官，真正是角色错位，恰如猛张飞绣花，如何能有好结果。因此，在辽州衙门任内，呼延赞又因不善治理民事，大概闹出些笑话，结果被奏报到朝堂。淳化五年，他被召回京师，结束了两年困惑的外任经历，重返昔日军头司都军头的闲散职位。随后，他获迁团练使的加官头衔，地位又有所提升。

到本朝第三代天子真宗皇帝登基后，呼延将军已近暮年，当年的"小尉迟"也早已熬成"老尉迟"，其雄心壮志即将消磨殆尽，那些专为对付辽军铁骑而打造的兵器长期搁置，几乎生锈，惯用的一副沉甸甸的铁鞭也难得派上用场。看起来，通往战马嘶鸣的疆场之路似乎要消失于视野之外。

但老将要完全熄灭内心深处的激情斗志，却不容易，每每酒后梦里，炽热的战斗场景总挥之不去。大概南宋辛弃疾的《破阵子》最能吻合其心头感受："醉里挑灯看剑，梦回吹角连营。八百里分麾下炙，五十弦翻塞外声，沙场秋点兵。　马作的卢飞快，弓如霹雳弦惊。了却君王天下事，赢得生前身后名。可怜白发生！"

咸平二年（999）十二月间，辽军大举南犯，年轻的真宗皇帝不得不下决心率百官亲征。在天子亲征行动之前，呼延赞与另一位武将王潜被朝廷选中，出任扈从大军的先锋之职。深冬季节的寒风，止不住老将再度澎湃的热血，他兴奋地收拾起沉寂已久的自制装备，披挂上阵。然而，九五之尊的天子亲征，从来并非直抵前线战场，故真宗北上抵达大名（今河北大名）行宫后就驻跸下来，就此坐镇指挥。呼延赞遂由先锋官改任行营内外都巡检，也就是参与承担皇帝行宫内外的保卫任务，从而失去了最后一次参战的机会。

隆冬时节作战,对交战双方都实在是件过于艰苦的事,但宋军肩负保家卫国重任,又有天子亲自督战,自然顽强抗击,而辽军不过是侵略掠夺,也就知难而退。到次年正月间,辽军北撤,随之真宗结束亲征,班师返回开封城。

马革裹尸梦的破灭

呼延赞随军返回京师后,卸去兵权,再度回到冷清的军头司衙门消磨时光。此时到了花甲之年,他强壮如铁的身体已大不如以往,身心更感疲惫,眼见朝政趋向如此,北伐无望,遂看淡了军旅和仕途。

据《宋史》本传记载,真宗在某次亲自选拔禁军将校时,许多武将都争吵着表功,只有呼延赞对天子说:为臣每月有俸钱百贯,所用不及其半,所以很知足了。自念无以报国,也就不敢再求升迁,唯恐福过而灾生。这番表述固然反映出呼延赞身上的谦让品德,但仔细品味之下,又似乎可以窥见他一丝抱恨无奈的心迹。

当年四月初夏,朝廷为亡故的皇太后举办隆重的下葬之礼,呼延老将军受命负责葬礼期间的护卫和仪仗职责。中国自古极重葬礼,尤其是皇家帝室就更为重视,耗费巨大不说,礼仪就复杂繁琐至极。因此,凡参与的官员都不敢掉以轻心,精心操持多日,真正是劳累不堪。

当这场葬礼终于结束后,呼延赞返回家中不久即死去。显然,他辛劳过度，老迈的身体难以承受。这位志在报国又剽悍无比的武将，最终不是死在战场上，而是亡于一场繁重的皇家葬礼之余，确是死不得其所，马革裹尸的梦想，只能伴随其亡灵于地下。

呼延赞死后，诸子都继承父业，继续从军为伍，不过只有第四个儿子呼延必显留下官名，其军职至军副都军头，大致不过位居中下级而已，而这些身怀绝技的儿子也没有留下什么事迹，甚至在正式史籍中难觅其踪迹。但呼延赞的子孙后代，必然一直受到其事迹的鼓舞、感召。呼延赞死后一百多年，在激烈的宋金战争中终于又涌现出其后人的身影。

南宋初年，呼延赞的后裔呼延通成为抗金名将韩世忠麾下的统制官，曾多次率军打败金军。特别值得一提的是，他在绍兴年间一次战斗中的表现，极具戏剧化斗将的色彩。

据记载，绍兴六年（1136）初，韩世忠率军在宿迁县（今江苏宿迁）与金军突然遭遇，当时韩大帅仅偕呼延通一军先行，其余诸军尚在后面听令。面对强大的对手，呼延通率先一马出阵，金军猛将牙合孛堇也跃马出阵，这位金军将领极为骄横，喝令来人解甲投降。呼延通则策马驰至对手面前大呼道：我乃呼延通也，我祖上呼延太保在先朝时杀契丹立下大功，发誓不与契丹人共生。况尔女真小丑胆敢侵我疆界，我岂能与尔辈俱生乎！言罢，他挥枪刺向牙合孛堇，双方拚死厮杀，交战多时，以至于彼此都失落兵器，两人又在马上互相以手相击。当双方都扭打滚落马下之后，牙合孛堇情急之下抽出笓刀刺向呼延通的腋下，鲜血立即淌出，呼延通顾不得疼痛，双手用力卡住对方咽喉，致对手几乎气绝，最终将牙合孛堇生擒。如此激烈的搏斗场面，令双方军阵内的将士都大为震惊，金军惊惧之下只得败退而去，于是宋军大胜。由此来看，不难发现呼延通极其骁勇敢战，颇有乃祖遗风。

呼延通后官至观察使，其亡父呼延昌因此而获得武义郎的赠官。遗憾的是，数年以后，这位呼延猛将却投运河自杀而死，据说是与不堪忍受韩世忠欺辱自己妻女的行为有关。

呼延赞以勇猛出名，以至于被当时人视为粗悍的代表。以后宋代文人还常以他为讥讽对象，如宋人阮阅的诗话《诗话总龟》云：在仁宗朝，有个"轻薄子"写诗讽刺某人："文章却似呼延赞，风貌还同富相公。"这里即以武将呼延赞与文臣富弼为粗野和儒雅的反衬对象。这当然是数十年后的事情，在一派尚文风气之下，兵武气息自然受到士人贬损。的确，呼延赞疏于文墨，也拙于行政，但观其人其志，实在是为战争而生，如此骁勇强悍的战将，唯有投身于边防沙场之上，方能尽显其英雄本色，对朝廷而言也方能人尽其才。

然而，在宋朝内政外交演进变化的过程中，呼延赞却逐渐陷入了角色错位的尴尬境地，以至于毕生抱负未竟，终究难跻身古代著名将帅之列。就此想到汉高祖刘邦的《大风歌》："大风起兮云飞扬，威加海内兮归故乡，安得猛士兮守四方？"宋朝既然不以推进边防为重，又何须猛士驰骋疆场！

士林豪杰柳开

一

说到宋朝的儒将，早期的柳开也能算是一位。只是他一生特立独行，意识行为中夹杂着不少的新旧冲突，与北宋中叶的儒将张亢、刘平等人迥然有别，以至于身上总纠缠着许多真伪难辨的轶事传闻。

五代后晋天福十二年（947），柳开降生于大名（今河北大名县）一个官宦人家。这大名城是河北腹地一个大都市，从来为兵家必争之地，唐朝时属魏州所在地，也是祸乱最烈的河朔三大藩镇之一的魏博镇驻节地。

说起来，柳开的家世渊源非同寻常。河东柳氏是中古时代的一个显赫姓氏，早在十六国南北朝时期已成高门大姓，开始活跃于南北许多地区，也出了不少风云人物。如在南朝官场，柳元景、柳世隆、柳庆远等人贵为公卿，子弟们也多占据清要官职，家族还与皇室联姻。在北朝，他们中既有在中央做高官的，也有在地方称雄的。唐朝时，士家大族在政治上已经走向下坡，不过在世人心中依旧保持着尊崇地位。其中京师长安地区，柳氏与韦、杜、薛、裴等家并称显赫门第。后人最熟悉的唐代柳氏人物,大概就是文学家柳宗元和书法家柳公权了。如柳开不无炫耀的诗句所称:"皇唐二百八十年,柳氏家门世有贤。出众文章惟子厚(柳宗元),不群书札独公权(柳公权)。"

祖上如何风光,都已是过去的辉煌。到柳开父辈时,家境虽还属于豪富一类,不过官位已限于中下级,更重要的是当时门第观念已经不再流行。他的父亲柳承乾最终做到监察御史,那已是宋初的事了。

大名所在的河朔地区,自中唐乱世以来兵火不熄,强藩悍将打斗不已,故民风颇为剽悍,百姓习武蔚然成风。柳开虽是富家子弟,但受到当地风气熏染,自幼也喜好操弓舞剑,不仅练就一身过人的射箭功夫,而且胆子特别大。

说到柳开的胆子,少年时已经显露出来。《宋史》本传记载:后周末年,柳承乾任南乐(今河南南乐)县令。某日夜间,突然有强盗闯入家里,大家都惊恐不敢动,才十三岁的柳开抽剑就冲了过去。强人只得翻墙逃跑,结果被柳开挥剑劈掉两个脚趾。

改朝换代的事自古就有,尤其在五代时更不少见,"禅让"、兵变的悲喜剧不时上演。公元960年年初,后周禁军将帅赵匡胤再次"黄袍加身",造就大宋王朝。正是大乱导致大治,宋太祖不满武夫轮番坐江山的格局,向天下释出了长治久安的新气象。柳开毕竟是世家子弟,自然明了世道人心所向,所以没有因尚武而荒废学业。

本朝开国之初,百废待兴,文坛也是荒芜已久。柳开自小就性格张扬,心高气傲,对当时浅陋的文风大为不满,读书作文遂以唐代韩愈、柳宗元为楷模，便起名肩愈，字绍先，大有延续"韩、柳"古文功业的志向。经典阅读多了，他深为先圣道统人伦义理所折服，于是奋笔道："文恶辞之华于理，不恶理之华于辞。"也就是认为"道"重于"文"，辞章华丽不如道理明晰。于是，他自觉学问升华，便改名为"开"，取字"仲涂"，立志再开"圣人之道"，又自号"东郊野夫"、"补亡先生"，还以此署名著述。这都反映在文学思想上，他具有突破旧藩篱的新意识新主张。

年轻时的柳公子，已写出不少名篇，从而博得许多知名学者和官员的青睐，像大名知府王祐和翰林学士卢多逊都对他的文章大加赞赏。一时他声名鹊起，与另一位古文家范杲并称"柳、范"。又与梁周翰、高锡、范杲等名士并称"高、梁、柳、范"。对于柳开的文学成就，元人修的《宋史·儒林传》这样评价：宋初，杨亿等仍沿袭唐人声律之体；柳开、穆修"志欲变古而力弗逮"；自欧阳修出，倡导古文，王安石、苏轼、曾巩继之，"宋文日趋于古矣"。由此足见其在宋代散文史上不可小觑的地位，这当然都是后话了。

古来读书人大都遵循孔夫子"学而优则仕"的教导，柳开属功名心特别强烈的人，不甘于仅仅扬名文坛，当然更要走这条道。彼时最方便的路子，就是参加科举考试。于是，在宋太祖开宝六年（973），他报名科考。到底是功夫不负有心人，结果一试中举，此时他26岁，是最终被录取的二十几人中的一位，可称得上是科场得意。

当年的柳开意气风发，自负学问深厚、文章无人可比。不过百年之后，沈括在《梦溪笔谈》中却写了一个故事，揶揄了他不少。说的是：柳开应举考试时，相当狂傲，将自己的千轴作品载于独轮车上，径直投于考官帘前，想以此惊世骇俗。另一位叫张景的考生，仅携文章一篇拜见考官。主考官对那车千轴文字未加关注，倒是读罢短文大加赞赏，结果将张景的名次拔在柳开之上。因此，当时人慨叹道："柳开千轴，不如张景一书。"此事真伪的确难辨，但有关柳开的类似轶闻从来不断，只能说他张扬的性子不大为以后的士人所欣赏。

二

柳开入仕后，官运一度顺畅。他先做了五年多州衙里的司寇参军、录事参军一类幕僚官，协助知州处理文案和刑狱。当年，文教复兴才刚刚起步，官员素质普遍低下，各级衙门充斥着庸官俗吏。因此，他稍显才能就受到上司的肯定。

太平兴国四年（979），宋太宗亲率大军征讨五代余孽——北汉，他奉命督运淮南八州的粮草供应军需。不幸的是，朝廷在荡平北汉后，随即匆忙展开第一次北伐辽朝的行动，却以失败告终。此事对柳开倒是影响不大，战后他升任常州（今江苏常州市）知州，又调任润州（今江苏镇江市），都是江南富庶之区，同时获得监察御史的官衔，这已是其父最终做过的官位。几年后，改任河北路的贝州（今河北清河县西）知州，官衔也迁为殿中侍御史。按照本朝规则，监察御史、殿中侍御史都是中央监察机关的官职，但可以授给外任官。由此看来，柳开到三十七八岁时，已经做过三任州级长官，与同辈文臣相比，毫不逊色。

但人在少年得志，往往以后免不了麻烦。就柳仲涂而言，富家子弟养成的放纵脾性，是影响仕途的最大障碍。柳开从来性格鲜明，不拘小节，好使性子，好出言不逊，但为人豪爽，喜交豪杰，甘为朋友倾囊解难，由此名声在外。早年在家乡时，就因此结识了日后贵为参知政事（副宰相）的赵昌言。那时赵昌言还是一介布衣，出游河北途中听说柳仲涂好周济朋友，便前去拜访。柳开热情接待了并不相识的来客，交谈下来竟引为知己。当时，他的父亲已经过世，家事由叔父主持。看到新交友人囊中羞涩，他就开口向叔父要钱，也许是类似的事情太多了，其叔父拒绝了这一要求。柳开做事从来胆大，眼见无法兑现许出的诺言，当晚就在家中放了一把火。叔父看到侄儿如此蛮横，无可奈何地拿出30万钱息事宁人。从此，柳开恣意施舍钱财，再无人敢拦。

不仅如此，以后的宋人笔记小说还称，柳公子在赴京赶考途中，曾干过一件骇人的事。说的是：柳开住在驿舍，晚间听到隔壁有妇人哀婉啼哭，第二天早晨便过去询问。得知女子的父亲乃是一位县令，在任时经常贪污，经手人则是家内一个仆人。现在到了离任途中，那仆人竟挟持主人将女儿嫁给自己，否则就要举报，县令无奈只得同意。女子想到沦落至下嫁此人，就伤心不已。柳开听罢，勃然大怒，官员贪污的事他不管，但一个下人竟敢如此犯上，还欺负一个弱女子，便容不得不出手。当晚，他就用匕首杀死恶仆，然后煮成一锅肉，次日再招呼那位贪官共同享用。临别时，县令询问仆人何在？柳开回答刚才吃的就是他的肉。这段打抱不平细节记载的真实性，有些令人怀疑。但类似的传说，却都反映柳开在宋人心目中的豪侠印象。

据说，柳开在润州做知州期间，还做过两件为后人说起的事。其一：主管漕运的江淮发运使胡旦也是自命不凡，好以文章动天下。胡旦自比孔子，作《汉春秋》。书成之日，邀柳知州赴附近的金山上欣赏。柳开仅瞧了几眼，就拔剑怒骂：你小子竟敢祸乱明教！自古无人能比孔夫子，你是何人？胆敢冒充圣人！今天要你吃我一剑，以为后世狂妄者教训！说罢，他举剑直指对方，胡发运吓得连忙逃跑，几番差点被锋芒刺中。

其二：有位姓钱的供奉官，是归顺本朝的吴越王的近亲。某日，柳开到钱家拜访，在书斋见到一幅美人图，得知画中人是钱供奉的妹妹，丧偶多日的他心喜难耐，便想娶为继室。钱某说要等父亲入朝回来再议，他恼怒起来，竟强行将钱家小姐娶到家里。事后钱父向皇帝控诉，不料天子竟安慰道：卿不知道柳开吧？真是一位豪杰之士。你可是得了个好女婿，朕来做媒如何？天子一言九鼎，钱大官人只好同意。

上面说的两件事，前者倒是称赞他维护孔圣人，而后者则是指责他强横不讲理。显然，宋初的文坛翘楚还染有五代剽悍世风的恶习，这就难怪他以后要倒霉。

雍熙二年（985），在贝州任上不知为什么事情，柳开与当地驻军的监军发生了冲突和争吵，因此被贬为上蔡（今河南上蔡县）县令。这一年他38岁，正是精力旺盛之时，不料官运却横遭挫折。要说遭贬的原因，想必与他的坏脾气有关，但也不能不说与当年文臣地位尚未完全提升存在关联。也就是说，此事若发生在北宋中叶，倒霉的一定是那位武官而不会是柳开。

三

遭遇贬官处分后,志向远大而自恃才高的柳开哪能就此甘心,便思忖翻身之道。不久机会就来了。

雍熙三年三月,在宋太宗亲手策划下,朝廷大军兵分三路再次北伐契丹。但最终的结局仍是本朝大败而归,还演出西路军杨业父子壮烈死难的悲剧。

在这场北伐过程中,柳县令曾随东路大军押运军粮。在即将抵达涿州(今河北涿县)时,大将米信遭遇到辽朝万余骑兵的阻击,当双方交战僵持不下之际,辽军将领派人前来请降。懂些兵略的柳开闻听,连忙主动向米信建议:兵法云"无约而请和,谋也"。对方肯定在使计,我军应抓紧进攻,必能取胜。但米将军犹豫不决,过了两天,敌军果然再度发起猛攻。事后获悉辽军当时确是弓矢用尽,用缓师之计麻痹宋军,以争取时间赶运装备。

当宋军班师撤回后,柳开直奔京师宫门向天子上书,声言愿效死北疆。不用说,他对米信不听其言耿耿于怀,也深刻体会到行伍出身将帅有勇无谋的短项,于是对军旅生涯充满期待。宋太宗阅览奏书后,对他遭贬的事表示同情,便下令其官复原职,不过对其他事则未予答复。

翌年五月间,朝廷派柳开出使河北。此时,经历了北伐激烈的战事,他尚武的本性已经无法按捺。前代多少名将壮志豪情,驰骋沙场、扬名史册,令血性男儿振奋不已。一时他心中郁积已久的热血沸腾起来,便不甘心继续从事地方文官的案牍琐事。于是再次上书皇帝道：为臣蒙受非常的恩典，没什么可以报答朝廷。臣今年刚满四十岁，胆力正壮。现在匈奴未灭，愿陛下赐给臣下步骑数千，我愿出生入死，攻取幽蓟，虽战殁沙场，死而无恨。他既决心已下，就全然不顾以后的事了。

这时正是第二次北伐失败后的次年，朝廷上下笼罩在一派恐辽的悲观情绪之下，契丹军队气焰嚣张，出没河朔各地，烧杀抢掠，根本无视朝廷驻军的存在。此时此刻，竟有文官自愿上前线任职，宋太宗不能不为之感动。于是下诏：凡文臣中有懂武略、善兵器者，愿意改换武职，一律予以鼓励。一时，还真有三位像柳开那样的文官也表示响应，愿意在国难当头下"投笔从戎"。朝廷便将这四位文臣改换为武官，其中柳开由殿中侍御史转为崇仪使，出任宁边军（今河北博野县以东）长官。宁边军属宋朝边境沿线设置的地方机构，与州同级，不过防务职责往往重于民事。

这得说明，此时官场的文武分工仍然相当严格，文臣可以转换为武官身份，但通常并不能进入军队中指挥作战。文官承担统军将帅角色的事，那还要到北宋中期才出现。

柳开来到河北前线后，干劲十足，力图在防务活动中也展现出过人之处。由于不能直接统管军队，他便发挥自己善兵略的特长，向辽境展开分化瓦解工作。经察访，获悉一名真定（今河北正定）籍的汉人白万德已做了契丹将官，手下有七百多帐的军兵，他因家乡在内地，所以常与故里亲戚往来。柳长官便利用其亲属攻关，以裂地封侯的条件策动白氏做内应，以配合朝廷夺取幽州（今北京市）。在柳开的劝说下，对方表示愿意配合。然而，当白某在同年年底派人来约定出兵日期时，柳开却已被调往南方的全州（今广西全州市）任职，这一计划遂因人事调动而告寝。其实，柳开也过于天真，自第二次北伐失败后，朝廷已彻底放弃收复幽云的计划，采取了全面防守的战略，自然不会真正支持主动进攻的任何方案。他虽抱憾壮志未酬，也只能服从调令。

全州地处荆湖南路西南端，与南部边疆的广南西路接壤，属不发达的汉蛮杂居之地。当时，州城西面有粟姓部落数百人经常抢掠闹事，前任一直未能解决。这对柳开来说算是小事一桩，既然无法在北疆战场纵横，那么在此边荒之地也不妨牛刀小试。他恩威并施，几番下来，很快就招抚了这些闹事的人，因此获得朝廷30万钱奖赏。

但在全州期间，柳开强悍粗糙的作风也暴露出来。一名军卒大概不服处罚，就向上面提起控诉，结果被他下令痛打了一顿，又被在脸面刺上字押往开封。正当柳开准备接任桂州（今广西桂林市）知州时，军卒的冤情反映上来。当此之时，朝廷正大力整顿五代遗留下来无法无天的弊政，树规立矩，禁止官员滥施刑罚。结果，他受到御史台的查处，被连削两级，贬为团练副使的闲差。

以后，柳开官复原职，先后到陕西、河北数地做知州。随着年龄的增长，他大概也渐趋缓和，出格的事少有发生，只是在邠州（今陕西彬县）任内，为了减轻当地农民繁重的负担，他才做了一件向上司威胁摊牌的事，从而取消了这一苛政。

宋真宗登基后，他按例获得升迁，由崇仪使转为如京使，不过官阶相同，都属七品衔，改任代州（今山西代县）知州。这一年，他已51岁。在回朝述职期间，柳开曾向新皇上了一道奏疏，希望天子励精图治、宰执大臣恪守原则、边关武备不可松懈、地方衙门务汰冗员、官场浮躁尤当戒除等等。遗憾的是，朝廷对他洋洋洒洒的献言，并未加以重视。

四年后，也就是公元1001年，柳开死于调任沧州（今河北沧州市以东）途中，享年54岁。朝廷按照惯例，赐予其子柳涉三班奉职之衔。正是"种瓜得瓜，种豆得豆"，想必儿子受到父亲从武的影响，没有走读书科举之路，最终只能凭借父荫，混得一介无品级的低级武官。

柳开因生前官衔至如京使，故后世遂称为柳如京。

四

柳开的官场生涯结局如此，不能不说是受到改换武官这件事的影响，而这又与当时国家路线的转向存在某种关联。宋朝自第二次北伐失败后，朝政的目标及价值趋向已经悄然转移，汉唐外向发展之路遭到主流意识的否定，内部整顿和建设成为执政者关注的重点。因此，若再怀抱军功梦想来博取远大前程，就自然不合时宜了。

这就难怪柳仲涂自壮年转换身份后，虽然头顶武官头衔，却未能真正踏入军界统军打仗，转来转去，仍不脱地方官的角色。若称作儒将，手下能调动的最多不过几百个地方武装。事实上，与他同时换武的三位文官，其结局也差不多。真是十年一觉沙场梦，到头仍在衙署中。

如此一来，在不文不武的岗位中忙碌，岁月不知不觉已然蹉跎过去，柳开便陷入了失意的困顿之中。蓦然回首，他能引以为荣的武官事迹，不过是曾联络过辽朝叛将、招抚过骚扰地方的边民之类的几件事，再也找不到什么突出的业绩，而这些事与他转武的抱负和志向实在是相去甚远。于是，不平之气在他的笔下不时流露出来，"……舍羊犬猪用彪虎，气包茫昧廓区宇。刓发披缁心有取，蜕免羁蹢脱潜去。身投西佛学东鲁，尘视诸徒飙远举。狂呼饱醉贱今古，公室侯庭迎走户。如攀乔柯腰俯偻，搜经抉诰将完补。声号大荒铿簨簴，笔诇斯冰卑尔汝。戟枝曳阵孰御侮，二十游秦老还楚……"（《赠梦英》诗）其中"狂呼饱醉贱今古"之句，道出了他豪放不羁又心存不甘的郁闷心境。

柳如京独特的仕宦经历和行为，使他远离了大多数文臣，过于豪爽甚至暴戾的脾性，也受到不少的疑问和指责。他最后死于地方官任上，官位仅仅刚够得上中级武官的边沿。而与他先后科举入仕的许多同辈们，在文官的道路上大都一帆风顺，有的已官居执政，有的也具有了封妻荫子的高位。在他们眼里，柳开实在只是一位举止可笑的人，所谓"非我族类"，其官运不佳，乃咎由自取。

话说回来，柳开本性中确有嗜杀的成分，因此不能全怪后世要谴责他。据说：在全州时，柳开常传令将抓获的造反蛮人押到宴席前，再当着下属的面命令士卒剥取俘虏的肝脏。当充满鲜血的人肝端上桌时，他竟用佩刀将人肝切割成小块，涂抹上食盐，然后饱餐一顿。以后，他调任荆州（今湖北荆州市），仍然嗜食人肝，每听说邻州有罪犯被诛杀，立即就派健卒跑去挖取肝脏。这种事在唐末五代乱世时并不稀见，当年许多人都相信生吃人胆，可以给自己增添胆气的说法，其中最有名的就是后汉时的藩镇赵思绾。史称:他喜食胆(又有记载为人肝),特别是就着酒水吞食,他还自豪地对人说:"吞此千枚,则胆无敌矣!"还有正面的记载也免不了与此有关:一个叫张藏英的人,幼年时父亲遭到惨杀,他长大后立志报仇,不仅手刃仇人祭奠亡父,而且挖出仇人心肝生吃下去,因此博得"报仇张孝子"的美名。

想当年,生灵涂炭,全无王法,生命在强者眼里已失去了宝贵的价值。一些军阀还以杀人来解决短缺的军粮,甚至出现儿子杀死母亲的人伦悲剧。对于前代战乱下出现的父子相残的极端现象,宋代理学家深叹"天理灭绝"、"三纲沦丧"。欧阳修在《新五代史》中则评论道:

> 自唐之衰,干戈饥馑,父不得育其子,子不得养其亲。其始也,骨肉不能相保盖出于不幸,因之礼义日以废,恩爱日以薄。其习久而遂以大坏,至于父子之间,自相残害。

这样看来,有关柳开吃人肝的事,确有可能发生,大约秉承前世遗风,不过是否如此嗜食,并当着下属的面活剥俘虏,却不免令人生疑。但不管怎么说,战乱早已结束,世道也已转变,谁再有这种举动,自然难容公议。特别是随着社会理性的回归和文明程度的提高,到北宋中叶以后,文人士大夫对此就更为愤懑。于是柳如京在他们笔下便成为"性凶恶"的怪人,各种版本的传言遂流散开来,以至于真假难辨。

以后宋人还写有一个故事,说他与处士潘阆为莫逆之交,柳仲涂胆大妄为的性子常遭到潘阆嗤笑。某次,柳开途经扬州,潘阆与他相聚。驿站中有间房大门紧锁，他问何故？驿吏回答以往客人凡住宿于此，无不惊吓，故闲置十多年。柳开听罢，对众人说："吾文章可以惊鬼神，胆气可以詟夷夏，何畏哉！"随之破门而入。晚间，潘阆涂红抹绿，穿作牛头马面，爬进屋内梁上，装神弄鬼，柳开竟被唬住，一再告饶。此事意在挖苦柳开以胆大自居，但碰见鬼神也不免心虚。

若要只责备柳开一人性情暴躁，还是有些不公。其实宋初许多文士，纵然才高八斗，也颇乏儒雅气质，并且行事不守规矩。如与柳开同时代的著名词臣梁周翰，写得一手好文章，其《五凤楼赋》曾传颂一时，后官居翰林学士。但此人在地方官任内，就动辄体罚下属，并因杖杀人命遭到贬官处分。不久，在任官方的绫锦院监官期间，又对手下织锦工匠滥施杖罚，结果又被控诉到朝廷。宋太祖见到匠人一身的血肉模糊，怒不可遏，立即下令将他抓来，并对其痛骂道：难道你不清楚他人肌肤与自己无异吗？怎么就下得了如此狠手打人！震怒之下，天子几乎也要教训梁某饱尝棍棒的滋味。由此看来，宋朝开国时代，士风依旧粗糙，确有改造的必要。

读罢柳开事迹，令人百感交集。他虽然在学问上富有创新，但在行为上却拖着过多旧时代的习气。故后人评价他"行不如文"。最终，他留给后世的遗产，不是微不足道的军功事迹，还在于气冲斗牛的文学作品。门人编其诗文，成《河东集》十五卷，传世至今，仍为佳品。

名相寇准

少年得意

太平兴国五年（980）闰三月间，宋太宗皇帝亲自主持科举殿试，录取状元苏易简以下进士119人，同时选拔其他诸科533人。从千余年前的成功标准来衡量，这一榜可谓人才辈出，以后出了四位宰相和多位执政大臣，在政坛上呼风唤雨，声威显赫，故被宋人誉为"龙虎榜"。

正是在此次科考中，年仅19岁的寇准进士及第，是其中最年少的折桂者。按照宋朝科举规矩，以年龄最小的中举者为"探花"郎，此不同于明清时代的进士第三名的称呼。须知唐朝以来，全国无数书生头悬梁锥刺股，皓首穷经，都狂奔并拥挤于狭窄的科场小道，而最终能斩获功名者许多已年过半百，如唐诗云"五十少进士"。因而寇准不到二十岁便金榜题名，确属少年得意。

据记载，寇准在参加考试之前，有知情人曾私下向他透露：当朝天子素来不喜欢年轻的举子，以为年少轻狂，每每在殿试过程中将其逐出。所以建议他虚报岁数。但他却回答道：我刚步入进取之路，怎么可以欺君呢？此事足以窥见其刚正品格之一斑。

这位日后名动天下的少年进士寇准,字平仲,出生于建隆二年(961),也就是宋朝开国后的第二年,家乡在华州下邽县(今陕西渭南市以北)。其父寇相曾在五代后晋时做过藩王府的幕僚,故寇家属本乡有地位的官户。

由于家境富裕,据说少年寇准曾一度染有公子哥儿习气,不修小节,沉溺架鹰走狗。其母时常严加管教,都收效甚微,一次实在气愤至极,便随手拿起秤砣投向儿子,结果将儿子的脚砸出血来。从此,寇准才痛改前非,专心治学。

寇准自幼天资超群,书本一读便懂,遂泛滥诗文经史。但他尤其喜好阅读的书,还是《春秋》。在这部记述先秦春秋时代的史籍中,他读到诸侯之间的角逐争霸和纵横捭阖,了解到国家兴亡之理以及战乱带来的无穷危害,也熟悉了许多英雄人物的事迹,因此少年时代便立下了高远志向。

特别值得一提的是,这位关中学子不仅才华出众,而且受到乡土民风的熏染,身上有着鲜明的刚直性格,或者说还有一股子倔强劲。

初出茅庐的寇探花,做的第一任差遣是巴东(今湖北巴东县)知县。巴东是归州属下的一个小县,地处长江三峡之间,人烟稀少,但麻雀虽小五脏俱全,对19岁的书生来说依然需要熟悉当地政务民情。这位年轻的父母官倒是很快适应角色,既宽刑简政,又雷厉风行,故颇得民望。多年以后,他亲手种植的两株柏树还被当地父老比之于"甘棠",称为"莱公柏"(以他日后所封莱国公命名)。

在此,他曾放眼滚滚东流的大江,抚今思古,心潮起伏,题写了抒怀诗《春日登楼怀归》：

> 高楼聊引望，杳杳一川平。
> 野水无人渡，孤舟尽日横。
> 荒村生断霭，古寺语流莺。
> 旧业遥清渭，沉思忽自惊。

之后，寇准又调任河北成安县（今属河北）知县，依旧保持以往风格。彼时尚处于宋初，五代遗风多存，地方上充斥贪残昏庸官员，百姓深受其害，因此他的积极作为自然超越大多同僚，从而受到朝廷的关注。于是，他在23岁时升任郓州（今山东东平）通判，也就是该州级机关的二把手。

端拱元年（988），寇准从地方衙门调到中央最高财经机构的三司，并很快出任盐铁判官，承担起一份重要的财政管理公务。这一年他不过27岁，可谓仕途坦荡，分明是得志青年。

本朝"魏徵"

寇准进入三司衙署后，立即感受到京师与地方存在的巨大差异，相比于中央庞大的运行体系，州县衙门那些关系和那点事实在是简单多了。三司因关乎全国的财赋收支管理，所决定的各项政策和规定，都牵涉到广泛的利益，因而既要与朝廷其他机关交涉，也要与各地政府经常打交道，更须满足天子的意愿，故其官员的言行举止，都难免引人注目。

面对繁重的政务和复杂的人事关系，寇判官秉承一贯的耿直作风，遇事敢言，常常不顾忌官场许多潜规则暗习惯，直指积弊，这当然属于"不欺君"的大忠表现，因此引起了天子的注意。某次，太宗皇帝传诏百官就朝政各陈己见，他便上疏直言朝廷利害，有条有理，切中要害。天子阅罢奏言深为所动，对这位年轻的官员愈加器重，迎合顺从的臣子固然令君主舒心，但朝廷毕竟还需要敢言敢为的直臣。

翌年，太宗就打算提拔寇准，宰相建议授予开封府推官之职，太宗不满地说：此官岂能用来相待寇准？宰臣只得再提议迁官枢密直学士，天子这才答应。于是，寇判官转升枢密直学士，步入最高军事机要决策机关，同时还兼任判吏部东铨，也就是负责一部分考察选拔官员的工作。不久，寇准母亲去世，按照惯例官员须辞职"丁忧"，守丧三年，但太宗正要重用寇准，哪能就此让爱卿离朝许久？皇帝就是皇帝，一纸诏书便予以"夺情"处理，令孝子打破常规继续留任，这可是古代天子对特别信任臣子的一种礼遇。

蒙受如此浩荡皇恩，寇准更坚定了报效国家之心，对朝廷尽忠尽责。据记载，一次上殿议事，他因言语过于直率，惹得太宗恼怒地站立起来，他竟上前拽住龙袍请天子坐下来继续听，直到事情决议后才退去。当朝君王可是从来猜忌心重，又刚愎自用，君臣关系向来疏远，故很少有人敢如此逆龙鳞，因此寇准的举止风格实在超乎常人。必定是他言之有理，敢言他人不敢说的话，太宗皇帝觉得这位年轻人难能可贵，反倒极为欣赏，遂感叹地说道：朕得到寇准，犹如唐太宗之有魏徵！

魏徵乃是唐太宗朝著名直臣，曾多次不顾冒犯天子颜面而批评弊政，被唐太宗视为自己的一面镜子，由是以直言敢谏闻名于史。天子一言九鼎，寇准获得如此评语，自然声名大起，引得朝臣们又赞叹又妒忌。

初入执政

寇准出任枢密直学士，大约有两年时光。在此前后，京师朝堂上表面看似平静，实则暗流涌动，官僚们私下里争宠相斗不已，宰执之位也几度更迭。其中元老重臣赵普因年老体衰，不久辞官，状元出身的吕蒙正独掌相印，分居要津的大臣，一度也多为吕相公太平兴国二年（977）那一榜的同年。但有道是长江后浪推前浪，新进者也逐渐崛起，寇准受到太宗的格外器重自不用说，还有如他的同年李沆也已出任翰林学士，成为天子身边的近臣。

年轻气盛的寇准因有天子的特别眷顾，自然不愿甘居人后，他要抓住机遇更进一步，以施展远大的抱负。

淳化二年（991）春，天下大旱，民怨沸腾。于是，太宗召见近臣询问朝政得失，众臣们都以自然规律的言辞予以解释，实际上就是回避敏感的现实问题。寇准则上言道：《尚书·洪范》中的天人感应之说，应有道理，现在大旱就是验证，可能与朝廷刑政失常有关。他的这种言论，是有意将朝政问题与严重的旱灾挂起钩来。天子听罢大怒，当下就起身返回内宫。正当众人面面相觑之际，宦官传旨寇准入内。太宗一见到这位素来耿介的官员，便追问究竟有何刑政失常问题。他沉稳地回答：请陛下召见二府宰执们前来，为臣要当着他们的面说。当几位惶恐的大臣被召来后，他才对天子陈说道：之前有祖吉、王淮两人贪赃受贿，祖吉受贿数额不大就受到诛杀的严惩，王淮因为是参知政事王沔的兄弟，监守自盗至千万，却不过受到杖刑处罚，以后又官复原职，此非刑罚不公又是什么？太宗当即质问王沔，王参政只得顿首称罪。于是，王沔受到天子的痛责，寇准则得到嘉奖。

古来官场拉帮结派的现象从来就有，此乃帝王最忌讳之事。在君主眼里，若就此形成集团势力，轻则结党营私侵蚀国家，重则架空天子危及社稷。不过，要完全杜绝此类事情发生却非易事，只能必要时加以打压，采取的手段当然很多，起用一批新人制衡就是一种办法。

寇准揭露参知政事王沔包庇胞弟之事不久，就被太宗皇帝钦点为枢密副使，从而跻身执政之列。这一年，寇枢密年仅31岁，属于二府大臣中最年轻的一位。当年九月，寇准的科举同年李沆也官拜参知政事，苏易简则升任翰林学士承旨，当然最受天子赏识的还是寇准。而那位倒霉的王沔则遭到贬责，吕蒙正也因姻亲宋沆妄议立太子的事受到牵连，罢相离朝。继任宰相的老臣李昉和粗犷的张齐贤，显然不是天子理想的人选，不过属过渡性人物。

寇准的前景看似一派光明，拜相好像只是时间迟早的事，也就是再熬上几年的资历，便可走马上任。但寇准还是少年得意，仕途太顺了，政治上也就不够成熟，加上性格过直，好使性子，易遭人忌恨，一时光鲜的背后其实却埋下了隐忧。

起伏与定策

寇准为政作风强硬，固然有天子撑腰，成为制衡其他大臣的新锐，却不免树敌过多，引起许多人的不满。如此一来，他便成了出头易烂的椽子，所谓"木秀于林，风必摧之"。

此时，别的文官大臣不说，枢密院的长官张逊就与寇准过不去。张逊出身太宗藩邸时的亲随武臣，靠着攀龙附凤骤然升至高位，寇准自然看不上，因此在议事时与其多次发生争执，因此结下怨仇。张逊见识和能力虽都存在问题，但官场那套斗争的手段却不缺乏，他要找机会报复自己的这位副职。

淳化四年（993）六月的一天，寇准与同僚温仲舒一同乘马行走在街上，突然被冲出的一个疯子拦住连呼万岁，恰巧又被负责巡逻的一位武官看见。此事纯属精神病人的荒唐举动，或许还是受人指使，本与两位枢密副使无关，但张逊闻听后立即唆使那位武官上告，矛头却直指寇枢密一人。天子下诏询问，寇准深感冤枉，遂要求请温仲舒出来作证，张逊则坚持由上告者单独入宫汇报。最终，寇准与张逊两位在天子面前互相指责，相互揭短，甚至于声色俱厉，令太宗大为恼怒，这简直成何体统？天子对此事当然有自己的判断：张逊显然是牵强附会，打击报复，必须收拾！但寇准也缺乏涵养，既不分场合，又不识大体，惹得上下不满，应该给他点教训。于是，太宗当即将两人一同免职，张逊被贬降为闲差，寇准也离朝外任。

遭此意外打击，性情刚烈的寇准出任青州（今山东青州市）

知州,远离了朝堂,自然心情郁闷。对他来说,青州衙门的事很简单,可以抓大放小,一般事务都交下属办理,自己有空便与僚属饮酒,以排遣烦恼。据宋人记载,他酒量极大,无人匹敌,这倒是吻合其性情。他肯定也反思了这次教训,意识到自己的弱点,但遗憾的是其秉性难改,以后还要为此付出代价。正如荀子所云:"不知戒,后必有。"

皇宫里朝堂上,不见了寇准的身影,太宗皇帝时常闷闷不乐,想到寇爱卿的坦诚好处,便念念不忘。寇准离朝不久,天子就多次对身边人说:也不知寇准在青州是否快乐?近臣们安慰道:寇准去的是好地方,应当不会受苦。这样的问话多了,宰执大臣揣摩到陛下有召回的意思,这当然是他们不愿乐见的事,便对太宗说:陛下经常思念寇准,听说他却整日纵酒作乐,不知是否也思念陛下?天子听罢,遂默然不语。这些谗言虽能令太宗一时不快,却难改变天子对寇准的赏识和思念。

次年九月,寇准奉诏回朝,升任参知政事。此时,天子已到晚年,最操心的大事莫过于立储。之前已说过,两次册立皇储的失败,令太宗既伤感又烦恼,东宫便长期空置。这引起了朝臣们的忧虑,唯恐天子一旦突然谢世,势必会因嗣位之争,引发一场政治危机。于是,个别官员上奏请立皇嗣,结果引起猜忌心极重的太宗不满,将他们贬斥外地。

但天子眼见自己年事已高、身体多病,臣僚们私下里又议论纷纷,猜测未来的人君,长此以往难免人心不稳,拉帮结伙,甚至有发生意外事变的可能。看起来,是该到确定太子的时候了。太宗从来独断宸纲,立储当然由自己拿主意,但也有必要听取信赖臣子的意见，以免考虑不周。

寇准返京后，立即被宣诏入宫觐见。天子一见到他，便撩起龙袍，一边让他看自己伤重难愈的足创，一边动情地发问：爱卿为何来得如此缓慢？他连忙回答道：为臣没接到诏令是不能进入京师的。太宗接着问：朕几个儿子中哪一个可以继承皇位？寇参政当然明白此事非同小可，之前几位朝臣都因冒昧提议而遭贬，但他从来敢说真话，便直率地答道：陛下为万民选择储君，不可与妇人、宦官商量，也不可与近臣谋定。唯有陛下自己斟酌，来挑选负有天下众望者。话说到此，天子沉吟良久，屏退身边人，独自询问寇准道：襄王如何？他当即回答：知子莫若父，圣意既已明确，就应马上确定。于是，太宗皇帝随之确立了襄王的储君地位。这位襄王便是日后的真宗皇帝，而寇参政则就此立下了定策大功。

襄王元侃晋封寿王，并依照惯例出任开封府尹。一年后，也就是至道元年（995）八月，寿王再被正式宣布为皇太子。据史书称，诏书公布之日，京城百姓涌上街头，夹道围观出行的太子，一些人还喜悦地说：真是少年天子！消息传入宫中，太宗皇帝感到不快，就召见并发问寇准：民心这么快就归属太子，如此将置朕于何地？看到多疑的暮年天子猜忌到太子，寇准的大智慧派上了用场，他立即祝贺道：百姓爱戴，正是社稷之福啊！言简意赅，明着是称颂陛下英明，选对了接班人，暗里却是保护寿王。太宗转身进入后宫，告诉后妃们寇参政的话，自然也是一派祝贺声。天子这才转忧为喜，重回殿堂，当下设宴感谢本朝"魏徵"，君臣俩一醉方休。

二度受挫

寇准重返庙堂后，出任的虽只是副宰相之职，但因有天子的格外信任，其影响力却非同寻常。像在决定中书大政及其他重要事务上，他都有很大的发言权，因为此时唯一的宰相吕端和几位执政大臣也是在他的引荐下获得重用，故对这位天子亲信相当谦让。不过，在一往无前勇担责任的同时，寇准没有从之前遭贬的事上汲取教训，过于外露的老脾气依旧，仍不在意别人的看法，时常一意孤行。

说起来，寇准的风格与当日大多数科举出身的文臣明显不同，他性格外向，欠缺谨慎持重，性情又过于刚直，疾恶如仇，做事常常不顾及同僚和下属的脸面。如此这般，不免受到许多人的怨恨，以至于陷于孤立的境地，最终连天子也帮不了他。

至道二年（996）七月里，朝廷举行南郊祭天大典结束后，依照惯例百官都获得叙迁。在安排此次人事变动的过程中，寇准素来印象好的官员多得美差，而他反感或不熟悉的人则很少获得好处，从而招致一些人的非议。这得承认，他既有打破陈规选拔人才的一面，也存在主观偏见的一面，欠缺政治家必要的容人之量。

当时，有位名叫彭惟节的官员，其排序一直居于另一位朝官冯拯之下，这次叙迁后，前者转官屯田员外郎，后者转为虞部员外郎，也就是说彭某排位超过了冯某。但上奏列名时，冯拯却继续要求保持在彭氏前面。寇准素来对圆滑投机的冯氏缺乏好感，便大为恼怒，遂以中书公文的形式斥责冯拯扰乱朝纲。冯拯本非良善之辈，接获堂帖后愤懑不已，哪里肯善罢甘休，就上奏指责寇参政擅权，接着又条陈其对待岭南地区官员的任用不公。他这么做，自然有一批人支持，广南东路转运使康戬便积极予以配合。康戬也向天子上疏反映：宰相吕端、参知政事张洎和李昌龄皆寇准所引荐，吕丞相心存感激，张参政曲意奉承，李参政则畏惧不敢抗衡，是故寇准得以为所欲为，变乱规矩。如此言辞，可谓相当大胆，牵扯到当朝地位最高的几位宰执大臣，背后必然有复杂的势力撑腰，很可能是得到反对太子一派的李皇后、大宦官王继恩等人的指使。既然有把柄可以被抓，政敌当然不会手软。

太宗皇帝阅罢几份奏疏，龙颜不悦，再赏识的人也只是臣子，若要擅权或重新拉帮组派，照样是绝对不能接受。

当寇准奉命主持太庙祭祀事务之际，天子召见了吕端等人。吕相公受到太宗的责问，已顾不得情谊之类的事，连忙解释说：寇准性格刚强，为臣等不愿与他争执，也是考虑到怕有伤国体。随之，带头顿首谢罪。品行不端的张洎为求自保，恩将仇报，乘机落井下石，竟揭发寇准私下里说过批评天子的话。

结束太庙公务后，寇参政上殿汇报，天子质问他有关冯拯反映的事，他这时竟犯了老毛病，不知掌握分寸，一味地为自己辩护，还请求在朝堂官员面前互相对质。显然，他过于自信，不惧公开辩论。太宗听得不耐烦，说道：若就当廷分辩的话，有失大臣之体。话已至此，寇准犹不知退让，仍坚称自己无过，又拿出中书有关官员的簿子，一一指出先后，无非要争个是非曲直。他只顾倔强，不知变通，势必"一举不得，前功尽弃"。天子愈加气恼，不由得对昔日爱卿叹责道：鼠雀尚知人意，何况人呢？就此结束了不愉快的谈话,随之传诏罢免寇准的要职,出贬为邓州(今河南邓州市)知州。

追逐权力本是政界的通病,也是每位政客的本能,本朝"魏徵"寇准自不例外。而权力的拥有,往往不是简单论品行论能力论远大的抱负,就能公平衡量分配,尔虞我诈、明枪暗箭、阳奉阴违、调虎离山、针尖对麦芒等等,以至于三十六计、七十二变之类手段,无所不用其极,政治斗争的残酷性从来便是如此。寇准显然不精通权术之道,大概还反感这些东西,常常仅凭一颗赤心一腔热肠对待君王和政务,自是简单粗糙,难免陷身孤立,甚至授人以柄。对此,他的同年和好友张咏以后曾叹息道:寇公实乃奇才,可惜学术不足耳!此所谓"学术"非今日意义上的学问之学术,而是指学习揣摩历史经验所获得的政治权术。还是知己者说到点子上了,遗憾的是当事人终生也没有真正掌握。

再度失意之下,寇准离开了朝廷的权力中心,落脚地方衙门。这一年,他才35岁,就绝大多数官员而言,这个岁数还只是出道伊始,他却已实实在在辅佐过帝王,虽两度跌宕,却品尝过位高权重的滋味。

好在寇准还年轻得很,有的是时间资本,尤其是他立下了定策之功,今日的太子不久就要登基继位,对于他的大恩,未来的天子哪能轻易忘却?还有他的多位旧友、同年也分居高位,如吕端、李沆、向敏中及王旦等人或为宰相,或居执政,多少都受过他的荐举之恩,也不会绝情至极,而他的政敌则行将瓦解。

在邓州任内,寇准仍旧保持豪饮的习惯,时常设宴款待宾朋。他特别喜爱观看刚健有力的"柘枝舞",往往一边欣赏舞蹈,一边放开来饮酒,每次都能畅饮三十盏之多,罕有对手,令人惊叹。寇准还是年轻气盛,志向大酒量也巨。而仅就酒性一点来看,也折射出他万事不服输的秉性。

不过,外人眼里的这种惯常纵酒作乐,掩盖的却是一颗苦闷的内心,陪酒者恐怕未必能完全体会,唯有他自己清楚。纵使醉里梦中也不甘心就此放手,正如他早年在巴东县写的诗句所表露:"野水无人渡,孤舟尽日横。"庙堂运筹、朝廷命运,舍我其谁?这便是寇准!

入主中书

从至道二年(996)七月出贬之日算起,寇准有五年多时光徘徊于外地,先任邓州知州,随后又调任河阳军(今河南孟县)、同州(今陕西大荔县)和凤翔府(今陕西凤翔县)等地方长官。最初的艰难形势,随着皇位的更迭逐渐发生了有利的变化。有道是:旷世奇才,上苍终究不会埋没。

至道三年三月,太宗驾崩,因为宰相吕端的有力保护,太子登基称帝,是为真宗皇帝。与此同时,反对太子派一班人马顷刻遭到清算,而这些人正是昔日处心积虑报复寇准的幕后势力。

新天子入主大位后,当然会想到昔日寇准在确立自己太子之位上的贡献,于是即位不久便升迁其官衔,由给事中提拔为工部侍郎。不过,这只是官阶头衔的提升,其实际的职务差遣却未变动。

话说回来,在真宗心目中,本朝"魏徵"寇准的忠诚和才干都不成问题，还对自己曾经有恩，应该重用。但此时朝中的形势和人际关系却相当微妙，唯一的丞相吕端对自己登基立下汗马功劳，自当感激不尽，眼下还要倚重其稳定局面，因此必须考虑他的感受。遗憾的是，吕相公虽与寇准的私人关系尚可，两人却性格迥异，一个老成内向，另一个则锋芒毕露；另外两人年龄相差悬殊，前者已年过六旬，后者还不到四十岁，彼此做朋友恐怕没有问题，但若要合作起来不免存在抵牾。而其他多位执政大臣，包括寇准的同年李沆和向敏中，往日也领教过寇参政的专断，未必热衷欢迎他回朝。如此这般，只能先优待这位爱卿，重用的事仍需留待时日再说。

咸平三年（1000）初，因辽军南下，天子亲赴河北大名坐镇指挥，其间曾召见寇准于行营。此次会面，想必君臣间又有了进一步的了解，寇准的坦诚果决也给年轻的君王留下了更深的印象。

两年之后，寇准终于结束外任生活，被召回京师出任权知开封府，也就是代理首都开封的长官。经过几年的地方磨炼，寇知府算是想通了几许门道，言行举止稍微收敛了一些，如上朝时主动要求排序在官阶低于自己的三司使陈恕名下之类。这自然引起天子的好感，觉得能识大体，于是不久便提拔他接替三司使之职，以负责全国的财经要务。

当此之时，辽朝铁骑频频南犯，北部边防形势日益严峻，致使真宗皇帝忧心忡忡，宵衣旰食。环顾左右，老臣吕端已亡故多时，先后接任相位的李沆、吕蒙正和向敏中三位，虽都属君子一类大臣，颇得众望，处理朝廷日常政务也得心应手，但却皆非谋勇兼备之人，应对边防大政时，往往束手无策。显然，这属于太平宰相班子，难以担当战时内阁的重任。因而，天子还是相中了寇准，打算起用他辅政。为此，先罢免了向敏中的相位，随后又接受老臣吕蒙正的辞呈，在中书仅保留李沆一位宰相，以便为寇准踏入庙堂铺垫道路。

不曾想，景德元年（1004）七月，唯一的宰相李沆突然病逝，中书一时无人支撑，而原来用李沆与寇准配合的设想也被打乱。在国难当头之际，天子考虑到非起用有胆有识者不能替自己分忧，遂决定将寇准从三司使直接升任宰相。为了避免臣僚们的非议，真宗便先将自己藩邸旧臣出身的翰林侍读学士、兵部侍郎毕士安迁为参知政事，时隔一个月，就同时任命毕士安与寇准为宰相。

据说，天子事先曾就使用寇准的想法征求过毕士安的意见，这位老部属对陛下说：寇准天资忠义，能断大事，为臣我不如他。真宗反问道：听说寇准性格刚强，又好使性子，这怎么办？毕士安答道：寇准忘身徇国，故不为流俗所喜。当今北有强敌，"跳梁未服"，正是使用寇准之时。听罢如此肯定意见，天子方才打消了所有顾虑，下决心重用寇爱卿。

这一年，寇准刚43岁，终于入主中书，成为本朝操持国政的新一代宰臣。当命运将他推向政治舞台最前列之际，国运亦将随之而起舞。

力主亲征

景德元年是宋朝历史上的多事之秋，更是风云激荡而具重大影响的一年。

就在同年八月寇准拜相之时，河北前线已不断传来辽军频繁调动的情报，根据以往的经验分析，辽朝必有大举南侵的意图。

到闰九月间，辽朝萧太后偕辽圣宗一同率铁骑南下，兵力超过二十万，可谓倾全国之力。与以往不同的是，辽军此次行动采取快速推进的战术，凡遇到坚守城池，便绕道而行。显而易见，其志在夺取中原，而非掠夺子女玉帛，实乃前所未有之举。

战报传至京师开封，朝堂上顿时一片哗然，多位朝臣请求天子南渡避祸。眼见众多臣僚慌乱不堪，真宗皇帝一时也六神无主，信心随之动摇。

真正是"天下皆醉我独醒"。对于某些臣僚发起的避祸议论，寇准深不以为然，因为他秉性从来不服输，并且早已深思熟虑过对策。

在寇准看来，昔日历史上无数先例已验证了这样一个铁的事实：在出现北方强敌威胁的形势下，如果皇帝带头南逃，必然造成军心涣散、防线崩溃乃至于丧失北方的后果，最终君臣只能偏安江左。以本朝幅员之辽阔，人口之众多，财力之雄厚以及军队之庞大，虽不至于北伐灭亡辽朝，但进行一场全国性的持久抗战，尚不成问题。五代后晋末年，辽朝国主耶律德光曾兵洗开封，似乎已控制了中原，最终却在内地军民的反抗下被迫撤退。有鉴于此，寇丞相决心说服天子亲征，以鼓舞前方将士的斗志，将来犯者驱逐出境。

于是，当天子向寇准征求南迁意见时，他明知参知政事王钦若和签书枢密院事陈尧叟两位大臣，一个是江南人，一个是四川人，所以提议避难金陵或成都，却佯装不知。他故意大声回答道：谁为陛下出此下策？其罪可杀！今陛下神武，文武齐心，如若御驾亲征，敌军自当逃遁。纵然不能马上败敌，也可出奇兵以乱对方阵势，坚工事以老其师，彼劳我逸，最终我必胜算。怎么能弃太庙、社稷不顾而去南边远方，到那时人心崩溃，敌兵乘势追击，天下还能再保吗？听了寇准这样透彻犀利的分析，又受到他大义豪气的感染，真宗终于被打动了，遂下决心亲征。

不过，寇准无所顾忌的言辞，却得罪了心机颇深的王参政，为日后遭到的报复埋下了伏笔。

据记载，真宗皇帝于十一月向天下颁布亲征诏书后，在百官和军队的陪护下抵达澶州（今河南濮阳市）南城时，又犹豫起来，因为辽军先锋已在北岸展开了猛烈的攻势，羯鼓声声入耳。

澶州城古称澶渊，夹黄河南北岸修筑两座城池，为京师以北重镇。真宗毕竟没有先皇太祖、太宗那样的沙场经历，难免紧张心虚，所以只答应驻跸南城，不愿再渡河踏入北城，随行的大多数文臣因恐惧也都反对渡河。寇相公只得反复劝说天子道：不渡黄河不足以鼓舞士气，也不足以震慑敌军气焰，况且各路大军不断赶来，陛下大可不必疑虑。然而，诸臣都心存畏惧，因此真宗无论如何不愿再向前迈出一步，亲征行动眼看就要半途而废。

此时，支持寇丞相的人相当有限，并主要是随行的军队将领。寇准就是寇准，认准了路子绝不回头，他要施展自己的毅力与胆魄化解僵局。

寇准在天子面前碰壁后，从临时议事厅出来碰见殿前都指挥使高琼,他对这位果毅的禁军统帅说:太尉受国厚恩,今日怎么报答?高将军毫不犹豫地回答道:我是武人,愿意效死。得到明确的支持意见后,寇丞相偕高琼再次去见天子。他来到堂上,竟厉声对皇帝说道:陛下不以臣下意见为准,还可试问高琼等人。高琼立即上奏道:寇相公所言极是。接着又对天子说:陛下不赴北城,北城的百姓如丧考妣。闻听此言,陪在皇帝身边的另一位枢密院长官冯拯立即喝道:高琼休得无礼!高将军再也压抑不住心中的愤懑,当即反唇相讥道:你以文章起家做了二府大臣,如今敌军出没如此,你还在责备我无礼,君何不赋一诗咏退虏骑?受到这样的嘲讽,这位自视甚高、又与寇准素来不和的大臣,一时语塞,竟羞愧得无言以对。

据说,真宗一度不想再听寇准讲道理,准备抽身回到内室,寇准大呼:陛下不可入内,进去就出不来了!

真宗毕竟身披神圣的天子外衣,面对两种对立的意见,也要考虑龙颜体面,到底是寇丞相、高将军站在道义一边,退缩举动不管说到哪儿都易遭人指责。年轻的天子思前想后,觉得不能让臣子们小看了自己,因此虽不情愿也得勉强答应渡河。

不过,当御辇来到两城之间的浮桥前时,天子又再度犹豫下来。见此情景,高琼冲上前用手杖敲打辇夫的后背,一边敲打,一边对辇夫们喝道:为何不快走!事已至此,还疑惧什么?无可奈何之下,真宗只得命令踏上浮桥。此时,贵为九五之尊的帝王也只得委屈自己,听由寇准安排。

正如寇准所料,当天子的黄龙大旗在澶州北城上竖起后,黄河北岸的守军顿时高呼万岁,"声闻数十里,气势百倍"。广大宋军将士看到皇帝不顾御体安危来到前线,抗敌的斗志立即高涨,于是与辽军展开了殊死的搏斗。

在澶州城的那些日子,寇准受命全权调度军队作战,有效地挫败了辽军的攻势。为了打消天子的紧张与顾虑,他便发挥自己的特长,多次在营帐里与下属饮酒作乐,一副满不在乎的样子。真宗私下里派人探视到此情此景,便放松了紧张的心情,自我安慰道:寇准如此,我又何忧?

另有宋人笔记描写道:天子在澶州城期间,每天都派人暗中了解寇准的动静,得到的报告或称寇丞相白昼间沉睡,"鼻息如雷",或称他刚令庖人下厨宰鱼。看到他起居如常,天子遂为之心安。据说,真宗还曾当面对寇准戏说道:"相公饮酒矣,唱曲子矣,掷骰子矣,鼾睡矣。"

外人眼里的这些举止,大有昔日东晋宰相谢安超然坐镇淝水之战的风采,其实不过是寇准有意安抚天子的一种方式。而他所付出的各般操劳,却未必为天子所知。

如此一来,辽朝君臣便陷于进退维谷的境地。经过两三个月的行军作战,辽军虽然取得预期的一些进展目标,却已成强弩之末,而宋朝天子既未仓皇出逃,宋军也没有涣散瓦解,反而摆出拼死大对决的态势。再说,孤军深入宋朝境内,远离自己的后方,大有退路被切断的危险,加上先锋大将萧挞览在澶州城下中连发弩而死,士气受挫,还能坚持多久完全没有把握,进攻的前景可谓一片暗淡。

在此局面下,辽萧太后与近臣们决定议和,以便体面撤军,并借机攫取必要的经济利益。

澶渊之盟

景德元年十二月中,前线将领突然给澶州城行营报送来辽方的一封信件,负责的官员打开一看,竟然是以往被俘的本朝将领王继忠所写的信函,主要意思是辽朝有议和的愿望,希望天子体察其诚意,予以接受。王继忠乃是真宗称帝前藩邸的亲信,于咸平六年(1003)一次与辽军的交战中下落不明。战后,真宗悼伤不已,特追赠其节度使官衔,并对其家属予以超等优抚。不曾想他现在还活着,不用说是当了俘虏,但关键时刻却发挥了信使的作用。

真宗获悉辽方有休战议和的意图后,异常兴奋,身边的大多数朝臣也顿时安然,都希望见好就收,以此释去心头的千钧重负,换得一片安宁。

据记载,力主抗战的寇准最初坚决反对议和,指出和议仅能维持数十年光景,以后则难保对方不变卦,因此向天子提出了应敌对策,认为实施该策可保朝廷百年无边患。寇准所献对策内容,因史书记载阙如不得而知,推测起来可能是一种积极的打击措施,也就是一面拖住疲惫的辽军,另一面调集各地军队实施合围,利用地利人和的优势打持久战,即使最终无法歼灭对手,也可迫使其狼狈逃窜,再乘胜收复幽云十六州,从而根本扭转被动的北部边防形势。

但已成惊弓之鸟的真宗,早已惧战厌兵,急于求和,遂对寇准说:数十年后的事哪里管得了,到那时自有抵御者,还是先考虑眼下停战议和之事。

此时，又有朝官向真宗暗奏谗言，称寇准企图借助用兵来垄断朝政。毫无疑问，这种话出自寇相公政敌之口，很有可能就是王钦若或枢密院的官僚冯拯之流所为。自古以来，无端的流言蜚语常可混淆视听，置人于尴尬境地，政坛尤其如此，甚至可置人于死地。因此，寇准最终不得不做出让步，同意与辽方会盟。

不过，寇准还是尽可能利用了剩余的机会，他将天子派出的使臣曹利用召入帐中，告诫他道：陛下虽允诺每年可支付百万银绢，但你去谈判时却不得超过三十万，如果过了此数，我就要杀你的头。

宋代正式文献有这样的记述：曹利用代表朝廷赴辽营谈判，经过讨价还价签署了协议，当他返回澶州行营时，天子正在吃饭。为了马上知道所付出的代价，真宗便派宦官出来询问岁币数额。此时，这位使臣尚不知天子态度如何，就要求当面上奏。宦官随后又出来传达皇上询问大致数字的意思，曹某不愿细说，仅以三指加于面颊上。宦官入内对天子说：三指加颊，岂不是三百万吗？真宗听罢失声道：太多了！既而，又表示能了却此事，三百万也罢。之后，当曹利用当面上奏岁币额为三十万时，真宗大喜过望，对其大加奖赏。

最终的结果自然是双方博弈妥协的产物，就此签订澶渊之盟。其主要条款有以下几项内容：

其一，双方维持原有边界线，相互约为兄弟之国，年长的宋真宗为兄，年幼的辽圣宗为弟，辽朝的萧太后则成为宋家天子的叔母；其二，宋朝每年向辽输送十万两白银和二十万匹绢，称

"岁币"；其三，彼此各守自己一方领土，只能对现有边境城镇修葺完整，不得增修城堡及开挖河道，不得向对方疆界动武，并禁止收留对方逃亡人员等等。此外，还约定在辽军北撤之日，宋军不得乘势拦击。

当日，前线的许多将领都反对签订和议，名将杨业之子杨延昭等人还曾乘虚率军攻入辽境。当辽军裹挟大量财物撤退之际，一些将帅建议利用对手行动迟缓的机会，派兵实施打击，以削弱其实力，并夺回被掠夺的资财，但都遭到天子的拒绝。

若分析其时双方当政者的心理活动，不难发现彼此有如下考虑：

就辽朝而言，既然武力占据中原的目标无力完成，只能退而求其次，通过和约彻底结束与宋朝的敌对状态，从此消弭来自南部的军事威胁，这便是以战促和的一种可接受的结果；同时，每年可以坐收数十万的收入，以后不必再兴师动众南下抢掠。

在宋朝看来，借助和约首先能让对方大军撤走，以解眼前之围；其次，以此可换得北部边境的长期安宁；最终，则能卸去太宗北伐失败以来一直压在君臣心头的恐惧之感，使朝廷可以在祥和、太平的环境中从事内部建设。至于幽云十六州，既然无力或者说无心收复，也就只能公开表示放弃。而每年那笔三十万的负担不过是区区小数，何足挂齿，就偌大的帝国而言仅仅在每个百姓身上加一点，就可轻松解决问题。

真宗皇帝与大多数朝臣也许想的就是这些，即不惜代价，"化干戈为玉帛"。此后，百余年间辽朝也大体遵守了盟书条款，双方之间剧烈的武装冲突基本消失，彼此无论是逢年过节，还是皇室婚丧嫁娶，都互派使团庆贺吊唁。这当然都是后话。

功高震主

澶渊之盟订立后，天子回銮，百官朝贺，一时庙堂充满喜庆气氛，寇相公自然成为朝野瞩目的对象。

在深宫内，平静下来的天子回想此前的一幕幕惊天动地的场景，仍不免心有余悸，幸亏有寇爱卿力排众议，自己才避免了南逃的尴尬境地，朝廷也躲过了一场浩劫。看到辽军北撤，江山依旧，一纸盟书换来太平气象，真宗不能不对寇准心存感激。因此，除了厚加赏赐外，中书大政更愿听取他的意见。

以寇准一贯的风格来看，他想必颇为自负得意，史称"颇矜其功"。他内心一定有这样的念头：若非自己的坚持与调度，君王还能否回到京师？群臣又不知身处何方？天子理所当然要感谢自己！在这样的心态下，刚直的习性又开始故态复萌。

至此，因为有澶渊之盟前后的赫赫功业，加上天子的特别眷顾，寇准一时威望无人可比。而毕士安在相位上不过一年多时间，便因病去世，中书遂仅由寇准一位宰臣当家，他愈加不把朝中那些奸猾的政客放在眼里。然而，他还是忽略了权术在官场中的重要性，更不该以功臣自居。他为人刚毅率直，固然令人景仰，但任性使气，却难免遭人嫉恨。据说，好友张詠曾劝他读《汉书》中的《霍光传》，暗示须谨防居功自傲，并提醒老友若"不学无术"，必将倒运。但也许是天性使然，寇准并没有醉心于纵横捭阖的政治权谋，反而恢复了原来爱憎分明的处世风格，对天子大胆直言，对同僚和下属更不客气，以至于专断中书。就此，他便犯下了"功高震主"的致命错误，既给政敌以攻击口实，又终将遭到君王的猜忌。

常言道风起于青萍之末，而日渐吹向寇准的这股邪风，源头乃是当初力主南逃的参知政事王钦若。正是这位以柔媚见长的江南文士王钦若，最终却扳倒了强硬无比的北方豪杰寇准。

事情的原委还得从此前说起。当真宗终于采纳亲征的意见不久，寇准乘势奏请将王钦若调离中书，派往河北驻守天雄军（今河北大名县）。在大名城里，远离天子的王参政满怀怨气，也无可奈何，只能眼巴巴地瞅着寇准呼风唤雨、大显身手，并最终迫使辽朝议和退兵。

澶渊之盟签署后，王钦若返回京师，不久即被免去参知政事的要职，仅挂名刑部侍郎和资政殿学士的空头官衔。当然，朝廷还是给他安排了适合的工作，就是负责整理典籍图书。于是，他有一年多时间花在主持编修大型类书《册府元龟》上。寇准因素来反感王钦若，还有意将资政殿学士排序在翰林学士之下，王学士便向天子诉说不公，结果真宗特降旨升迁其为资政殿大学士，以提高位序。

自命不凡的王大学士，工于心计，善于取悦君主，哪里甘心遭到压制。他思前想后，摸透了当朝君主的脾性，遂决定利用天子珍惜名誉的心态，展开一场巧妙的反攻。

自从回銮以后，天子一直视寇准为大功臣，既敬佩又信任，给予了很大的礼遇。景德三年（1006）初，一次百官朝会结束时，寇相公先离开大殿，真宗目送着功臣的身影，直到消失在视野中。

这时，心怀叵测、蓄谋已久的王钦若乘机对天子说：陛下如此敬畏寇准，是否因为他有功于社稷？真宗给予了肯定的回答。王某进一步说：为臣我没想到陛下说出此言。澶渊之役，陛下竟不以为耻，反以为寇准有功于社稷。听他发出如此话语，天子感到愕然，便要他把话说清楚。看到天子满脸狐疑，王钦若便将早已深思熟虑过的话说了出来：城下之盟，虽春秋时的小国犹以为耻，如今以我万乘大国之尊而签订澶渊之盟，其实不过是做了一件城下之盟的事，何其耻辱啊！他才说罢，但见真宗皇帝顿时不悦，无话可说。眼见收到预期效果，王钦若又不失时机地接着说：陛下听说过赌博的事吗？赌徒即将输尽钱时，便豁出老本一搏，即所谓"孤注"，陛下正是当日澶渊之役时寇准的孤注，这也太危险了！听罢此言，真宗马上想到当初讨论亲征时寇准曾说过只有以"热血相泼"的话，又回想到寇准硬逼自己渡河赴澶州北城的情景。随着王某的诱导，联想到当时寇准强硬的态度以及口气，许多淡忘的委屈不快都被唤醒。看来，正像眼前这位臣下所说，寇准竟然将天子作为自己建功立业的赌注，这哪里还有什么"爱君之心"可言？由此，真宗开始对寇准产生了怨气，疏远了与他的关系。

与王钦若谈话之后，又在事过境迁的情况下重新审视澶渊之盟，天子的自尊心受到很大的刺伤，进而想到当日抗战派臣子逼迫自己冒险亲征的举止，又顿生怨恨。于是，真宗改变了对寇准的看法，而一旦抱有了成见，率直的性格和为政作风也引起了真宗的不快。

据记载，寇准主政期间，打破论资排辈的用人旧规矩，大胆用人,一旦发现有为的官员,就超等拔擢任用,御史出现空缺,又以直言敢谏者填补。有一次,中书安排官员任命事宜,同僚屡次指使吏人持有关人事升迁的资历簿给寇准看,他则对诸位说:宰相的职责便是进贤能抑庸才,如若全按资历办事,只需一个吏人就足矣。至于在其他事项上,他也多自作主张,从而引起了同列的不满。

还得承认,寇准在用人上既有打破陈规陋习的勇气,同时也不免夹杂一些偏见。像他固执地认为江南人轻巧,不如北方人厚道,因此在科举考试中故意压制南方举子。一次殿试结束,论成绩头名应归来自南方的萧贯,寇准却对天子说:南方属下国,不宜取状元以冠多士。结果将北方考生蔡齐拔为状元,不仅如此,他从贡院出来后,竟得意地对同僚炫耀道:今天又为中原夺得一个状元!他的这种做法,实在是对考试基本规则的干扰,给人以意气用事甚至孩子气的感觉。凡此种种,自然招致不少官员的积怨,树敌过多,引得朝野风言风语。

类似的事情自然不断反映到天子耳里,再附加上一些杂七杂八的议论,寇准遂成为独断专权的典型。

景德三年初春,天子终于厌烦了昔日信赖过的宰臣,解除了寇准的宰相职务,令他到陕州(今河南三门峡西)做地方官。从罢免寇准的制词内容看,皇帝还算客气,如"蔚有壮图,出逢昌运,器干标于国栋,符采冠于时髦","缉熙帝载,眷言机务,不欲重烦,解黄阁之剧权"等语句,一方面赞颂这位前宰相的功德风采;另一方面则表达了不便再继续辛劳他的意思。这当然都是冠冕堂皇的官话,说到底就是请寇准下台。

这一年，寇准44岁多，主政不过一年半时光。

再起再落

寇准离朝之后，真宗钦定性情温和、待人谦逊的王旦接替相职，与此同时，则提拔王钦若为知枢密院事，也就是最高军政机关的长官。可以说，天子受够了直臣硬汉那一套，转而选择一批善于体察上意的臣子，以辅佐自己理政。好在此时国家不再面临危难，也就用不着寇准了。

本朝政坛的习惯，倒是大臣能上能下，从宰辅之位上降为州郡地方官，以后再重返庙堂的情况，并不少见。如昔日元老重臣赵普、状元宰相吕蒙正等人都无不如此，即使是寇准、王钦若两个对头，也有过类似的经历。

但大起大落之下，寇准还是心情郁闷，心有不甘，大好年华难道就此了却？好在他自有解脱之道，一面寻找复出的机会，一面吟诗畅饮，正好过几天舒坦日子。

从黯然调离京师之日起，他先后在京西的陕州、河北的天雄军两地做了七年左右的地方官。在这几年里，他将本署衙门的事交给僚属办理，自己又时常纵酒取乐与浇愁。

宋人笔记称：寇故相在地方州郡期间，生活豪奢，尤喜大摆宴席，以此声名远扬，世人却并不以此非之。以后，有位执政大臣夏竦亦好奢靡，曾不解地问门客：寇公自奉奢侈，而未遭非议，轮到了我为何就议论纷纷？门客回答道：曾经听说寇公在地方时，闲暇之日与下属到郊外聚饮，席间偶然听到驮铃声，就遣人去查看，当得知是一个卸任的县官途经此地后，寇公当即招呼此人来一同饮酒。而大人您对待出入京城的士大夫，很在意官阶地位的差异，以分别礼数高低，何况其他事情呢！因此世间的品评自然有别。这段非正式的记载，恰好说明了寇准直率坦诚的品性，也折射出他在地方衙门排遣时日的一个侧面。

需要指出的是，从大中祥符元年（1008）初开始，天子为洗刷澶渊之盟的耻辱，听信王钦若的建议，搞了一场持续多年的迎天书、东封西祀祭天地以及名山大川之类的迷信祥瑞运动，以转移国人的视线，意在证明本朝天子的神圣合法。

大中祥符元年十月，在封禅泰山的巡幸活动中，天子特召寇准随行。此事颇值得玩味，或许是真宗略感过意不去，有意借此抚慰昔日的功臣。而通过这次随扈过程中的所见所闻，特别是王钦若一伙装神弄鬼的闹剧，寇准洞悉了君臣愚弄天下背后所暗藏的动机，也多少体察到天子的难言之隐。

大中祥符六年（1013），寇准奉诏返回京师，出任以往做过的开封府临时知府。时隔一年，他升任枢密使，主掌最高军务，老对头王钦若则被逐出枢密院，暂时赋闲。当日的宰相王旦、向敏中都是他的科举同年，相互都属同道中人，形势似乎一下子好转了。

不过，寇枢密疾恶如仇、褊狭的本性终究难改，他不仅揭露和打压王钦若的同党、三司使林特等人，并当着天子的面与林特发生争吵，引得真宗十分厌烦。至于枢密副使曹利用，澶渊之盟中受他指派完成使命，本对他充满敬意，寇准亦因此人出身行伍而不放在眼里，就此结怨。更重要的是，寇准未能处理好与丞相王旦的关系。

按照本朝最高权力机关"两府"的运行规矩，宰相负责的中书与枢密使掌管的枢密院，既分别向皇帝上奏汇报，彼此也须依照制度往来公文。一次，中书发给枢密院的公文略有不符手续之处，寇准竟公事公办地反映给天子，结果王旦遭到真宗的批评，下属吏员受到处罚。不久，枢密院给中书的公函也犯了类似的失误，属吏一看可抓到对方的把柄，便报告给王相公，岂料王旦并不计较，只是令人送还而已。

还有，王相公在天子面前经常夸赞寇准的才能，寇枢密却多次向皇帝揭王旦的短处。时间久了，真宗不仅不怪罪王旦，反而觉得王旦厚道稳重，倒是对寇准有些反感。其实，王丞相因熟知自己这位老同年的毛病，故常多加宽容，但内心未必愉快。当天子为寇准与林特争吵之事生气，对王旦说出"寇准刚忿如昔"的话时，王相公也只能如实说道：寇准喜好他人记住给过的恩惠，又要人们畏惧他，此皆非大臣所应该。可想而知，连最好的盟友都疏远了他，他又如何能久居高位。

大中祥符八年四月，也就是又过了一年，天子便降诏罢去寇准的枢密使职务，给予其武胜军节度使头衔，并加授同平章事官衔，打发他到西京河南府任知府，并兼西京留守。也就是说，他是以"使相"的极高待遇离朝，输了里子得了面子。若算上其他官衔，他还有兵部尚书、检校太尉及上柱国诸衔，爵位则是上谷郡开国公。值得一提的是，寇准的冤家王钦若接替了空缺下的枢密使位置。

据说，寇准得知自己要外放，就事先私下里找王旦要求使相之位。王旦一听便对他说：官爵乃国家名器，岂能自己索取？何况我也不敢私相授受。他碰了一鼻子灰，衔恨告辞。之后，天子询问以何官位安排这位下台的枢密使，还是王相公给天子说情：寇准不到三十就进入二府，深蒙先帝器重，且素有才能威望，还是授予使相之衔为妥，以此出守地方，其风采亦可光耀朝廷。这才得到天子的恩准。当委任诏书宣布后，寇准感动得向真宗涕泣道：非陛下知遇，为臣如何能获此殊荣！真宗如实相告，他才如梦方醒，自然惭愧难耐。出宫之后，他不得不对人感叹道：王同年器识，非我所能测也！

从老不知退到流放至死

寇准带着一堆隆重的头衔来到洛阳就职时，年已54岁，过了知天命之年。要说天子的本意，是请他就此养闲，西京城又是地位仅次于开封的大都市，园林名扬天下，特别适合从宰执大位上退下来的重臣生活。

次年，寇准调到关中腹地的永兴军任长官，此地乃是隋唐故都长安，也是其桑梓之地，可谓衣锦还乡。在家乡任职的三年多里，他保持了一贯在地方的工作特点和生活习惯，不问细事，纵酒长歌。

据说，在酒宴上，寇准不论官品高低，只问酒量大小，以此排出座次。有一个小吏大概酒量不小，颇得他青眼相加，经常陪酒。但时间久了，便苦不堪言，即使生病了也逃不过。小吏的妻子只得当庭向寇大人喊冤，这才被免去陪酒。一天，一位道人来拜访他，自称能饮，要求以罐对饮，寇准一见大喜。结果道人举起一罐酒一饮而尽，他算碰到了高人，只好服输。这位道士便劝说他以后不要强迫人喝酒，从此他才有所节制。

还有宋人笔记称：寇准的一次生日宴会，排场摆设几近皇帝生辰。散席后，他还身穿黄色道服，头顶花朵，纵马行走。因其举止颇有僭越之嫌，遂被驻防长安的监督官奏报给天子。真宗一听寇准有反叛之举，顿感惊异，当即将奏报出示给宰执大臣。好在宰相王旦了解寇准为人，看着报告笑道：寇准挺大的年龄，还痴迷骑马，可劝诫他以后注意。几句笑话，才轻松打消了天子的疑虑。

但说到底寇准还是寇准，逍遥只是幌子，纵酒也仅是他生活的一面，其志根本不在于赋闲地方，最打动他的依然是念念不忘的权与势。

照常理说，寇准少年得意，年纪不太大便已出入二府，先后做过宰相和枢密使的高位，位极人臣。尤其是在景德元年，独领风骚，立下盖世功业，又经历过几次大起大落，宦海的酸甜苦辣皆已尝尽，若换作旁人早该知足了。但他却并未知天命，依旧不甘寂寞，时刻关注朝政动向，不知所进退。

为了再度返回朝堂，重掌大权，寇准仔细观察分析了朝廷的状况与走向。从大势来看，此时朝廷与辽朝通好，又招抚了西陲的党项势力，周边环境大致平稳；就内部而言，虽因土地兼并、政府赋税加重，引起下层百姓不满，社会矛盾日积月累，不过局面总体还算稳定。不用说，已近晚年的天子满足现状，不思进取，乐见太平景象，因而臣僚们都投其所好，以图进用。当然，像王钦若及后起的丁谓一类人，更因善于迎合，不断制造祥瑞景象，满足了君王的虚荣心，都分居要津。

揆诸朝政现状，再回想起以往随天子封禅泰山的情景，寇准意识到若要复出，自己也必须投身到这场热闹的潮流中去，以引起朝廷的注意，并打动皇帝。正是在此心态下，他竟糊涂地做出追随天书祥瑞活动的决定。

天禧三年（1019）三月间，负责永兴军治安的巡检使朱能向长官寇准报告特大喜讯：天书降临终南山！此事原委十分蹊跷，背后自有隐情。据文献记载可知，朱能本是天子亲信宦官周怀政荐举之人，以旁门左道做官。朱能到长安后，纠集一批人于终南山修筑道观，制造神符咒命，无非是借此讨好当权者。寇准作为本地大员，应当也了解其人其事，天书降临很可能就是在寇准的默许甚至指使下而来，只是史书为尊者讳为贤者讳，将寇准参与其间的事隐去。

寇准得到喜讯后，立即向朝廷汇报。真宗皇帝接到来自寇准的奏书，颇感疑惑，怎么搞的？这位以刚直出名的大臣也相信这一套？便询问亲近大臣，估计是王钦若对天子说：最早不信天书的人是寇准，现在天书降临他的辖区，不如就令寇准公开献于陛下，如此天下百姓必将信服天书确有其事。真宗觉得有理，不久便下诏宣寇准赴朝。

五月中，寇准接到入朝的诏命，便收拾行装准备起程。他的门生闻听后深感不妥，给他献了上中下三策：东行到河阳（今河南孟州市）时，可称病坚决请求外任，此为上策；中策是入宫觐见陛下时，揭发终南山天书实乃虚妄之事，尚可保全一世清名；

下策则是重返中书拜相。

寇准并未采纳弟子的好意,于该月底抵达京师。于是,时隔数年,君臣再次相见。此时,身体多病的真宗皇帝也在思考未来的国政。两年前,王旦病重之际,天子曾询问相位可托付给何人,王相公回答说:以臣愚见,莫若寇准。真宗不情愿接受,又问道:寇准刚褊,可推荐另外人选。王旦答道:至于其他人,为臣就不知了。随后,王旦病逝,王钦若进入中书,与向敏中同为宰相。

说起来,寇准的能力魄力与品行,真宗都很清楚,所不满的是不善解人意。但这次主动献天书,表明他明白了事理,懂得顺从君主。而王钦若一伙长期的溜须奉迎,已了无新意,也逐渐厌倦。因此,天子决定换人,传诏寇准回到中书,同时罢免王钦若相职。政治就是如此反复无常,两个冤家一喜一悲。

这一年,寇丞相58岁,年岁不算很老,但心态却已老矣。

这一回复相,是寇准的最后一次,并且仅做了一年有余。此时,朝中的新贵已经崛起,尤其是以理财见长又心机极深的丁谓,深得天子赏识,与寇准拜相的同月获任参知政事,半年后再升迁为枢密使。而旧臣中的枢密院首脑曹利用以及冯拯等许多人,都与他关系不睦。与这些新老官僚打交道,他还是不够老辣,时常故态复萌。岂知世事变迁,他这位刚直有功的宰相,在政敌看来已是过气老派之人。

寇准本不善于处理和同僚下属的关系,这时又与副职丁谓搞僵了关系。据记载,最初丁谓对寇相公十分尊敬,但寇准倚老卖老,不把丁参政放在眼里。其他的事不说,仅一件事便得罪了丁谓。一次，中书里大臣会餐，寇准的大胡子上沾了些汤汁，丁谓立即站起身用手替他仔细抹掉，这本是示好讨好之举，他却不领情，竟当着多人面取笑道：你也是大臣，如何能干为长官擦胡须的事！搞得丁参政十分尴尬。可想而知，深受天子宠信的丁谓哪能受如此之气，遂就此忌恨在心。

翌年，因真宗患病日深，经常晕厥，权力欲极强的刘皇后遂于宫中操持权柄，并与两位枢密使丁谓、曹利用及翰林学士钱惟演等人结成同盟，形成控制朝政的强大势力，一时宫廷朝堂形势诡谲多变。寇准看不惯，便向天子建议传位太子，由可靠大臣辅政，还特别指出丁谓和钱惟演皆为佞人，不可辅佐未成年的少主。

得到真宗同意后，寇丞相就秘密指派另一位翰林学士杨亿草拟诏书，内容主要是由太子监国和寇准辅政。他还许诺杨亿，事成后予以提拔。结果这一密谋很快外泄，刘皇后与丁谓合谋以天子的名义罢黜寇准相位，授予其太子太傅的虚衔和莱国公的爵位。

如果事情到此为止的话，寇准的下场还不算惨。当时，大宦官周怀政也不甘寂寞，同样试图终结刘皇后的参政权，并筹划谋杀其同党大臣，随之奉真宗为太上皇，由太子登基，再恢复寇准的相权。周宦官的计划是否得到寇准的支持与参与，已不得而知。后世所知道的结果，是再次败露。

刘皇后一干人不愿束手就擒，遂发起反击，将周怀政处死，又将寇准贬为太常卿，驱逐出朝。当寇准以知州身份抵达安州（今湖北安陆县）不久，再被贬为道州（今湖南道县）司马，可谓连贬十几级，也就是遭到流放处罚。这时，寇准年已六旬。不久，真宗驾崩，这位君王至死都不清楚寇准遭贬的事。

乾兴元年（1022），年幼的仁宗即位，刘太后垂帘听政，宰相丁谓一时大权在握，寇准只能是继续遭殃，被流放到更偏远的雷州（今广东海康县），隔海便是天涯海角。据说，丁丞相还数次派人企图谋害寇准，幸赖有对方忠实的门客保护才未能得手。

要说还是因缘轮回，因果报应。不久，丁谓也失宠倒台，同样被流放到岭南。当他途经雷州时，寇准派人送去一只蒸羊，这位昔日的宿敌感动地请求相见，但遭到拒绝。寇准的家仆气愤不过，打算刺杀报仇，也被主人制止。由此可见，品格有高下，境界有分别，寇准当然不会行小人暗算之举。

来年，朝廷降诏宽待寇准，将其北迁到衡州（今湖南衡阳市）。他搬迁到新流放地不久，便溘然长逝，时年62岁。

综观寇准一生，可评说之处甚多。他勇担天下大任，不惧艰险，性格鲜明，豪爽坦诚，爱憎分明，都令人难忘；同时，他身上的弱项也不少，诸如性情偏激，甚至意气用事，不拘小节，不善于处理上下关系。这些毛病，在知己者眼里十分可爱，在政敌心中却难以容忍。若作总结的话，寇准具有治国的大智慧，缺乏权谋的小聪明，大是大非上清醒，而小事上糊涂。但政界最讲细节，再大的才能功业也会因小节被当时人忽略。如他的同僚毕士安所说："寇准忘身徇国，故不为流俗所喜。"他的最后败笔，还在于不该恋权，不知见好就收。以后，欧阳修即指出：寇公之遭到流放，"由老不知退尔"！

不管怎么说，寇准都是古代政坛上的一位奇才伟人，功绩赫赫，因而赢得身后英名长存。不用说，他死后不久就被平反，位列当朝名臣。而由宋至今，流传甚广的戏曲、评话以及小说，更赋予其高大伟岸的英雄形象。至于那些平庸、奸巧的帝王与显贵，则早已被世人遗忘。

"鹤相"丁谓

宋朝史上，名相确实辈出，往早了说有赵普、吕蒙正、吕端、李沆、王旦和寇准，中间续着王曾、韩琦、范仲淹、富弼、文彦博、王安石和司马光，朝后看还有李纲、张浚、虞允文、范成大、魏了翁及文天祥等等，其事业功绩无论大小高下，都多少能名垂青史。但若只记得他们，还是不足以反映宋代三百多年间历史的复杂多样性，因为所谓的奸相庸相并不比前者为少，似乎还要多些，其斑斑劣迹同样载于史册。

宋真宗朝后期的丁谓，便是这样一位从勤于政务走向投机弄权，并影响当时朝政的重要人物。

江南才子

丁谓之能登上仕途的顶峰，又呼风唤雨于一时，还要说是生逢其时，换句俗话说就是摊上了好时光。

因为丁谓是生活在宋代，而不是往昔。

在中国早期的夏商周三代之时，政坛几乎是清一色的"世卿世禄"，各级贵族与他们的后裔坐享封地与世袭官爵，钟鸣鼎食，无所堪忧，至于庶民百姓则绝无出头的机会。

秦汉以降，王朝的政治传统依然是注重出身门第，彼时能够跻身庙堂而执政者，仍不出高门大姓，其子弟未离襁褓已拜官封爵的现象，比比皆是；而出身寒门平民者纵然再有才华，也只能附庸于权贵集团。像汉代的才子司马相如之流，整日里围着达官显贵歌功颂德，以博取安身立命之所；东晋时的陶渊明，也因出身低微熬到县令便已到头，无奈之下遂归隐田园，采菊望山而已。

从唐朝开始，选官制度在科举考试的冲击下才逐渐转变，普通书生初步尝到了学而优则仕的甜头。但百足之虫死而不僵，平民子弟在门阀世族面前还是有些心虚气短，狭小的科举门径也不足以令士子们尽显风流。如白居易所反映：陈子昂、杜甫仅各授一拾遗，而困顿至死；李白、孟浩然不及一官命，穷悴终身；孟郊六十岁，才终试协律郎；张籍到五十岁，尚未离开太祝之位。所谓的拾遗、协律郎以及太祝，都属低下官位。由此可见，这许多震惊当代后世的大才子，科举成功后所获不过如此，而李白与孟浩然更是白衣一生，与仕宦无干。难怪乎白乐天先生发出"彼何人哉？彼何人哉"的不平呼声！其实，唐朝著名文人仕途的坎坷遭遇又何止以上诸位？还有典型者如韩愈科场中举之后，也不能如愿从政，只能沉沦于藩镇幕府多年之后，才曲线入朝。

斗转星移，沧海桑田，世道的迅猛变迁常在令人难以察觉之间发生。

时光流转到宋代，显赫多年的士族门阀已悄然消失，科举遂成为选官入仕的主流。至此，凡学有所成又能通过科考的学子，几乎不问出身都可晋身政界，其佼佼者自是执掌国政。而那些官宦子弟若仅靠门第入仕，大都不过厕身下僚之位，就此几世下来也不免沦为百姓。所谓"富不过三代"，即大致始于斯。

有了如是环境背景，对包括丁谓在内的读书人而言，岂不是前所未有的好时光？

丁谓，字谓之，以后改字为公言，于宋太祖乾德四年（966）降生在苏州城郊。他显然是出身普通人家，无足夸耀，所以没有留下家世的记载。不过，丁谓虽与官宦之家无缘，却着实生在了好地方。

苏州一带，乃是天下富饶之区，当时即有"苏湖熟，天下足"的谚语。丰厚的经济实力造就了浓厚的文化氛围，当地人但凡家境允许，都鼓励子弟读书科举。

还得说，从唐朝中叶以来，南方在经济和文化上都逐渐超过了北方，至宋朝立国后，长江中下游已成为全国最发达的地区。这一地域格局的差异特点，自然也影响到科举考试的结果，每每金榜题名之时，江南举子常居大半壁江山，可谓独领风骚于科场。

丁谓这位寻常人家的儿子，受家乡民风的熏染，也走上读书科考之路。他自幼虽长得体格瘦小，倒是天资特别聪慧，更加上欲望极强，故读书勤奋，一点就通，因此学业出众。

儿时的他，聪明是不用说，想必心眼多歪点子也多，或许还干过什么出格的事，曾令教书的先生吃苦不少。日后他衣锦还乡，专程去看过郁姓老师，并当面道歉，场面隆重，不料想郁老夫子不久便死去。很可能郁先生昔日教训过这位顽劣弟子，眼见如此炫耀态势，不安加上冲动一下子引发了病魔，遂撒手人寰。

另据沈括记载，丁谓入仕前曾游访过赋闲在家的官员胡则，受到很好的款待。他大概手头拮据,便想出献诗索取钱粮的点子。翌日,主人家原来考究的餐饮器具全被陶瓦器皿取代,他以为遭到厌弃,就怒而离去。胡则连忙追出,拿出许多银两相赠,并解释道:自家原本不富裕,唯有餐饮器具值钱,所以只有变卖换钱相送。他闻听此言,才释然接受。此事多少反映出丁谓既自负又心胸狭窄的特点。

但必须承认,丁谓年轻时已才华超群,写得一手好诗文。当时有位叫龚颖的文官自负文学修养深厚,对他人少有赞许,碰到来访的丁谓,却大感惊讶,交谈终日,以为自唐朝韩愈、柳宗元以后,罕有如他这样可比肩者。

以后,文坛领袖王禹偁也对丁谓的文笔备加赞赏,认为其诗颇得杜甫意境,并对人说:若将其文章杂于韩、柳文集中的话,竟莫辨真伪。因此,王禹偁将丁谓与另一位才子孙何比之为当世的"韩、柳"。

还有一位文坛俊杰柳开,读罢丁谓的诗文,同样给予很高评价,还预测他和孙何必登科举高第。

由此看来,丁谓是当之无愧的江南才子,若沿着文学道路走下去,大有可能成为一位名垂青史的大文豪。当然,他不会满足于此,仕途发达才是其追求的终极目标。

宋太宗淳化三年(992),年方26岁的丁谓进士及第,成绩位列甲等,但状元的桂冠却由孙何摘得。据说,此次科考放榜出来,他排名进士第四,换作旁人,早喜不自禁了,他却耻于居孙何之下。有人反映给天子,太宗皇帝发话道:甲乙丙丁,他姓丁就合该位居第四,还有什么话可说?这大概属于宋人戏谑之言，不可全信。

中举之后，丁谓获得大理寺评事的官衔，出任饶州（今江西波阳县）通判。从此，他如弄潮儿般踏入宦海，开始了兴风作浪的一生。

官府能臣

聪明人丁谓入仕后，可谓一帆风顺。他在饶州任职不过一年多，就被调入中央的史馆，编修过本朝国史。随之又外任福建采访使，负责调查当地民俗与政情。至道元年（995）回朝后，他除汇报常规的履职情况外，特别就福建存在的茶盐利弊问题，向天子提出了改革建议。不用说，精于计算的他，很快便发现了症结所在，积压已久的难题经他一条析，自然可以化解。由此他在君臣眼里留下了精明干练的印象，于是被超等提拔为福建路转运使，也就是福建地区最主要的行政长官。此时，丁谓进入政界才三年多时间，就已跻身地方大员之列。

在太宗晚年至真宗即位初的近十年间，丁谓先后在地方与京师的几个位置上调换，皆以讲求实效而出名。尤其值得一提的是，在任夔州路（今重庆地区）转运使期间，他不仅轻松解决了本地的许多民事问题，而且通过安抚的手段化解了纠缠多年的民族冲突，并借此推进内地与少数民族地区的贸易，互通有无，既满足了少数部族的需要，又增加了官方的财赋收入和良马供应，可谓一举多得。

丁谓读书多学问多，文采上本已超过大多数文士，而作为一名官员又勤于政务,善于化解疑难问题,其务实的作风更为众多书生出身的文臣所不及。这就难怪他会受到执政大臣的关注,帝王对他也青眼有加,一句话:业绩突出的能臣谁不欣赏?

景德元年(1004)初,春风得意的丁谓奉诏回朝,暂时代理三司盐铁副使,主持部分财政要务。旋即升任知制诰,并兼管铨选部分官员的职事。这一年,他38岁,在官场业已历练了十二个年头,上自朝堂下至州县,衙门里的规矩门道都烂熟于胸,正所谓渐入佳境。

同年冬季,发生了辽军大举南侵与宋朝顽强抗击的大战。在真宗亲征澶州期间,丁谓奉命出守郓州(今山东东平县),并兼任山东一带安抚使。这一次,他不能说是投机,而是清醒地把握了形势,没有卷入朝中关于南逃与亲征的争议,在稳定京东局面上尽了一份力。如:辽军兵锋一度由河北插入郓州,大批恐慌的百姓为躲避战火逃亡,当人群蜂拥到济水一个渡口时,一些急于发财的船夫竟向难民索要重金,结果致使渡口人满为患,撤退受到阻挠。他闻听后,当即发出凡刁难渡河者以死罪论处的告示,并斩杀了几个带头的人,才使渡河行动顺利完成。

因此,当朝廷与辽朝签订"澶渊之盟"后,论功行赏,他迁官右谏议大夫,出任代理三司使的要职,成为朝廷最高财政长官。

在主掌三司期间,丁谓发挥自己精于理财的专长,花费一番工夫厘清了朝廷的收支家底。为了方便管理,他还以此前的全国户口和赋税收入数额为基数,编订了详尽的《会计录》,作为当时赋税收入和以后调整财政收支的依据。这可是宋朝第一部详尽的国家财政收入总册,在千余年前的全球范围内都不多见,就此解决了以往长期混乱不堪的糊涂账，并当即清理出许多隐瞒的耕地与民户。当他将《会计录》呈报给朝廷时，立即受到天子的嘉奖。

他还主持了茶叶专卖制度的改革，通过调整政策同样增加了茶利收入。

三司的案牍繁复不堪，时间久了，连吏员们都难理清数据，但丁谓精明过人，一目了然，下属无不佩服。

要说丁三司使能人尽其用，很大程度上还是因得到当时宰相寇准的器重，因为他此时仍保有"能臣"的形象，尚未步入奸邪的行列。

投机高手

自从入居三司首脑之位后，丁谓有机会经常接触天子和宰执大臣，更了解到朝中错综复杂的人事关系与矛盾斗争。像他这样聪明绝顶的人，深知自己还只是政界高层里的新人，需要有业绩巩固地位，在脚跟未稳时不能轻易跟风，因为风头与风险并存。在此心态下，他依旧认真办事，对君王和上司毕恭毕敬，给各方继续留下好印象，尤其还受到宰相寇准的赏识。

景德三年（1006）初，也就是丁谓入朝两年刚过，朝堂的权力斗争进入到白热化的程度，以前参知政事、现任资政殿大学士王钦若为首的一股势力赢得了真宗皇帝的欢心，对寇准展开了巧妙的围攻，最终加重了天子的猜忌心，导致功高震主的寇相公下台。

王朝的政治游戏规律原本如此，天子既是神圣的社稷主宰，也是七情六欲缠身的凡人，总是行走在维护帝国利益与个人欲望之间，而守成皇帝未经历创业的艰难，更容易将自己的好恶置于江山之前，这便是帝制不可避免的悲剧所在，也是历代奸佞得势的根源。

丁谓对庙堂上发生的变故洞若观火，眼见率直有功者不容于帝王，反倒是奉迎溜须者得宠，如何不令他为之思索而心动。从来不甘居人下的他，在强烈的欲望野心推动下，迅速转身，轻松自如地踏入投机之路。

丁谓熟读史书，潜心总结前人的经验教训，学以致用，很快便如鱼得水般适应了新形势。就此，宋朝政坛崛起一个弄权的高手，而失去了一位治世能臣。

前面已说过，在王钦若的启发谋划下，真宗打算营造一场全国性的神话祥瑞运动，以便为自己和朝廷渲染神圣的光彩。但天子也不糊涂，考虑到搞如此宏大的精神活动需要足够的财力支持，就必须先了解国库的底子，此事自然得问丁三司使。当被问及这一问题时，丁谓早已揣摩清楚天子的心思，遂肯定地答道：国家财计充裕有余！真宗这才安心拍板。因此，这场劳民伤财的荒唐之举，可谓发端于王钦若，却最终决于丁谓。其实，很可能事先王、丁二人已密谋商议过了，相互配合，共同推动皇帝跨出决定性的一步。

据记载，天子最初尚担心宰相王旦反对，便专门设宴款待一番。临别时，又赐给一樽酒瓶。王丞相回家将酒瓶打开一看，发现装满昂贵的珍珠，这才被封住了口。

大中祥符元年（1008）元旦之日，宰相王旦，知枢密院事王钦若、陈尧叟以及三司使丁谓等大臣突然接到入宫通知。当大臣们踏入崇政殿后，真宗告诉大家一个惊人的消息。原来，去年十一月二十七日夜晚，天子在寝宫偶遇神人，神人告诉他可在宫内正殿设道场一个月，然后上天将降天书《大中祥符》三篇。最后，神人告诫不得泄露天机。于是，天子按照上天的旨意，一面在朝元殿精心安排道场，一面斋戒素食。正是心诚则灵，这天早晨就有卫士前来报告，在宫廷正门的承天门屋顶发现了大幅黄色丝帛。经宦官仔细察看，才获悉黄帛长二丈多，呈书卷状密封起来，隐约有奇怪文字露出，想来便是神人启示的天书。因事关重大，故请众臣前来商议。等天子絮叨完事情的经过，王旦马上代表大臣表示：陛下仁孝爱民，与邻邦和睦，励精图治，五谷丰登，以至感化上苍，降下祥瑞天书。说罢，群臣跪拜高呼万岁。

随即，真宗亲率众臣来到承天门下，先焚香拜谢一番，然后令宦官从房顶取下天书。当天书被传到道场后，学贯古今的陈尧叟奉命启封辨认，不看不知道，一看吓一跳，竟然是先秦篆文，内容也还认得。于是天子下令陈尧叟宣读天书内容："赵受命，兴于宋，付于恒（真宗名赵恒）。居其器，守于正。世七百，九九定……"真是大吉大利，上天开眼，独爱本朝，当今天子实在是有福之真龙啊！

面对眼前的一切，大多数朝臣可能摸不着头脑，懵懵懂懂随声附和，王旦、王钦若和陈尧叟三人自然心知肚明，而机智过人的丁谓即使不知详情，应该也能猜个七八成。亮相的机会来了，丁谓决心紧抓不放，力争挤到前台表演一番。

接下来的日子，便是举朝欢庆，大赦天下。当然，天人感应之下，朝廷也不能不有所表示。于是，同年十月间，真宗皇帝顺应天意民心，决定亲赴泰山大祭九天，此即所谓史称的"东封"大典。

在声势浩大的东封活动中，丁谓出任随扈计度使，负责所有物资经费的调度安排工作。他的聪明能干再次得到发挥，保障了此次行动的顺利完成，从而赢得天子的一片欢心。

也是在本次活动期间，他还小耍手腕为自己捞了点便宜。事情是这样：泰山典礼结束时，天子传诏奖赏八位随行大臣每人一条玉带。遗憾的是，当时只有七条，真宗便决定将一条价值数百万的御用玉带拿出来凑数。丁谓管财物，当然清楚这条玉带的价值，他想据为己有，却明白因自己排序最末而无缘。于是，他略施小计，向皇帝表示自己的小衣带可以用，不必动用陛下玉带，等返回京师后再另行赏赐也不晚。果然不出其所料，天子召见八位大臣之际，看到七位都佩戴上体面的玉带，唯独丁谓的衣带仅有一指宽，显得十分寒碜。真宗过意不去，遂当即将那条珍贵的御带赐给不争不抢的丁谓。这件看似无关宏旨的小事，多少也能反映出其工于心计的性格。

已沉溺于神道的真宗，东封之后又亲赴亳州（今安徽亳州市）拜谒供奉老子的太清宫，随之到汾河之阴大行祭祀后土典礼。在这两次活动中，丁谓继续扮演重要角色，其无微不至的安排进一步讨得天子的欢喜，被视为贴心之人。

四处奔波到底是辛苦，真宗遂提出在京城内修建一所感应上天的场所——玉清昭应宫。不过，搞如此浩大的土木工程，势必耗费巨资，所以就有朝臣上奏劝谏。的确，前代许多暴君因此落下劳民伤财的恶名。真宗有心修建，又怕因一意孤行而玷污自己圣明的名声，于是需要寻找合理的理由，这便再次给丁谓提供了表现的机会。

天子为修建玉清昭应宫的事召见丁谓时，他出谋划策道：陛下拥有天下之富，修一座供奉天帝的宫观又有何妨？况且也可祈祷早生皇子！若有人再阻拦，可以此与其理论。天子一直未得皇子确是实情，这倒是条关系帝位延续的理由。随后当宰臣王旦密奏规劝时，真宗乃以丁谓传授的理由予以相告，搞得王相公哑口无言，就此无人再敢提出异议。

朝廷确定下工程议案后，丁谓兼任兴修玉清昭应宫使，全权负责营造事务。他为了讨好真宗，把原来设计的方案一再修改，使建筑规模不断扩大，他又督促工匠们日夜施工，将原定十五年的工期提前到七年就已完工。当玉清昭应宫于大中祥符七年（1014）建成后，都城内凸起一片内含两千六百一十区的巍峨宫观，令人叹为观止。

在修筑另一处钦定的会灵观时，丁谓继续总领其事，也同样是不计工本。这些辉煌壮观的景象迎来君王满意的笑容，也照亮了他的仕途。

随着天子依赖程度的加深，他的官位也不断提升，先由代理三司使转正，接着升任参知政事，官阶也先后获迁给事中、礼部与户部侍郎、工部和刑部及兵部尚书，成为红极一时的执政大臣。

从大中祥符五年（1012）到九年，丁谓在参知政事的官位上连续干了有四年之久的时间。皇帝对他倒是十分宠信，但其他宰执大臣对他却不满意，分析起来，既有嫉妒其得宠的成分，也有反感其行为过分的因素。想必宰相王旦和枢密使寇准便对他投机乱政的举动不抱好感，而王钦若之流则对这位同类中的后起之秀心存妒意。

当年资深朝臣张詠临死前，给天子上了一份奏言：朝廷不该竭四海民力修造宫观，这都是奸臣丁谓蛊惑陛下的结果。乞求陛下斩丁谓之头，悬挂国门以谢天下，然后再斩自己的头，悬于丁氏家门以谢丁谓。

因此，丁谓最终只得暂时离朝，以躲避风头并替天子背上骂名。真宗皇帝自然不会亏待他，授予其节度使的优渥头衔，安排到金陵故地的昇州（今江苏南京市）做长官。

鹤　相

丁谓到昇州就任时，年已50岁整。经历十余年朝堂的摸爬滚打，他已是精通官场门道的顶级高手，政治经验丰富不说，在体察上意方面的心思更是少有人可比，依照当时的形势来看，他离位极人臣的日子已不远。

根据宋人的记载，成年时的丁谓长得身形瘦弱，一副怕冷挨饿的样子，不过这种尖嘴猴腮的相貌，在相面者眼中却是难得的大富大贵之相。观其体貌，当然主要在于体质使然，不过也与耗费心机过度有关。

在六朝金粉旧地及其他地方，丁谓赋闲和蛰伏了三年时间。当不利的风头逐渐散去后，他于天禧三年（1019）六月奉诏回朝，重返参知政事之位。但同月寇准也回朝就任宰相，成为他的上司，如此一来情况又变得复杂起来。

丁谓与寇准的关系一言难尽。说起来，寇准最初对丁谓的才干十分欣赏，在参知政事任内曾向朝廷推荐过他。以后，寇准还多次向宰相李沆荐举丁氏，却未得到结果，他不解地问李相公缘故，经多见广的李沆反问道：你看看其为人，是那种可以放在人上的人吗？寇准不服地说：像丁谓这样的人，丞相终究能抑制于人下吗？李沆语带深意地笑道：他日后悔时，当想起我说过的话。城府不深的寇准没有听从李相公的规劝，就任宰相后还是重用了丁谓。

当寇准罢相后，丁谓转身与王钦若一类同流合污，投机取巧，误导君王，从而一路迅速蹿红时，寇准才发现认错了人，从此两人关系日渐疏远。以后，寇准一度回朝出任枢密使，虽与昔日的部下丁谓没有发生正面冲突，却从心底鄙夷其为人。寇准的脾气是爱憎分明，有话直说，骂人的话可能也有。丁谓自然清楚与寇枢密使的关系已不可挽回，好在两人不在一个机关供职，能回避便回避。

这一次，丁谓与寇准同时返回中书，彼此形成正副职的关系，若双方任由心中芥蒂发作，就难免造成难堪处境。能臣丁谓是玩权谋的高手，极其善变，他深知寇准刚直的性格，既然不能回避，自己只能争取主动，谦恭让步，以柔克刚，先维持住关系，再静观事态发展。

上面已说过，丁参政对寇相公表现出十分尊敬的姿态，甚至当着众人的面替寇公擦胡须上的汤汁，岂料寇丞相就是不给面子，竟当众讥讽他下贱巴结。是可忍孰不可忍，眼看对方丝毫不予让步,他遂决意斗争到底。

丁谓先利用真宗的宠信关系升任枢密使,以离开中书,接着与刘皇后结成政治同盟,借天子晚年多病的机会促成刘后参与宫廷决策的局面,从而对政敌构成巨大的威胁。最终,当寇丞相试图限制后宫干政时,丁谓伙同刘皇后一伙儿势力大打出手,将寇准罢官流放。与此同时,他如愿以偿登上相位。

天禧四年(1020),丁谓将最大的对手寇准流放岭南之后,又巧妙而专横地将另一位新任宰相李迪驱逐出朝,随之安排老官僚冯拯接替次相之位。此时,真宗已重病缠身,时常陷于神志不清的地步,宫里由刘皇后主事,朝堂则唯丁首相马首是瞻。以此观之,他比口蜜腹剑的唐朝宰相李林甫更高一筹,因为他不仅善于奉迎与阴谋,更长于施展诡计独揽大权。

这一年,丁谓54岁,可谓权倾一时,风光无限。

也许是多年参与朝廷神道活动的缘故,丁谓自己对谶纬占卜一类事也深信不疑。据说,他每天早起必观察是否有喜鹊鸣叫,晚间留意灯芯的跳动状况,每次下朝回家则一定窃听人语,以此占卜吉凶兆头。因此,有人投其所好,竟获得意外的收获。

据说,开封城内有个叫于庆的无赖,生活实在窘困,就向一位落第的老儒生求救。老儒生熟悉历史典故,又知道丁某的喜好,遂出主意让于庆先改名为丁宜禄,然后再去投奔丁宅。此时,丁谓还在参知政事的位置上,一听说有叫丁宜禄的人求见,当即大喜。原来在记述南朝刘宋历史的《宋书》中,有叫宜禄的宰相家仆的记录,这名投靠自己的人又正巧姓丁,他自然觉得是个好兆头,于是加以收留。时隔一月,丁参政便如愿拜相。当然,之后仆从丁宜禄得到重用，那位老儒生也被援引入仕。

要说丁谓最惹人的话语，还要属仙鹤的事。早在东封泰山期间，他就屡次报告天子看见无数仙鹤飞临山间；真宗每次在玉清昭应宫中醮祭时，他也奏报群鹤飞舞于殿阁之间；至于每每天书降临之际，他必奏称仙鹤为之先导。许多人因此嘲讽他，如寇准在关中期间，某天看到一群乌鸦飞过，便对身边僚属笑道：若让丁谓看见，定当称为黑鹤矣！但天子偏爱听这样的话，因为仙鹤乃禽中君子，传说中常与神仙形影不离，其突然出现自非偶然，必是吉祥的象征。

既然仙鹤已是丁谓的口头禅，世人便送给他一个"鹤相"的雅号。不管仙鹤是真实还是幻象，惊鸿一瞥之后，他的政治生命也即将走到尽头。

流放天涯

古代政坛的游戏，无论一时是多么热闹精彩，最终也脱不了"一朝天子一朝臣"的潜规则。对于热衷弄权的重臣而言，尤其如此，因为以势压人，树敌过多，口碑欠佳，连新主子都有所忌惮，即使是同党及追随者也会心怀怨气，因此最终不免于众叛亲离的结局。

在真宗与仁宗朝交替之际，庙堂风云变幻莫测。当丁谓先后将寇准、李迪两位宰臣逐出中书并几乎将二人置于死地，自己则陶醉于专权虚荣时，其实也为本人垮台埋下了祸端。

在年幼的仁宗皇帝登基之初，刘太后垂帘听政，丁丞相的权势达到登峰造极的地步，凡军国大事几乎都由他做主，然后仅仅通过宦官雷允恭报请太后恩准即予以施行，而其他大臣都很难过问。至于他加官晋爵的事更不用说，尚书左仆射、门下侍郎、太子少师、司空、司徒及侍中等等显赫官衔纷至沓来，晋国公的高爵也信手拈来。

但正如老子所言"福兮祸之所伏，祸兮福之所倚"，丁谓权势熏天现象的存在，引起了朝臣们的普遍怨愤，太后对此也颇为反感。于是，在乾兴元年（1022）六月，以参知政事王曾为首的朝官对他发起了一场惊心动魄的斗争。

出生于山东的王曾，曾是三级科考的魁首，最终以状元身份入仕。王曾步入政坛后，受到过宰相寇准的器重，因此得罪王钦若，一度遭贬。及至此时，他已回朝并官拜参知政事。若论关系亲疏的话，王曾显然靠近寇准，不属于丁谓的派系。

当真宗驾崩之际，丁谓为了泄私愤，竟将贬谪于道州（今湖南道县）的寇准进一步流放于雷州（今广东海康），王曾对此提出了异议。据记载，王曾曾将自己的宅第借给落难的寇准居住，于是专横的丁相公对他威胁道：出借房子的主人恐怕不一定能幸免。听了此话，王参政当然不敢再争辩。如此一来，王曾对专权者的不满上升为强烈的仇恨。反攻的机会不久便出现了。

在为大行皇帝治丧期间，丁谓作为首相依照惯例充当了山陵使，全面负责帝陵修建的各项事务，而当日具体监督工程者则是雷允恭。由于雷某不听别人劝告，擅自更改墓穴位置，结果在施工过程中遇到地下透水，使工程无法继续下去。消息传入朝中，刘太后立即派人对狂妄的宦官首领进行审判。王参政抓住这样涉及大行皇帝丧葬的重大失误，决定对负有失职责任的丁首相进行清算。

据宋人记载，王曾有意向丁相公靠拢，然后私下里多次表现出可怜涕泣的样子。丁谓感到奇怪，就询问缘由，王曾在屡次追问下才道出隐情：自家有件私事，羞于启齿。当年自己与老姐相依为命，如今本人发达了，外甥却早沦为兵卒，还经常受到军棍处罚，老姐为此多次相告。言毕又淌下眼泪。丁丞相深表同情，便建议他向太后求情免除外甥军籍，他却依旧表现出羞愧难言的神情。某天，诸位大臣奏议完毕，丁谓专门安排王曾单独留下，以便向太后诉说家事。

在太后面前，王曾并没有提及家事，而是先反映丁丞相包庇雷允恭的罪过，接着揭露丁谓长期专权的种种劣迹，并特别指出：此人阴谋诡谲，随时可能引发变乱。太后与陛下若不早下手，以后不仅为臣粉身碎骨，恐怕江山社稷亦难保矣！当日丁谓恰巧有几件事违背了懿旨，于是太后越听越气愤，遂决定驱逐丁谓出朝。

看到王参政多时不出，在外等候的丁谓才意识到情况不妙，他顿足捋耳，气急败坏道：悔之晚矣！及至王曾终于出现，却是一脸的怒相，也不打招呼就径直而走。一贯心思缜密满腹计谋的丁谓，这次却被别人巧妙地算计了，也算是"以其人之道还治其人之身"。

就在丁谓罢相不久，朝廷又通过审问他调教过的道姑刘德妙，掌握了有关虚造祥瑞欺骗先帝的大量证据，于是又将其贬为崖州（今海南三亚市西北）司户参军，也就是流放到古人眼里的天涯海角。而其兄弟、子侄都遭到贬责，积聚的无数家私也被没收充公。

在流放途中，丁谓还遭到过盗贼的抢掠，其中一个玉碗数十年后辗转到某位富家手里，继续为世人提供有关他倒霉的话柄。

风光消尽，曲终人散，权臣自然落得凄楚下场。而按照宋代人的说法，丁谓倒霉是早有先兆。

早在当年东封泰山期间，时任三司使的丁谓听说东岳中有条叫"奈何黑水"的河，乃属人间阴府地狱，他素来迷信，遂有感而赋诗一首："黑水溪旁聊驻马，奈何岸上试回头。高崖昏处是阴狱，须信人生到此休。"后人从这首诗中发现他一语成谶，最终放逐"崖"州是命中注定之事。

本朝开国之初，还流传过一段凄婉动人的传说：南唐国主对女儿十分钟爱，立意要选位满意的驸马。有臣僚献言说：洪州（今江西南昌市）的刘参谋年纪不大，长得丰骨秀美，又博学多文，足可入选。国主一见刘某便大喜，立即确定了他与公主的婚配。刘驸马享受了非凡待遇，豪华富贵冠于一时。但不到一年，公主就死去，国主哀伤不已，遂对臣下说：我不愿再见到刘生，不用给他一件东西，遣还洪州罢了。刘某就此又回到故里，恍若经历了一场梦。

丁谓当国之日，某天忽然对宾客聊到此故事，感叹道：他日我亦不失为刘参谋。闻听其言，满座都大惊失色。果然不久他便遭到放逐。宋人又以此说他一语成谶。其实，他自知权势太过，日后没有好下场，故不知不觉就发出此感慨。

崖州是唐宋时流放官员最远的地方，也被视为难以生存的瘴烟之地。昔日，唐朝宰相李德裕曾被贬谪至此，宋初丞相卢多逊也沦落此地。由此看来,丁谓精神上也不孤独,不算是唯一的受难者。他在此居住了三年多,遇到大赦又先后被内迁至雷州、道州。以后,他继续运用智谋向天子求情,曾用"九万里鹏容出海,一千年鹤许归还"之类诗句打动天庭,终于得到仁宗皇帝的宽恕,给予其秘书监的官衔退休,安置于内地的光州(今河南潢川县)居住。

宋仁宗景祐四年(1037),丁谓死于光州,时年71岁,还算长寿。

晚年的丁谓,除了诗兴难以遏制,笔耕不辍外,便是陶醉于佛教因果之中。经历了太多的宦海沉浮,看透了世间百态,也做了许多昧心的事,想必他有所觉悟,遂潜心归佛,寻求解脱。

观丁谓其人一生,可评可叹者甚多。他早年以才子享誉文坛,入仕后曾以干练务实而获得能臣的令名,最终却走上投机奉迎,以至于弄权祸国之路,从而对北宋朝政与社会都造成不小的消极影响。就此而言,他的人生轨迹可说是始于韩愈、柳宗元,而终于李林甫之流。

当然,丁谓所作所为及结局是与古代帝王政治密不可分。但就其个人来说,也在于权势欲过强,为一己之得不惜冒天下之大不韪,以私害公,由此得归得了,失也失矣!终究以奸邪恶名载于史册。即如《宋史》所评说:"然而党恶丑正,几败国家,(丁)谓其尤者哉!"以史鉴今,此当可为今人留下一部值得回味的人生教材。

权相吕夷简

在宋朝史上，连续出过三代宰相的家族可谓凤毛麟角，因为贵族世袭与门阀荫庇的时代已然消失，选官规则乃是由科举考试制度所决定。此时，无论父祖辈官爵有多高贵多显赫，若其子孙不用功读书并科场中举，便很快淡出政坛要地，或降为下僚卑官，或沦为地方乡绅。吕氏就是北宋政界享有盛誉的大姓家门，不仅有三代宰相，更有吕夷简主政长达二十年，老谋深算、纵横捭阖，权倾一时，并搅起了朋党之争，将范仲淹、欧阳修等一批著名人物牵扯进政治的旋涡。

出身与出道

说起宋朝的这户吕氏，近代最突出的一位是五代时的吕梦奇，后唐时曾任户部侍郎的高官。吕梦奇因在洛阳做官，举家遂定居于此。吕梦奇的孙子吕蒙正，正是宋代历史上第一位状元出身的宰相，历仕太宗、真宗两朝，风光荣耀一时，令朝野多少人艳羡不已。

古代农耕社会里，脆弱的小家庭难以应对天灾人祸，故需要相互照应，彼此帮衬，因此世人最重亲缘关系，甚至于裙带之下，一人得道鸡犬升天。托吕梦奇之福，子孙繁衍不息。吕夷简是吕梦奇的曾孙，吕龟祥的孙子。而吕龟祥与吕蒙正之父吕龟图又是同胞兄弟，如此叙亲下来，吕夷简便是吕蒙正的堂侄。还是在五代时，吕龟图与龟祥兄弟俩都入仕为官，不同的是后者做的是地方官，以后出任寿州（今安徽凤台县）知州并在当地安家。寿州虽远离洛阳城，但两家的亲戚关系却是彼此都清楚。

吕夷简，字坦夫，宋太宗太平兴国四年（979）降生于寿州。就在他出生前两年，吕蒙正摘得状元桂冠，声名大噪，也为吕氏家门涂上浓重的书香色彩。

吕夷简幼年时，在听长辈絮叨的过程中，熟知了举族夸耀的状元故事。到他9岁时，其状元堂伯已入居宰相之位，更使大家族感到无比的荣耀。常言道：榜样的力量是无穷的。堂伯的成功，为他树立了人生楷模，也成为他刻苦读书的一大动力。于是在奋发读书中，他度过了少年时代，成为才学出众的青年。

有关吕夷简早年事迹的记录不多，其中有限的一条笔记称：某天月夜下，他散步时突然发现身旁出现一位红纱遮面的女子，他却自顾自地散步。那位女子发话道：官人看我一看啊！他依旧不理不睬，对方连说数遍后，他才漫不经心地揭起红纱，结果看到的是一张布满眼珠的容颜，但他毫不惧怕，怒叱道：这般嘴脸还要人瞧！到底是邪不压正，那个女鬼只得当即隐去。此为小说家言，不足为信，但也从侧面反映出在宋人眼里，吕夷简年轻时豁达无涯，胆识过人。

据说，吕夷简的父亲在川东州衙任幕僚，他也随父而行。当地大员马亮极善相面,一见到他便以女儿相许。马夫人不满地对丈夫说:你曾说女儿命该封国夫人,怎么就许配给一个小官之子?马亮从容回答:由此小女才可以做国夫人。此事说明尚未显达的吕公子,已是气度非凡,引人注目。

在真宗朝初年,刚二十来岁的吕夷简进士及第,从此步入政坛。要说一个政治人物的活动,离不开所处的时代背景。就真宗时代的朝政主线而言,是先经历了剧烈的对辽战争,再通过"澶渊之盟"结束了紧张的边防乱局,随后便是持续多年的举朝"祥瑞"的迷信运动,搞得"一国君臣如病狂然"。在此期间,寇准之类直臣先后被贬出朝,王钦若、丁谓之流相继得势弄权,而王旦、向敏中、李迪等更多的所谓贤臣只能勉强维持局面,依偎其间。因此,政坛上下充斥着投机以及惰性的气息,这对整个官僚队伍都产生了莫大的消极影响。

吕夷简正是在此背景下开始了政治生涯。他做的第一任是绛州(今山西新绛县)军事推官,也就是州衙里的幕僚官。彼时,其堂伯吕蒙正已第三度入朝为相,不用说伯侄之间的地位是天壤之别。不过,初出茅庐的吕夷简也顺风顺水,在出任数地州郡官后,步入中央的御史台供职。

以谦和儒雅著称的吕蒙正,其从政的特点是谨慎持重,因此得以几度秉政。老相公退休后,自知几个儿子没大出息,便将本家侄子推荐给天子,吕夷简因此受到真宗皇帝的留意。

在从政的早期,也就是四十多岁之前,吕夷简还是充满政治热情,不乏关心民瘼、直言敢谏之举。其中有三事最为突出:

第一件事,他在地方任内发现朝廷对农具征收赋税,认为不仅加重了普通农民的负担，挫伤了民间改良农具的积极性，不利于农业生产，最终也影响到国家的农业发展。因此上奏要求免除该项沿袭已久的杂税，得到朝廷的批准。毫无疑问，此属善举，百姓受益，宰臣王旦赞赏，他也获得各方好评。

第二件事，本朝大军在镇压四川李顺造反后，管事的人员将一个俘虏押送到京师，奏称是叛逆首领李顺。获悉如此振奋人心的喜讯，大臣们纷纷向天子祝贺。孰料御史台仔细审讯下来，却发现是个冒牌李顺。对此，高官的意思是将错就错，尽快了结案件，以免上下难堪。但吕夷简竟不顾大臣们的态度，秉公办理，向天子如实汇报了案情，结果引得当政者甚为不满。

第三件事，负责东南漕运的发运使李溥属当权派丁谓的党徒，为了迎合天子，给自己树政绩，遂拼命征调钱粮。吕御史查知后，便上奏弹劾其过分行为。此事自然也招致丁谓的不快。

除此之外，吕夷简还为被贬到关中的故相寇准辩诬，澄清了捏造的不实之词。

总之，尚处于中下级官位的吕夷简认真履职，虽一度令某些当权者不快，但他就事论事，照章办事，超脱于派系之外，权贵们也不便记恨，因为既无把柄可抓，其出身又不一般。与此同时，他的认真负责劲头，倒也赢得了许多朝臣的好感。

政坛新星

吕夷简属于有大才智的人，出道后不问派系纷争，只顾做分内的事，遂以出色的才干为多方接受。当然，他有利的背景关系也受到上层的关注,且不说堂伯吕蒙正给天子的引荐,宰相王旦与参知政事王曾对他便相当器重,觉得这个晚辈既非庸碌之辈,亦非投机取巧之徒。因此,他没有受到庙堂上下明争暗斗的影响,仕途顺畅,至真宗末年,迁官至刑部郎中,出任权知开封府,也就是首都所在地的开封府代理长官。

乾兴元年(1022)二月间,重病缠身的真宗驾崩,年幼的仁宗登基,刘太后垂帘听政。当日,首相丁谓权势熏天,独揽大权,由此不仅引起众多朝臣的愤恨,也为太后所忌惮。在如此复杂诡谲的形势下,吕知府开始接触权力中心,这既让他大开眼界,也身不由己地卷入到险象环生的政治旋涡中。

小皇帝即位不久,朝中便发生了剧烈的权力角逐。丁谓因久失人心,树敌过多,又遭到太后的厌倦,不可避免地走向绝路。

同年四月,参知政事王曾抓住宦官雷允恭处置真宗陵寝失误的契机,私下入见太后。面对这位权势欲极强的妇道人家,王曾动之以情晓之以理,不仅揭露了阉竖雷某的狂妄自大,更将丁丞相的罪责推向极致,就此打动了刘太后,为丁谓掘下政治坟墓。随后,吕夷简与东宫旧臣鲁宗道配合王参政调查雷宦官,并迅速定罪,将倒霉的雷某下狱处死。如此一来,肩负皇陵建设总责的丁谓自然脱不了干系,有道是墙倒众人推,锁定其亵渎大行皇帝的罪名,任谁都无话可说。

这一次,吕夷简算是首次触及尖锐重大的政治冲突,不须多说,他旗帜鲜明地支持王曾对决丁谓,虽然风险不小,但他倒是看清了大势,无所畏惧。

不久,丁谓遭到贬官流放,一棵靠权势与利益培植起来的大树轰然倒下,树倒猢狲散,大批追随者也被驱逐出朝。朝堂大洗牌的结果,是王曾拜相,与老官僚冯拯并主中书,而吕夷简和鲁宗道也官拜参知政事,成为副宰相。这一年,吕夷简43岁,分明是政坛升起的一颗耀眼新星。

吕夷简进入中书后,最初仍想有一番作为。于是,他支持王曾劝太后将昔年伪造的各种天书随先帝下葬,以绝劳民伤财的荒诞之举再起,由此标志着多年大规模迷信活动的终结。他还劝谏太后奖励忠臣,远离奸邪,匡扶幼主。

翌年,吕夷简奉命与参知政事鲁宗道、枢密副使张士逊主持茶法改革。在当年,茶叶这种产品可不能小觑,围绕其获取的利润是朝廷财政的重要收入之一。但年经日久,实行的专卖茶法僵化不堪,生产者抱怨无利可图,政府的收入也在减少,实在是上下不满意。于是,代理三司使李咨提出以开放通商性的"贴射法"取代专卖性的"榷茶法"。吕夷简与几位主持者一分析,拍案叫好,便支持实施。

新茶法推行后,不仅茶农和普通茶商受益,更增加了朝廷的收入。但凡事都有两面性,新规则剥夺了旧时享有特权的大商人的暴利,自然招致猛烈攻击,与这些人利益密切的官员也先后上奏,一时议论纷纷。问题总会发生,好事也不例外。好歹冲突博弈的结果,通常是互相迁就,不问是非。

天圣三年(1025),当新茶法出现一些失误后,朝廷下令叫停,转而采用折中的茶法调和矛盾,同时决定对主持改革的官员给予处罚。张士逊素来私心重,为逃避责任,矢口否认支持过变法。吕夷简倒是坦然,既承认上报数字中存在水分,同时坚持认为改革卓有成效，但最终却不免受到罚俸的处分。由此可见，吕夷简执政初期依旧保留着兴利除弊、勇担责任的特点。

要说专制时代，人主意志裁决一切的原则，常使公道正义无立足之地，臣子们被迫唯命是从，以至于"上有好者，下必有甚焉者矣"。尤其是摊上太后深居宫廷听政，获取政情的渠道狭窄，亲近者除了外戚成员，就是少数宦官及亲信臣僚，故极易偏听偏信。此时，主宰天下的中年妇道人家刘氏，政治头脑有限，最操心的事莫过于自己的权位及亲属的富贵问题，因此喜用顺从之辈，就此形成令人无奈的局面。

当年官场中的潜规则，深深诱惑敲打着每个官员的心灵，以至于许多有抱负的人最终走向堕落。丁谓垮台与其说是由于奸佞不法，毋宁说是与失宠有关。与丁谓一丘之貉的王钦若因极其善于奉迎，"又性倾巧，敢为矫诞"，虽名声败坏，却照样能在天圣二年九月重登首相之位，虽不久亡故，但至死恩宠不衰。天圣初年的其他一些大臣，如枢密使曹利用、枢密副使夏竦和张士逊之流也都是恃恩投机者，即使无建树可言，却并不影响加官晋爵。

面对如此复杂状况，执政官单凭热情和认真已无济于事，因为最终的游戏规则由宫闱掌控，并且随意改动。这让人很无奈，或选择出局，或选择适应。当看清了代表朝廷最高利益的人主本来面目后，吕夷简的行为便不能不受到极大的影响，他当然不会放弃，他有更大的追求和目标。

天圣六年，次相张知白病死，首相王曾推荐吕夷简接替，枢密使曹利用则推荐张士逊。要说两位被推选人，优劣本是一目了然，但竞争就是不公道。

刘太后召见王相公，表示张士逊官资高于吕夷简，合该提拔。王曾苦心劝谏，指出选择辅臣应首先考虑才能。此时的吕夷简，已深谙朝中内幕：张某虽平庸无能，却是仁宗藩邸旧人，又有太后和曹利用的支持，而自己根基尚浅，不便与其相争。他从长远考虑，只得明智地采取了退让之策。于是，吕夷简主动向太后表示：张枢密是侍奉陛下最久的老臣，且具纯懿之德，还请先予重用。太后当然乐得顺水推舟，就势传诏起用张士逊。不过，吕参政的谦虚退让倒也给太后留下了好印象。

吕夷简的这次忍让举动，既是他加深理解官场的反映，也是其政治生涯中权谋的一次重要运用。功夫不负有心人，次年初，曹利用因恃恩骄横与太后发生了矛盾，遭到贬逐。张士逊因与曹某关系密切，主动说情营救，引起太后的恶感，于是一并被贬。机会又一次来临，当王曾再次推荐吕夷简时，"谦恭能让"的吕夷简终于获得了次相之位。

斡旋于两宫之间

坚持原则永远是正确的，但得罪了掌权者也要为此付出代价，首相王曾就是这样一个牺牲品。此前，太后过生日时，要求在象征天子权威的天安殿接受群臣庆贺，王曾认为不妥，仅在偏殿安排活动，惹得太后不悦。以后，太后姻亲家的过分要求又遭到王相公的裁抑，便进一步加剧了太后的不满。于是，就在吕夷简拜相四个月后，王曾被贬出朝。

身处庙堂上的吕夷简，吸取经验教训，迅速调整了自己的从政方向和方式。也就是说,他剪锋锉刃,韬光养晦,放弃了直言敢谏的特性,转而热衷权术,以明哲保身为要务。

当此之时,仁宗已经成年,具备了亲政的条件,可年逾六旬的刘太后权力欲丝毫未减,继续控制最高权力,这就使得朝堂处于扑朔迷离的微妙境况之中。

吕丞相深知太后和天子都是主子,一个属眼下短期的主宰,另一位则是未来长久的君主,自己若太亲近天子,当下就可能下台;而若过分讨好太后,将来肯定会遭到清算。因此,必须拿捏好分寸,与两者都搞好关系。不须多说,他有足够的聪明才智和政治资源,足以调和两宫之间的矛盾,并为自己夯实根基。从有关记载来看,吕夷简在处理与两宫的关系时,可谓绞尽脑汁,费尽了心机。

一方面,在涉及太后利益时,他尽可能地顺从、取悦对方。自刘太后垂帘以来,朝内外一些人为邀宠而投其所好,一位叫方仲弓的人,在宦官的教唆下上书乞请朝廷仿照唐朝武则天故事,为刘氏立宗庙。御史台的长官程琳也向内宫密献《武后临朝图》,暗含劝刘太后效法武则天改朝之意。吕夷简深知此类事必将冒天下之大不韪,故没有支持附和,太后最终也不敢迈出这一步。但他为了赢得太后的信赖,在其他方面则能满足就满足。

当年冬至,又逢太后寿辰。作为唯一宰相的吕夷简,一改王曾的做法,不顾范仲淹等人的激烈反对,与天子率群臣赴天安殿朝贺,满足了太后的虚荣心。另外,对外戚封官加爵以及专横不法之类的事,他也不大管。如太后兄长家一个得宠婢女出入皇宫,收钱替人说情,刑部侍郎赵稹因此被擢为枢密副使,吕夷简对此就睁一眼闭一眼。

天圣九年，太后的侄子、蔡州团练使刘从德死去，获赠节度使头衔，还追封国公爵位，这本已大大超越规格。但在宫闱的干预下，死者的家属、门客及仆从近八十人又被录用为官，恩泽待遇空前。这的确太过分了，四位御史接连上奏批评败坏规矩。太后闻听大怒，下令将奏章交由宰相处理。吕夷简知道老妇人的厉害，便不问是非将为首的曹修古谪往外地，其余三人也分别加以贬降。

明道元年（1032），皇宫发生大火。灾后，依照天人感应之说的惯例，官员们可以议论朝政得失。秘书丞刘越等官员乘机上奏要求太后还政天子，吕夷简内心应有同感，却不表态支持。翌年，年迈多病的刘太后拜谒太庙前，表示想穿戴天子的衮冕，参知政事薛奎认为不妥，但吕夷简也不加阻拦，太后遂如愿以偿。从诸如此类事例中，可以窥见吕夷简顺从太后、尽可能回避冲突的事实。

另一方面，在关乎仁宗地位、感情的重大问题上，吕夷简也运用权谋据理力争，从而赢得了天子的感激和信任。

说起来，当今天子的身世也令人同情。刘太后因一直不能生育，没有子嗣成了最大的心病。仁宗是真宗皇帝唯一的血脉，从小却离开了生母，被当时还是皇后的刘氏夺去当儿子养育。但刘太后听政后，多疑猜忌，还是不放心小皇帝，总惧怕他背叛自己。为此她多留了一手，以真宗早夭长子托梦为由，将真宗异母兄弟之子允初养于宫中，一旦仁宗不如其意，可以随时取而代之。这的确对尚未亲政的仁宗构成了潜在的威胁。赵允初成人后，吕夷简深感情况不妙，担心发生变故，思前想后，他决定出面解决。在他耐心而坚决的说服下，太后只得放弃原来的打算，传旨令赵允初出宫。此举使得吕夷简一直到死后，仍能深深打动仁宗皇帝，也是他长期获得眷顾的一块重要基石。

明道元年二月间，仁宗的亲生母亲李宸妃病死。当日，天子对自己的身世真相一无所知，只有少数知情者清楚死者的身份。太后当然不愿公开这个秘密，便打算以普通宫女的规矩隐秘治丧于宫外。这又是一个棘手问题，如果处理不当，天子亲政后一旦获悉真情，必然要追究，主政大臣自是难辞其咎。于是，吕夷简冒险主动入宫询问李妃死讯，太后一听就紧张起来，气愤地对他说：宰相也要管宫中的事吗？言毕即拉着年轻皇帝离开。随后，太后独自出来质问吕丞相：卿为何要离间我母子？吕夷简镇静地回答：太后日后不想保全刘氏一门吗？他说这话，是在暗示秘密不可能长久，如眼下不顾天子的亲情，刘家将来必受其祸。太后听罢，觉得言之有理，是为自己考虑，怒气才逐渐消退。随后，吕相公又坚决反对凿破宫墙运尸出殡的做法，请求以公开大礼下葬，并通过宦官向太后传达自己的忠言：李宸妃诞育陛下，而丧不成礼，日后必有受罪者，到时莫怪我今日不提醒。在他的坚持下，李氏才得以礼入葬，李氏胞弟李用和也获得提拔的安抚。

果不其然，次年太后刚死，天子便得知自己的身世。当有人反映陛下生母死后遭受非礼后，仁宗指派亲舅李用和开棺查验，结果看到在水银的保护下，死者面色如生，冠服也属皇太后的标准，才打消了对刘太后的怨气。

吕夷简在仁宗生母葬礼中的表现，又是其权术的一次高明运用。此举在消弭两宫芥蒂的前提下,既为赢得仁宗以后的信赖打下又一块重要基石,还替太后家族长远利益考虑,同样获得了他们的好感。他的这一表现,还在政坛博得了很高的赞誉,如以后苏辙所评说:"能以智辑睦两宫,无纤毫之隙。"

此外,吕夷简对尚未亲政的仁宗还不失时机地表现忠心。明道元年皇宫发生大火后,百官都赶往皇宫求见,但宫门却被紧锁。在宰执大臣的请求下,天子登上拱宸门,在城楼帘内接受群臣的朝拜。因为距离太远,看不清君王的面容,吕夷简担心"狸猫换太子",所以独自不拜。仁宗遣人下来询问其故,他答道:宫廷有变,群臣希望亲见陛下容光。天子遂挑起帘子接见群臣,他这才放心朝拜。这一忠心之举,也给仁宗留下了深刻的印象。

吕夷简在太后垂帘听政期间的精明表现,对稳定政局发挥了重要的作用,博得两宫的一致好感,从而稳定了自己的地位。

操弄权柄

明道二年(1033)三月中,操持最高权柄十年有余的刘太后毙命,23岁的仁宗终于亲政。又一轮朝堂洗牌上演,曾热衷追随太后的枢密使张耆、枢密副使夏竦等一干人马被驱逐出朝。付出了多年的精心努力,吕夷简本以为"洗牌"与自己无关,他还找机会向天子解释了自己以往未能劝太后还政的苦衷:那时大臣若提出如此意见,太后必定怀疑出自陛下指使,母子间就此便不得相安了。仁宗觉得有理,也认为他老成忠心。可形势比人强,最不经意的地方偏就出了纰漏。

当年四月里的一天，吕丞相正在配合天子清除刘太后亲信，还上疏陈议八事，提出多项施政改革主张。但风云变幻莫测，仁宗回宫与郭皇后谈及此事，郭后很不以为然，随口说道：难道独有吕夷简不附和太后吗？他不过是多机巧，善应变嘛！言者或许无心，听者却是有意。天子最怨恨追随太后的人，一想到吕夷简就是当时做的宰相，并且还独任相位四年，幼稚的仁宗便忘掉此人的许多好处，当即决定将其赶走。

第二天早朝时，吕夷简率领百官入宫，众人刚排序站稳，突然却听到丹墀上宣读诏书，内容竟然是免去他的相职，授予使相官衔外放为澶州（今河南濮阳市）地方官。闻听此言，素来沉稳老练的他也吓坏了，懵懵懂懂，不知发生了什么变故。

退朝后，吕夷简通过关系密切的宦官阎文应了解到真相，由此记恨上郭后。记恨归记恨，诏命却不能违，他只得打道去澶州上任。

所幸的是，继任的首相张士逊虽属东宫旧臣，但素来无德无才，赶上蝗灾、旱灾接连出现，里外应对失措，而次相李迪的能力也有限。因此，仁宗怀念起吕夷简身上的种种益处。

时隔五个多月，张士逊遭到罢免，吕夷简重回首相之位。经历了这次短暂的打击，吕夷简除了更加谨慎圆滑外，也寻找机会报复皇后。

说到这位郭皇后，当初就本非仁宗的意中人，无奈由太后圈定，小皇帝只得被迫接受。郭后也是无知，自恃有太后撑腰，不免有些骄横，由是帝后夫妻感情疏远。

仁宗亲政后，正是血气方刚之时，没有了太后的压力，自然纵情于后宫,美人尚氏、杨氏因此得宠。郭皇后不识趣,妒性依旧不改,屡次当着天子的面与新人忿争。一次,在与尚美人争执中竟误打到皇帝的脸上,引得仁宗怒不可遏。宦官阎文应眼见天子厌烦透了,便劝说宣召宰执大臣检验龙颜上的指痕,以便商议对策。于是,吕夷简不失时机地密劝废黜郭后,为了打消天子的顾虑,他还以东汉光武帝刘秀废后为先例,说明此事古已有之。代理三司使范讽正在巴结吕相公,得到指使后也提出郭氏立后九年,"无子当废"的理由。但还是有人反对,认为皇后乃是国母,不可轻易废立。当吕夷简闻听右司谏范仲淹等人准备上奏劝谏时,立即乞请天子敕令拒绝接受奏章。就此终将贵为皇后的郭氏废黜,随后,再将继续劝谏的言官孔道辅和范仲淹逐出京师。

对待威胁到或有可能威胁到自己的政敌,吕夷简更不手软。他总结了历史上官场中的诸种尔虞我诈的手段,既冷酷无情,又老谋深算,纵横捭阖,无所不用其极,常常通过三招两式便能击中对手要害,在不露声色中获胜。

李迪在真宗朝后期曾一度为宰相,吕夷简第一次罢相时,李迪再入中书为次相。吕夷简复任首相后,与李迪同主中书。李迪为人直率,知无不言,使独断专行的吕夷简深感不便,遂被视为政敌。吕丞相一面私下里向天子揭发对手的不是,一面寻找动手的机会。宋人对他俩的特点评价是:"李公直而疏,吕公巧而密。"李迪的"直而疏",便为吕夷简提供了出手的机会。

据记载,李迪之子李柬之善于谋划,是父亲的得力助手。吕夷简查知这一情况后,决定采取"欲取姑与"之术拆开这对父子。他对李迪表示:令郎李柬之能力强,一定要重用。当即推荐李柬之为两浙提点刑狱使。李家父子只顾高兴,却不明就里,结果正中其计。老父失去了最佳最亲的谋士,思考问题不免粗疏。随后,吕夷简又将被贬在外的王曾援引入朝,拜枢密使,以制约李迪。再利用惩治李迪亲家范讽狱案的机会,采取株连的办法打击对手,指使御史不断弹劾范讽。最后,还以李迪曾自己任命御史为口实,向仁宗影射李相公控制言路。

景祐二年(1035)二月,李迪终于被逐出相府。李迪事后对人说:我自以为宋璟,而以夷简为姚崇,不料他待我竟是如此!这得说明,宋璟和姚崇是唐朝玄宗皇帝时的两位贤相。李迪说此话,是以前人的贤能暗讽自己对手的刻薄。

王曾以前曾是吕夷简的恩公,正是在他的屡次推荐下,吕夷简才登上次相之位。想当年,吕夷简对王首相甚为恭谨。李迪被贬之际,有人代表王曾向他表达了复相之意,并说:王公对你不薄,要善待之,不要再像对待李迪那样。他不仅笑着答应,还表示要将首相之位让于恩公。这当然纯属姿态,不会得到君王的首肯。

正所谓此一时,彼一时,纵然是昔日恩人,只要对自己的权势构成威胁,吕丞相同样不能容忍。直言敢为的王曾进入中书后,吕夷简专断大权,毫不谦让,昔日的上下级不可避免地发生了抵牾,最终两人势同水火。

两年后的四月,王相公忍无可忍,便依据传闻向仁宗控告吕夷简"招权市恩"。但仔细调查一番,却证据不足,惹得天子甚为不悦。事已至此,王曾只得自请罢相。为了消除天子的疑心,并博得进一步的信赖,吕夷简采取了暂时退让之策,主动辞去首相之职，赴许州（今河南许昌市）做地方官。这一年，他已58岁。

吕夷简之所以主动辞职离朝，是因为摸透了庙堂的门道，也琢磨透了仁宗的脾性，才敢于采取以退为进之策。当然，他不会一走了之，而是再施权术，通过荐用庸才的手法，为自己的复出铺垫了道路。在他的密荐下，天子拜王随、陈尧佐为相。

王随和陈尧佐二人，既年老多病，又庸碌无才，绝非宰相合适人选。果不出吕夷简所料，王、陈主政后，措置无方，又与参知政事韩亿、石中立意见不合，经常发生争吵。于是，王随以养病为名，五日才去一趟中书，而陈尧佐年事已高，政事积压，迁延难理，中书一时被嘲笑成"养病坊"。言官们遂上疏抨击宰执的无能、徇私，要求罢免宰相，起用能臣，其中就提到吕夷简。在此形势下，时隔不到一年，中书大换班，但继任首相的是同样昏聩的张士逊。据说，这又是吕夷简密荐的结果。

张士逊为政与前任大同小异，自然又遭到谏官的抨击。张相公自知无力对付每日排山倒海般的政务，不得不数次上奏请老。至此，吕夷简的精明强干再度引起仁宗的思念。康定元年（1040）五月，张士逊尴尬退休，吕夷简如愿以偿地第三度入为首相。

此时，吕夷简61岁，已是炉火纯青的政坛不倒翁，虽然非议不断，却是天子离不开、朝臣也无奈的重臣。若有不识相者，只能是搬起石头来砸自己的脚。

翌年，任布升任枢密副使。这位朝堂新人才学平庸，但好言事，多次与吕相公发生争议，于是惹恼了这位重臣。为了将对手逐出朝，吕夷简利用任布长子任逊既愚又狂、喜议朝政的特点，以谏官为诱饵，教唆其上书言事。任逊不知其中有诈，立马上书历数执政大臣的不是，并且指责自己的父亲无能。任枢密事先发现了此事，便将奏书藏匿下来。吕丞相便再唆使任逊上书，并揭露其父藏匿奏书之事。于是，任布遭到天子的责问，御史闻讯也上奏弹劾，指出任枢密的低劣，连儿子都看不惯。就这样，任布被贬出朝。可笑的是，其不肖之子还逗留在京师，巴望着谏官到手，却被吕夷简借其他事为由一并驱逐出去。

吕夷简城府极深，在他面前对手们一个个败下阵来。而对皇帝，他也经常以权谋应对。宋人笔记有段记载值得一提：他的夫人曾奉命入宫，仁宗皇后对她说：陛下喜食糟"淮白鱼"，因祖宗旧训不许到各地征调美食，所以宫中缺乏此物。吕相公老家在淮河边的寿州，当有此物吧！吕夫人回家后，马上收拾了十笪箩的淮白鱼，准备送进宫。吕夷简得知此事，说送两笪箩即可。夫人不解地问丈夫：这是送给天子的，为何舍不得？他感叹道：皇宫里都没有的东西，人臣家里怎能有如此之多呢！此属小事，却足见吕夷简心机之缜密。

朋党之争

宰相，乃是位极人臣的百官之首，故为官僚们毕生奋斗的最高目标。要想获得这一官职，肯定是难上加难，可要长久保住，亦绝非易事。经过多年的磨炼，吕夷简深知宰相不好当，难做久，帝王从来喜新厌旧，稍不如其意，就随时可能下台。但是人都有需求和弱点，天子也不例外，若这两方面被紧紧抓住，便能造成强烈的依赖感，自然不会轻易舍去。

吕丞相熟读史书，看不上也不会做千夫所指的奸相佞臣，那是短视的行为。但为了稳固自己的权位，他要做很多的事情，既要永保治世良臣、忠臣的形象，还要善解君意，体察入微，赢得圣上的欢喜。此外，也要笼络官场人心，包括与宦官搞好关系，有必要的话，牺牲原则也在所不惜。

因此，吕夷简在大政上恪守成宪，不事更张，既避免了风险，也少了争议。而这样施政的结果，正符合仁宗皇帝的优柔寡断。

对待天子，吕夷简始终不敢稍有懈怠，总是竭尽所能以取得信任，重大事项不说，细微之处也不放过。

如庆历初，仁宗因病多日不见朝臣，及至病愈，急召二府大臣入宫。接到诏命后，其他大臣都火速出发，唯独吕夷简却有意拖延时间，缓缓而行。入宫后，他又不顾宦官和臣僚的催促，行走得更加缓慢。当天子不悦地问他何以姗姗来迟时，他答道：陛下久病，中外忧虑，传言纷纷，一旦闻听急召近臣，臣等若急迫奔驰而来，恐怕人心骚动，以为发生意外。仁宗听罢大为感动，认为得宰臣之体。

又如御史台首脑——御史中丞一职一度空缺不授，天子不知其故。某日，有人向仁宗反映：吕夷简想用自己的人，听说已许诺过了。这引起了天子的猜疑。不久，仁宗就质问御史中丞久缺的原因，吕丞相回答说：此职乃言官之首，自宰相而下皆可弹劾，故人选当出自圣意，为臣岂可擅自决定？此事是否真的出自一片真心，值得怀疑，权谋的成分倒可能更大一些，但却确实令仁宗感到满意。

在吕夷简眼里，皇室金枝玉叶们的利益，必须特别照顾，打破常规也在所不惜。按照以往规矩，宗室没有升迁官爵之法，只有遇到稀有大礼的机会，才普遍叙迁一次。景祐初年，仁宗因过度沉溺女色而体弱多病，吕夷简为博得仁宗的高兴，提议超迁宗室位秩，为此增加的俸禄超过旧时的十倍。宫廷、王府乃至于各地的宗子宗亲们，皆大欢喜。

为了及时了解天子的动向，使自己的举止符合圣意，吕夷简对皇帝身边的家奴——宦官，也广施恩泽。他在初次拜相之日，便利用独掌中书的机会，提高了一批宦官的地位。庆历初，又不顾非议进一步提高宦官的官秩地位。投桃报李，宫廷内管事的宦官自然愿意与吕相公保持密切关系，及时通风报信，他因此获得比其他大臣更多的回旋余地。

至于各级下属、各地的官员们，吕夷简手中掌握着他们最关切的前程路线，只需动张嘴、说句话，便是荣枯两重天。因此，绝大多数官僚都唯其马首是瞻。

吕夷简费尽心机做了这么多事，特别是许多超常规的事，得归得了，失也失了。因为世上总有一些人认死理，讲原则，不满于现状，他失去的便是这些人的认同。吕丞相在位久了，前后便受到一些指责，甚至强烈的抨击。且不说那些别有用心的政客，以范仲淹为代表的一批清流官员的批评，就使他几度陷于难堪的境地。

当年吕夷简违反常规，率群臣陪着仁宗赴天安殿朝贺太后寿辰的做法，就遭到范仲淹等人的反对，他自知范仲淹有理，只是将其奏疏压下。以后，他支持天子废黜郭皇后的事一发生，再度受到范仲淹的批评。这一次，吕夷简怀着不可告人的私心，绝不允许他人阻挠，于是将范仲淹贬逐出京师，从而引起士林一阵骚动。要说他与范仲淹之间真正的交锋，还是发生在景祐三年（1036）。

这一年，代理开封知府范仲淹给天子上了一道《百官图》，排列官员资序，明确标出合理的升迁顺序，要求对官员升降、大臣进退的事，不宜仅听凭宰相专断。随即又上疏仁宗皇帝，抨击时政积弊，并以历史上权臣乱政之例告诫天子。显然，这些言辞是针对吕丞相的，表达了对专权者的强烈不满，将许多官员的心声呐喊出来。吕夷简对此极为愤怒，他除了在天子面前为自己辩护外，又运用权势寻觅罗织罪状，以打击报复对手。

范仲淹素来直言敢行，无论是品行学识还是为官做事，都无懈可击，在当时的文人士大夫中颇有声誉。要给这样的人随意定罪，并不容易。吕夷简最终挑中"朋党"的罪名，指责对手"荐引朋党，离间君臣"。说起来，古代政坛忌讳公开拉党结派，帝王最担心臣子们因此形成集团势力，架空天子，把持政权。

结果，范仲淹被贬谪为饶州（今江西波阳县）知州，为他鸣不平和关系密切的余靖、尹洙、欧阳修等多位官员被打为朋党，也先后遭贬。侍御史韩渎还在当权者的指使下，奏请仁宗批准，将有关范仲淹朋党之事张榜朝堂，禁止百官越职上疏议论，使反对派遭到很大的压制。这便是北宋中叶所谓"朋党"之争的发端。

但与丁谓之流残酷迫害政敌的做法有别，吕夷简给对手总留有余地，不置人于死地，通常是驱逐到地方任职即可，时过境迁后，还允许回朝，因而也没有结下死敌。对于范仲淹，他以后还在特殊情况下适当加以关照。事情是这样的：

康定元年（1040），吕夷简第三度复相后，同僚都畏惧其权势，遇事不敢表示异议，只有参知政事宋庠自恃仁宗的"厚遇"，多次与他发生争论。他虽然厌烦宋庠，但忌讳得罪天子，未敢轻易动手。

来年五月间，身处战火前线的延州（今陕西延安市）知州范仲淹，从策略上考虑一度与西夏首领元昊互通书信，又烧过对方夹杂狂妄不逊言辞的来函。此事传到朝廷后，君臣都感到有必要追究。吕夷简略加思索，便想出一个巧妙的主意。他在中书故意对宋参政说："人臣无外交"，范仲淹怎敢如此行事？宋庠以为吕相公要严惩范某，于是在上朝时请天子斩杀范仲淹。这还了得，本朝祖宗早定下了不杀士大夫的遗训，谁敢轻易破坏规矩，自当引起众怒，成为众矢之的。因此，枢密副使杜衍一听就坚决表示反对。宋参政以为吕夷简必定支持自己，然而吕相公却不发一言。当仁宗询问吕夷简态度时，他答道：杜衍所言是也，只可轻责而已。处理意见就这样敲定。事情传出后，舆论哗然，都指责宋参政残忍无道。宋庠仓皇失措，有口难辩，终于在一片非议声中黯然离朝。随之，吕夷简又以"朋党"为名，将与宋庠有同年之谊的枢密副使郑戬贬出京城。这可真叫绝，吕夷简既缓和了与范仲淹的矛盾，又打击了政敌，可谓一箭双雕。

晚年的吕夷简，享尽了荣华富贵，也看惯了世间百态，心态逐渐平和了许多。有条野史即反映他的豁达大度：一位叫张球的儒生，大约家境困难，就给吕丞相献了首诗："近日厨间乏所供，孩儿啼哭饭箩空。母因低语告儿道，爷有新诗上相公。"他读罢该诗，即馈赠儒生百贯铜钱。

刚跨过庆历三年（1043）的年头，暮年宰相吕夷简染上了重病。天子闻知老臣生病，十分关切，当即下诏授予其司空、平章军国重事的罕有头衔，还依据传统说法剪下自己的胡须，赐作药引子。真是皇恩浩荡，眷顾不已。当吕相公病情稍愈，又特许几日去中书一次，以裁决大事。

夕阳无限好，只是近黄昏。吕夷简自知已病入膏肓，于是做好了收手放权的准备。当年春天的一天，他应召入宫，天子特意安排用人抬的乘舆来接，并免去繁文缛节的拜见礼。看到辅佐自己二十余年的老相公，仁宗皇帝充满感激之情，再给予司徒、监修国史的官衔。但吕夷简回府后，一再上表请求退休。天子最终答应了他的要求，又授予太尉的隆高官衔。

时隔不久，一代重臣吕夷简在家中病逝，享年64岁。仁宗得悉噩耗，哭着对群臣说："安得忧国忘身如夷简者！"这可是对死者最高的评价。按照惯例，朝廷追赠其太师、中书令的至高官位，谥号"文靖"。因吕夷简生前受封许国公，故以后宋人称其为吕许公。

吕夷简育有四子：公绰、公弼、公著和公孺，都入仕为官，其中吕公著在哲宗朝做到宰相，吕公弼在神宗朝官居枢密使，可谓后继有人，不辱家门。吕氏后嗣绵延至南宋，从政、治学者仍然不绝，遂以名门望族享誉于宋代。

终了要说的是，吕夷简是宋朝最有影响的宰相之一，在仁宗朝曾三入中书，前后主政达二十余年。抛开他的功过不谈，其政治权谋大概少有匹敌，产生的影响也最为突出。史称：吕夷简

"当国柄最久,虽数为言者所诋,帝眷倚不衰"。元朝人修《宋史》时,对其总结道:"其于天下事,屈伸舒卷,动有操术。后配食仁宗庙,为世名相。"清初思想家王船山在谴责他玩弄权术的同时,也对其难以言表的内心世界表达了一丝同情。

宋庠、宋祁兄弟

北宋中叶,政界出过两位响当当的人物——宋庠与宋祁,人称"二宋"。两人是一奶同胞的兄弟,又在同年科举入仕,一个最终做到宰相,另一个也官居工部尚书,从世人的评判标准来看,他们都可归属孝子贤孙系列,因为家族门楣由此荣耀无比。可彼此也因一件事而不免心存芥蒂,并在仕途上分出了高下,给兄弟间的情分蒙上了一小片阴影,尤其是小宋心有不平,难咽一口永远无法对外人诉说的怨气。

花落谁家

说到二宋哥儿俩的芥蒂,起因于年轻时一同参加的那场科举考试。

天圣二年(1024)正月,全国各地初选出来的举子们会聚于京师贡院,参加礼部主持的省试,这一年的主考官是刘筠。省试的头筹由宋庠拔得,据说与考官的特别欣赏照顾有关,替他改动了一个重韵的字。到三月间,通过省试的考生接着投身殿试,也就是科考的最后一关,宋庠再犯了前次的小错,在作《德车结旌赋》时，重押一韵。最终的成绩出来，小宋排名第一，大宋是第三名。眼见状元的桂冠就要到手，宋祁岂能不激动万分，名满天下的声誉似乎即在眼前。可事情就是复杂多变，煮熟的鸭子飞了，偏就飞到哥哥的碗里。

当年，正是幼年天子宋仁宗即位之初，刘太后垂帘听政。太后阅罢录取名单，对二宋兄弟的次序感到不悦，便张开金口言语道：自古从来讲究长幼有序，人伦尊卑还得有规矩，哪有当弟弟的排在当哥的前头？深宫内老太太一句话，宰臣心领神会，当即安排大文豪、翰林学士晏殊重新审阅，就此改动了排名先后，宋庠成了第一，宋祁落到第十位。这个结果，大宋当然是喜不自禁，对小宋却是晴天霹雳。说起来，第十名也是颇佳成绩，在两百名进士中仍属高第，可与状元一比就逊色多了。

往日哥儿俩在家读书时，作文赋诗，小宋总是技压大宋，论才华论机敏，兄弟间早已分出高下。这一回凭什么？

宋祁虽心高气傲，甚至于恃才傲物，但熟读儒家经典，到底还是明了传统的人伦义理，因此纵有多少不平不满，也不能说，又能对谁诉说发泄？最终只得认个理，还得表示心悦诚服。不过，兄弟间的心结就此埋下，虽顾及亲情，但彼此心中都有数。

科场尘埃落定后，宋庠对小弟肯定是怀有歉意，如何表达已不得而知，但对考官的感激之情却溢于言表。他在致考官的谢启文中有如下词句："掀天波浪之间，舟人忘楫；动地鼓鼙之下，战士遗弓。"语言多么巧妙，既如实承认了自己的失误，如同风浪中船夫疏忽了带桨、激战下士兵遗忘了携弓，又含蓄地表达了对恩公格外关照的谢意。

家门有幸

宋家一次出了两位进士,其中更有一个状元郎,可说是誉满朝野,倾倒天下。举目关注之下,有心人寻觅其出身家世,却发现并非显赫世家,要算只能说是个破落户,哥儿俩还是孤寒子弟。

二宋的原籍在荆湖北路的安陆县(今湖北安陆县),后北迁至开封府属下的雍丘(今河南杞县),祖辈上曾做过县令。他俩的父亲宋玘,通过明经考试入仕,但最终仅做过地方衙门里的僚佐,位低官卑。父亲虽一事无成,生前却娶了五位夫人,原配王氏因很早谢世,接着又先后续弦高氏、王氏、钟氏和朱氏,也就是说宋玘命中克妻,继室夫人大多短命。

据说,钟氏两次怀孕期间,夫妇虔诚祈祷,心诚则灵,结果在梦中得到朱衣神人的眷顾,先后赠送《礼记》、《文选》两书,于是在太宗至道二年(996)和真宗咸平元年(998),相隔两年分别生下二子。

说到这两本书,可非一般,一本是汉朝人戴圣编纂的儒家经典,后世称为"小戴礼记",另一本是南朝萧梁太子萧统选编的诗文总集,后世称为"昭明文选",一个教人懂得礼法,一个教人作文写赋。母亲能做这样的梦,岂非冥冥天意昭示?由此定下两人不同的性情与前程。

按照传统,父亲给两个儿子取名:郊、祁,取字:伯庠、子京,这便是后来的二宋兄弟。不幸的是,哥儿俩尚未成年,母亲就先死去,继母朱氏随后踏入家门。真是不幸的事还要成双,父亲不久也辞世。接下来，大概继母或许改嫁，或者厌弃了前夫之子，二宋顿时成为孤儿，被迫归依亡母的娘家。

母亲娘家在安陆，这里也是父亲的故乡，为安州（今湖北安陆县）州城所在地，居汉水流域，属中等水平的农业区。外祖父也是位读书人，家境显然不富裕，但因有"万般皆下品，唯有读书高"的传统观念支撑，倒是可以提供浓厚的学习氛围。二宋俩寄人篱下，可谓相依为命。古人云：长兄为父。父母俱亡后，年长两岁的大宋对小弟自然要照顾，小宋对大哥亦多有依赖。由此形成不同的性格特点，大宋稳重周详，小宋张扬率直，这也在情理之中。在困境中，他们苦是吃了，书也读了，就此度过了少年时代。

确如先贤们所言："艰难困苦，玉汝于成。""故天将降大任于斯人也，必先苦其心志，劳其筋骨。"贫寒出孝子，贫寒也造才俊！二宋视科举做官为改变命运的唯一出路，因此互相砥砺，发奋求学。年轻人彼此争强好胜，尤其是聪明过人者喜好相互较劲，要分出个雌雄。这对亲兄弟也不例外，时常在文章诗赋间比试高下，你追我赶，就此才学出众，名扬一方，以至于引起了地方官的注意。

安州知州夏竦品行欠佳，但文采超群，曾在朝中做过起草诏书的知制诰的职务。他对州学里宋家兄弟的诗文极为赏识，于是召见并指点过。一次，夏知州命二人就"落花"为题赋诗，大哥遂咏出"汉皋佩冷临江失，金谷楼空到地香"的句子，小弟呈上的对联则是："将飞更作回风舞，已落犹存半面妆。"夏竦读罢，大为赞赏，点评道：咏落花而不言落字，大宋当状元及第，不仅如此,又相貌不凡,"风骨秀重",日后当做宰相。小宋虽有所不及,但也能高第中举,成为帝王身边的近臣。夏某人的品评,正说明二宋才华的出众。

早年这段苦乐兼具的经历,不仅令当事人终生难忘,也为后世人所津津乐道。据二宋一位同学的后人回忆:有一年冬至来临,大宋想召唤同学聚会喝酒,无奈囊中羞涩,翻来覆去搜寻后,发现唯有父亲遗留的一柄剑值点钱,于是将剑鞘上镶嵌的银饰抠下来,凑成一两白银,草草置办了一场酒席。席间,大宋先就饮食的简陋对大家表示歉意,接着笑道:冬至吃剑鞘,过年时就该吃剑了!也就是说,先卖了剑鞘来吃,以后再卖剑来吃,吃一剑不就是要挨一剑吗?一语双关,调侃又不失风趣,真是贫贱不能屈,同学无不为其气度所感染。

稳重儒雅的大宋

宋朝自太宗皇帝以来,用人最重科举背景,进士出身者大都仕途顺畅,更不用说状元、榜眼之类的翘楚了。27岁的大宋戴着状元的桂冠,入仕后自是不同旁人,可谓一路风调雨顺。

宋郊也就是以后的宋庠,做的第一任差遣是襄州(今湖北襄樊市)通判,位居本州衙门里的第二把手。此地虽属京西南路,但离他不久前生活过的安陆并不遥远,都在今天湖北的北部,因此他能够很方便地衣锦还乡。

按照本朝官场的规矩,有能力的官员可以获得频繁交流的机会,进士出身者一般先在地方任职,若表现突出随后就能上调中央，再历练个几年时间，便可出任地方大员，若政绩不俗，接着再重返京师，其中佼佼者几经交流，最终就可踏入庙堂，执掌国政。当然，这都是表面流程，背后隐藏的人际关系、权谋机变以至于尔虞我诈相互争斗等等因素，就不必细表。

应当说，大宋正是沿着这条流程快马加鞭地奔波。在襄州任职没多久，他就被召回京城，先后在国史馆、三司户部、谏院等部门就任。随后，他出任负责起草天子诏书的知制诰一职，并兼任知审刑院，也就是说既是帝王的一支笔杆子，又是司法机关的首脑之一，这在后世官场是很难见到的景象。此时，伴随他的仕途成长，朝廷也正经历着仁宗皇帝从幼年到成年亲政的过程。

很早就当家吃苦的宋郊，很珍惜来之不易的一切，他的性格属温和一类，棱角从来不鲜明，因此在朝做官很少出头，讲究的就是一个稳重儒雅。在这些年里，他留下值得一提的事迹不多，史籍中主要记载了以下两件事：

第一件事，天子在宰相吕夷简的唆使下废黜郭皇后，孔道辅和范仲淹等御史台、谏院的官员伏阙劝谏，大宋作为言官的一员也表态支持。与孔道辅、范仲淹的激烈举动相比，他只不过是一名追随者而已，因此仅遭到罚金的薄惩，没有被驱逐出朝。

第二件事，密州（今山东诸城县）有个叫王獬的大户，不顾朝廷禁令私自酿酒牟利，邻人发现后便去捉拿，无非图个赏钱。这位王财主明知来人的意图，却故意对庄客说是遭遇强盗来犯，教唆将邻家父子四口杀死。州衙门审判下来，只是把庄客论罪处死，独对王大户网开一面。冤情上诉到京师，丞相陈尧佐不知是糊涂还是接受了当事人的钱财，对王獬加以庇护，宋郊又是作为审刑院的首长,坚持按照规矩办事,终将罪魁祸首绳之以法。

大宋是文臣,也是一个杰出的文人,政务之余惯舞文弄墨,因此作品不少,并常常流传在外,引得众人吟唱。其中著名的《残春夜雨》,写情写景,意味深长,遣词造句,对仗工整:"春色无情老,宵云有恨低。轻寒借鸿驶,早暝入乌啼。晦烛风生幔,漂花溜涨溪。滴阶兼被草,聊此况凄迷。"

天子对自己登基之初诞生的这位状元极为欣赏,当然不仅仅是赏识其诗赋文采,还包括举止性情,于是打算将他从知制诰的位子上直接提拔为枢密院的副首脑,但却受到最高行政机关——中书内大臣的劝阻,认为从无先例,太过于超常了。仁宗是宋朝历史上著名的宽厚君主,却也是一位优柔寡断的皇帝,臣僚们只要坚决反对,并能言之凿凿,他便知难而退。天子无奈,遂退而求其次,降诏委任大宋为翰林学士,再给他创造资历和机会。此职也是负责起草诏书,但更贴近宫廷,权位也比知制诰要显赫。一句话,明眼人一看就清楚此人即将获得重用。

出头的椽子先烂,纵使温文尔雅不招惹是非的人,一旦在官道上跑得太快,也会有人心存嫉妒,给使个绊子,扔个砖头,要不就干脆扯一把拽几下。大宋原名宋郊,并一直使用至今,并无什么不妥。可另一位翰林学士李淑小肚鸡肠,不情愿看着他比自己跑得快,便想出一个奇招,给天子进逸言:"宋"字,是本朝国号,"郊"字,有交替的意思,姓名中合有这两个字是很不吉祥的。明着讲,这种奇谈怪论就是说"宋郊"读"宋交",是要宋朝被交替掉。仁宗倒不十分介意,对这种迷信的说法也不感兴趣,只是传口谕让宋郊改名。大宋虽然十分难过,因为名字来自故去的父亲，世间又从来讲的是"行不更名，坐不改姓"，可拗不过皇上，只得改名"庠"，用的正是原来自己字"伯庠"中的一个字，然后再改字为"公序"。一场阴谋就此化解。

宝元二年（1039）十月，宋庠终于步入执政行列，出任参知政事。这一年他43岁，年富力强，正是大有可为之时。只是他太顺利了，缺乏跌宕起伏的历练，不熟悉政界内幕中的诡谲深奥，还没遇到真正的对手。

首相吕夷简是政坛老手和不倒翁，行事的风格是既长袖善舞，又专断自用，同僚下属凡忤其意志者，几乎都遭到清算。初入庙堂的宋参政不知深浅，自恃有天子眷顾，多次与吕丞相发生意见分歧，这种本属正常的议事问题却难容于重臣，就此成为对方的眼中钉。庆历元年（1041），吕夷简借处理范仲淹与西夏元昊通信的事情，设计圈套，引诱大宋贸然提出诛杀范仲淹的建议，结果惹下众怒，声名受损，只得黯然离朝，几位同年和兄弟小宋也受到牵连，一同被贬出京师。

这次为人所卖的经历，使宋庠实实在在地增长了见识，明白了政治的残酷性，更清楚了宦海的险恶，从此多了十二分的警觉和自保意识。

小宋的才情

大宋本已是文采飞扬，可小宋更高一筹，是绝对的盖世奇才。
自科考名次让位大哥后，25岁的宋祁怀着许多的委屈走入政界，拿到的第一任差遣就明显矮状元一等：州衙里的幕僚角色。

好在其才学早已名扬天下，得到有识之士的推荐，才没有沉沦于地方。他被调入京城后，先任国子监直讲，也就是当时中央最高学府的教官，不久进入国史馆、太常礼院就职。

太常礼院是朝廷负责礼仪事务的机构，举凡礼乐、仪制、祭祀以及其他相关的诸般礼仪事情都归其管，在此供职若非知识渊博又精于典故者，很难胜任，小宋任副长官正是适得其所。当庙堂乐律陈旧过时需要调整时，他奉诏主持修订，一一指点乐官们进行调试，终于完成了全新的一套乐礼规范。

兄弟俩同城供职生活，来往是免不了的，昔日的芥蒂已渐渐淡忘，亲情还是时时涌上心头。小宋曾给大宋赠送过一首诗，其中有"静极禁关闻下键，暝深连阁见通灯。蕙薰浮篆才余火，酒滴供研自不冰。无奈此时怀共被，各分台署拥青绫"之句，描写了隆冬夜晚自己在太常礼院的清冷场景，表达了遥想翰林学士院内大哥的心情。

在乐礼改革上小试牛刀之后，宋祁接着又编修天子起居注、任职三司度支判官，一个是史官性质，一个则是财经官员，他照样做得有声有色。当时因元昊反叛朝廷引发西北战争时，军费开支陡然增加，而国家的财政负担过重，难以应对。目睹此情此景，他给天子上了一道洋洋洒洒的奏疏，指出问题所在，所谓"三冗"、"三费"所致。三冗指的是：官吏队伍庞大；非战斗序列的军人过多；不事生产的和尚道士太滥。三费则指：朝廷用于宗教活动的靡费毫无休止；京师道观庙宇的建设维护开支日益扩大；大臣离朝多挂名节度使，俸禄因此激增。针对这些问题，他提出了减三冗、去三费的建议。小宋的这份奏议，很快就传遍都城上下,成为士大夫谈论时弊的重要依据。即使后世读到其文,也佩服文辞洗练,意思精准,直指要害,其价值确非一般的华美诗文可以比拟。

但就因为大哥总压着一头,为了避嫌,他在仕途上只能慢个一拍两拍。若仅是这样还好,大宋位居执政要职后,与政敌不免角斗过招,败下阵时捎带着也将小弟拉下马。

积累了足够的资历,宋祁本该就任大哥早已做过的知制诰,但因宋庠刚当上参知政事,兄弟俩总不能一个去执政,一个管诏书,这还了得?小宋只得继续到太常礼院、国子监及太常寺几个闲散机构就职。宝贵的政治时光就这样蹉跎而去,少年才子也步入不惑之年。

当大宋与首相吕夷简角力惨败,被贬为扬州(今江苏扬州)知州时,小宋受到株连,也被驱逐出朝,落脚寿州(今安徽凤台县)衙门。真是一荣未必俱荣,一损却是俱损。这能埋怨谁?当然是自己的亲哥,但抱怨又有何用?他只得自认倒霉。

在寿州期间,小宋品尝过挫折的滋味后,也获得放纵自己的机会。早年无力买酒水,今日何不纵佳酿?失意归失意,才子却也写下了许多名篇诗文,其中有《寿州十咏》,咏景咏物,当然也免不了抒发伤感之情。他又有《浪淘沙》一首,写出了对人生的理解感受:

少年不管。流光如箭。因循不觉韶光换。至如今,始惜月满、花满、酒满。扁舟欲解垂杨岸。尚同欢宴。日斜歌阕将分散。倚兰桡,望水远、天远、人远。

宋祁性格鲜明,自视甚高,不喜欢世俗那一套,更看不起平庸的官僚。他有诗云:"不乐俗人共,聒聒沸蜩集。纷纷臭帑众,怒迁多市色。"表达了自己厌烦流俗的心迹。可在官场中,从来才子未必胜庸夫。

好在本朝政治环境宽松,即使像吕夷简这样的权臣也不会置人于死地,遭贬的官员还有复出的机会。宋祁在寿州衙门停顿了一段时间,又转任陈州(今河南淮阳县)知州,不久便奉诏回朝。此时,没有了大宋在朝执政的拖累,小宋无须避嫌,遂如愿获得知制诰的官职。

宋祁的文学才华有目共睹,于是不久又升任翰林学士,并兼管京师国库事务,成为天子身边的近臣。他实在是聪明过人,为君王书写的诏书辞藻华丽,远胜他人,这是本分,而管理起诸库的出纳事务也是有条有理,还能不时革除一些积弊,这又为许多文官所不及。因此,他获得了上下的好感,尤其是次相章得象对小宋的能力颇为欣赏。如此一来,他官运亨通,很快转任审官院长官兼翰林侍读学士,加上原有的翰林学士,可谓一身三职,也就是说肩负起草诏书、管理官员考评、为天子讲解经史的重任。

此时,重臣吕夷简已退位并不久病逝,朝中的不利因素已然消失,看起来小宋的前景一派光明。

志趣不同

二宋真是不该同时降生于一个时代,他们是亲兄弟,有着割舍不断的亲缘关系;他们同在政界拼搏,又有着难以名状的牵扯妨碍，因为执掌国政的机会不能同时给予一家两口。就此而言，真是"既生瑜，何生亮"？

庆历五年（1045）初，范仲淹离朝，空缺出一个参知政事的位子，已升为首相的章得象便推荐宋祁接替。这可真是一次难得的机会，若就此得到提拔，小宋在仕途上就能赶上大宋，也不枉多年的苦苦追求，还可扫去当年科考让位大哥的心里阴霾。可老天就是不公道，偏偏要把机会再次从眼前拿走，又是给了有福的亲哥。

章得象的提议没有被仁宗接受，大概既有考虑长幼有序的因素，也有不喜小宋恃才傲物的因素。天子对章相公说：大宋可以，小宋不行。小宋每上殿来更无一人看得上眼。于是，宋庠被钦点为参知政事，从地方衙门上调中书。接下来的安排，自然是宋祁依照惯例离开翰林学士的敏感岗位，改任龙图阁学士、史馆修撰。真是让人无奈！龙图阁学士倒是地位不低，但却只是个空头名分，远不能与翰林学士的实职相提并论，史馆修撰则是国史馆这种闲散部门里的差事，本职工作是编修史书。

远离了热闹的朝堂，龙图学士小宋怀着万般的无奈，潜心于《唐书》的编纂。在此须说明，五代时官方已编修了《唐书》，对唐王朝的历史作了总结。然而入宋以来，士人对这部书一直评价不高。于是，在朝廷的支持下，宋祁遂决心重修此书。以后，著名文学家和史学家欧阳修等多位学者也参与此事，大家分工合作，由欧阳修牵头，前后历时十多年才完成。以前那本被后世称为《旧唐书》，他们新修的则被称为《新唐书》，位列二十四史之一，宋祁也因此以史家名垂青史。

宋庠重返中书后，显然汲取了以前的教训，凡事回避是非矛盾，明哲保身，一味讲求持重儒雅。因此，有关他的政绩少有记录，唯有议论前朝故事、本朝典制之类的言辞见诸史乘。不过，平庸之主，太平之世，正为大宋的无所作为提供了如意环境，加官晋爵的好处遂接踵而来。

翌年，宋庠升任枢密使。皇祐元年（1049）八月，他再获宰相高位，兼有集贤殿大学士的头衔，不久官阶也提升为工部尚书。这一年，他53岁，确是风光无限。

大宋在就任枢密使不久，小宋得到意外的机会重返翰林学士院，大宋迁官宰臣后，小宋依旧保留翰林学士的位子，这倒不多见，大概与仁宗皇帝的特别礼遇有关。但宋学士已看清了大势，知道在大哥的阴影下自己永无执政的可能。因此他放松下来，除了认真起草诏书和抽空编修《唐书》外，便是讲求享乐风流，游山逛水常有，声色犬马不绝，灯红酒绿总在，排场宴席不断。他的《玉楼春》一诗，正是这种生活的最好写照：

> 东城渐觉风光好，縠皱波纹迎客棹。
> 绿杨烟外晓寒轻，红杏枝头春意闹。
> 浮生长恨欢娱少，肯爱千金轻一笑。
> 为君持酒劝斜阳，且向花间留晚照。

说到宋祁的风流，当年还留下一个故事：一天，他途经开封热闹的繁台街，碰巧有一群宫女乘车经过，其中一位宫娥挑起帘子瞧见他，脱口叫了声"小宋也"。回到家中，他心潮荡漾，信手填写了《鹧鸪天》一词:"画毂雕鞍狭路逢,一声肠断秀帘中。身无彩凤双飞翼,心有灵犀一点通。 金作屋,玉为笼,车如流水马如龙。刘郎已恨蓬山远,更隔蓬山几万重。"这首词写得叫绝,很快便传遍都城上下,并飘入深宫。仁宗读了也深为所动,召来宫女们询问是谁叫的小宋,那位深锁宫中的多情女只得承认。不曾想,天子竟就此将宋祁唤进皇宫从容相问,惊得小宋魂不附体。仁厚皇帝成人之美,笑着对宋学士说:蓬山不远。当即将那位宫女赏赐给小宋。此为小说家言,不可全信。

与小宋相比,大宋就拘谨多了,毕竟身为宰辅大臣,不能不在乎外界的观感。他珍惜眼前的一切,早年吃苦多了,对现有的生活便很满足,故秉持节俭的原则,无意于浪漫的声色活动。看到自家兄弟的奢侈放纵,他颇不以为然,总想提醒点拨几下。一次上元节夜里,大宋在书房读《周易》时,又听说小宋点着华灯拥着歌伎醉饮,第二天就派人去带话:相公寄语学士,闻听昨夜烧灯夜宴,穷极奢侈,不知是否还记得从前上元夜一起在州学吃粗饭吗?小宋听罢,笑着让来人带话回去说:也寄语相公,不知当年吃粗饭是为的什么?真是毫不掩饰,绝不做作,令人叹为观止。

宋庠公务之余,一直坚持读书,日久天长,遂以博学多闻著称,除了挥洒大量诗赋外,还校订过《国语》,辑录过《纪年通谱》,先后撰写了《补音》、《掖垣丛志》、《尊号录》,可谓著作等身。他的《晨兴读书》一诗,反映了其老而好学的志向:

老病何为者,陵晨缥帙开。

> 终无经世略，似有著书才。
> 史记金藏匮，春秋玉作杯。
> 吾心聊自适，万事已焉哉。

他有自知之明，知道自己无经世之才，说到底就是一介文人，所以对擅长的文墨不敢掉以轻心，可得也得了，失也失了，作为一名宰相终究没有留下值得夸耀的建树。

殊途同归

二宋早年以诗文扬名四海，以后虽在仕途中有高下之分，生活情趣上各有所好，分别演绎出刻板与风流的故事，但最终都不免于走向衰老，告别名利，可谓殊途同归。

大宋的拘谨固然无趣，却少了许多的非议与困扰，小宋则不然，率直放荡的结果惹来一堆的麻烦，最终还牵连到大哥身上。

天子最宠幸的妃子张美人被册封为贵妃，按照惯例有一套繁复的仪式程序，其中就包括翰林学士起草诏书制词的过程，以体现礼仪的庄重严肃。这种事若换作他人，早想借机讨好贵妃娘娘，精心照章办事。但宋祁就是不当回事，竟不顾规矩草率了事，惹得美人花颜颤动，怒发冲冠，当下就把他书写的诏书扔在地上。这还了得，君王哪里能容小宋冒犯心上人，立即将他贬出京城。

宋祁自作自受，告别翰林学士院到地方衙门做官。还得说宋朝政治的文明宽松，仅过去几个月，小宋又能返回开封，重任以前做过的翰林侍读学士、史馆修撰、龙图阁学士。可他的一贯放纵还是给自己与家人带来了不小的影响，包括把自家的孩子给带坏了，以至于犯下大错。

宋祁有个儿子也是不拘小节，交游甚广，天子最宠幸的张贵妃的母亲越国夫人家有一个门客，就是他的密友。这位门客纯属投机无赖之徒，胆大妄为，竟伪造官方委任状，招摇撞骗。终于东窗事发，门客被论罪处死，小宋的不肖之子也被牵扯进去。"子不教，父之过"，宋祁因此再度被贬为亳州（今安徽亳州市）知州。但以包拯为首的言官们依旧不依不饶，又对宰相大宋发起弹劾，抨击他不能管教子弟，同时指责他在位无所作为。宋庠只得向天子请辞，到洛阳去做地方官。以往总是大哥影响小弟的前程，这一次大宋终于也受到小宋的影响。在此值得一提的是，言官包拯便是历史上著名的"包青天"。

小宋来到地方后，又转换过定州（今河北定州市）、益州（今四川成都）几个州郡衙门，继续编写唐朝历史，照旧生活放纵。宋人笔记称：在成都期间，每每夜宴结束，他下令燃起巨烛，在侍女的服侍下修订《唐书》，外人老远瞧见窗内的身影，都觉得恍若神仙一般。小宋可比神仙现实风流，他喜欢美女，喜欢怜香惜玉，家里也有许多姬妾。一次在江边宴饮时受到风寒，他叫唤一只手臂过来搀扶，姬妾们都跑来伸出一只胳膊。他望着眼前十余只粉臂，茫然不知所措，为究竟该扶哪一个而犯难，唯恐有厚薄之嫌，最后只好自己起来行走。

当几番论资排辈后，小宋又该升任最高财政首长——三司使，可任命诏书宣布之际，言官们再次发起攻击，御史台的长官包拯上奏批评他在地方上生活奢靡，尤其是在成都宴饮过度，有损官篯。当时的宰相韩琦对小宋同样缺乏好感,再加上此时大宋已重任枢密使,也成为他不宜任职三司使的理由。于是,小宋被改调为郑州(今河南郑州市)知州,继续跌宕于地方。在郑州任内,他最终完成了所承担的《唐书》任务,朝廷为此特升迁其官阶,授予工部尚书的官衔。按照本朝官场的规矩,工部尚书属高级官阶,俸禄可以增加,不过却无实权,他的实际官差还是知州。

年过六旬的宋祁,已是疾病缠身,到底是都城的医疗条件要好于地方,他遂请求到京城治病。天子降诏恩准小宋回朝,拜他为翰林学士承旨,也就是首席翰林学士,并特许他在宫廷值班期间,可以带一个儿子陪在身边服侍,真是皇恩浩荡。无奈他有心无力,身体难以胜任持久的值宿辛劳,只得改任群牧使,最后一次与二府大门擦肩而过。群牧司是管理全国马匹的机关,小宋作为长官不必亲自过问各地的马儿起居,可以安心休养。但天不假年,他在这个最后的岗位上仅数月就溘然长逝,时年63岁。一代文坛巨擘就此消失,这一年正是仁宗嘉祐六年(1061)。

还是在九年前的皇祐三年(1052)三月间,因为侄子染上越国夫人门客伪造官方委任状的案子,宋庠被言官们弹劾罢相。此后,他在洛阳、许州(今河南许昌市)及河阳(今河南孟县)等地的地方官位置徘徊,他素来作风严谨,生活无可挑剔,就此过了六年多的清闲日子。嘉祐三年(1058),他奉诏入朝,62岁年纪上又被二度任命为枢密使,并获封莒国公爵位。

大宋年事已高,官位显赫却不揽权,他主管全国军政,但对国防建设少有作为,一句话便是维持现状,因此引起一些朝臣的不满。宋庠又与枢密副使程戡关系不和,大概是副职看不起正职的昏老无为，冲突的结果是程枢密被迫离职，不过大宋也遭到御史们的弹劾，罪名是昏聩懒散，他只得再次上奏请辞。此后，他身披使相的优渥头衔到地方衙门养老。

大宋在郑州养闲期间，小宋病死于京城的家中。噩耗传来，当哥的自然伤感不已。宋祁临终前给天子留下了遗奏，乞求一直没有子嗣的陛下选择宗室填补东宫空缺。小宋还亲笔为自己写下墓志铭，为子孙留下《治戒》的遗训，要求十四个儿子在自己死后不必为流俗所扰，三日内装殓，三月后下葬，棺材用杂木即可，勿用金铜贵重物件陪葬；墓冢高三尺就行，上植五株柏树，不设石翁仲之类；不得向朝廷申请谥号，不接受朝廷赠典。最后告诫道：唯两个儿子幼小，可托付给大伯，只要大伯在，就不会成为孤儿。

获悉这些情况，大宋自愧不如，回想到当年占据兄弟的状元头衔，再回顾这许多年妨碍兄弟的仕途，他更感到歉疚。能做的和能补偿的，只在那两个无知的小侄子身上。

治平三年（1066），有福的宋庠也死于病榻，享年69岁。朝廷追赠太尉兼侍中的隆高官衔，定谥号为元献，新天子英宗皇帝还亲自为其墓碑撰写了"忠规德范之碑"几个大字。

俱往矣！斩不断的兄弟情绵延于九泉之下，彼此的瑜亮结也已随着斯人的亡故烟消云散，唯有曾经发生在两人身上的故事，不时从尘封的故纸堆中伸出头角，诉说着那一段曲曲折折的往事，令人回味无穷。

庸将张耆与杨崇勋

宋朝的高级武将，要说身份显赫者倒也不少，可要论过得既富贵又安逸者，却不见得很多。因为将帅的天职所系，一旦上了战场，风险无时不在，平日里也免不了政坛的角斗牵扯，要想轻松舒心还真不容易。于是乎，没有超凡的本事或特殊的背景，是难以踏入军界的高层，更享受不了好日子的。北宋中叶承平之时，张耆、杨崇勋却是有过好光景的两位大帅。

早年的张耆（原名张旻），自己也没想到日后能够发迹。他出生在开封城，家世不详，大概属于寻常人家的子弟。不知何故，他在11岁时被选入韩王元休的王府，成为贴身服务的僮仆，或可称为小厮。元休是太宗皇帝的第三个儿子，当初不过是个藩王，但太宗先后钦定的继承人：长子楚王元佐、次子许王元僖，一个先因神经错乱被废，一个后又突然暴死，元休这才有机会接替了皇储之位，改名"元侃"。至道元年（995）八月，元侃正式做了皇太子，再更名为"恒"。两年多后，太宗驾崩，太子赵恒即位，是为真宗皇帝。这一下，张耆算是投对了主子，从王府的小厮跟班摇身为天子的亲信。

张耆除了服侍过太子，当日还为太子做过一件特殊的事情。

真宗还在东宫时，曾对身边人感叹说：听说蜀中女子又漂亮又有才，何日能有一个就好了！主子一句话，下面的人自然心领神会，不久便将年方十五岁的蜀姬刘氏引入东宫。正是"寡人有疾"，太子对年轻美艳的新人备加宠爱，刘氏也是"乐不思蜀"。不曾想，此事被太子乳母报告给父皇。在太宗皇帝的干预下，赵恒不得不同意将刘氏放出东宫，但因舍不得抛弃佳人，便让亲随张耆把刘氏带入他家，暂时保护起来。谨小慎微的张耆安排好刘氏的食宿后，为了避免太子多疑，就再也不敢回到家里。真宗登基后，刘氏被接入宫中，以后再晋身为皇后。有了这样一段机缘，张耆又与刘皇后建立了特殊的关系，可谓内外双保险，就此官运亨通，以至于终生享尽了荣华富贵。

按照宋朝官制的规矩，张耆授的是武职官，虽然他从未有过明显的战功，也不懂兵略，却并不影响升迁。景德元年（1004），宋与辽朝休战，签订澶渊之盟，此时距宋真宗登基帝位只有七年时间，张耆已从一个低级武官升至侍卫亲军马军都虞候，加授观察使衔，成为禁军高级将领。此后，由于有天子和皇后的关照，他再升迁为侍卫亲军马军副都指挥使。需要说的是，北宋时期军方有殿前司、侍卫亲军马军司和侍卫亲军步军司三大统军机构，张耆做了马军副都指挥使，便是其中一大统率机构的副统帅，地位不可谓不高。可他这位大员除了会精心服侍帝王，并不擅长带兵。一次，他因处置选用士卒的事情不当，引起部下不满，几乎引发兵变，真宗只得将他调任枢密副使。枢密院是最高军事决策机关，权力比禁军统率机构更为重要，他出任副首脑一职，其实是受到重用。以后很可能是因为能力欠缺的缘故，天子只好安排他到地方衙门养闲，不过却给他加授节度使与平章政事的优渥官衔，即所谓"使相"。须知使相是宋朝官场上地位最为显赫的官衔，俸禄比宰相还要高，有了这样的待遇，张耆正落得过舒服日子。

乾兴元年（1022），年幼的仁宗即位，刘皇后成了大权在握的太后，开始垂帘听政。刘老太太到底是妇道人家，国家大事操心的不多，为自家事考虑的却不少，但凡亲属和亲近的人都要照顾，老熟人张耆自然不例外。为了报答张耆早年的供养之恩，时隔三年多，刘太后便将张耆提拔为枢密使，让他做了最高军事首脑，附加给的官衔也是一个比一个高，包括邓国公的高爵。另外，还在开封城内为其建造了一座庞大的府宅，内中竟有多达七百余间的房屋。然而，张耆这样一个凭借攀附关系登上军界高位的将帅，既无足可称道的战功可言，又对国防无任何建树，只会坐享厚禄，在中枢充当木偶而已。

张耆发达后，曾奏请刘太后恩准，在府邸设宴招待诸位大臣。白日席间，场面之奢华、菜肴之丰盛自不必说，到了晚上还不尽兴，又撑起彩绸帷幔遮挡周遭，高燃红烛，恰如白昼一般，再令美女劝酒，如此殷勤不休。时间久了，来客都惊讶夜色何以不尽，等到撤去帷幔，已是次日晚间。这当然是撑脸的事，意在炫耀显贵，还有表露自己与太后关系特殊的意思。但据《宋史》本传记载，他虽然富甲一方，生性其实极为吝啬，尤其是对自己家人。他在家中竟设置店铺，家人、奴婢所需日用百货，都要在自家的店里购买，真是肥水不流外人田。他还懂得一些医术，所以又亲自为府内人员切脉看病，并出售药材，所谓"欲钱不出也"。如此做派，也难怪遭到士人的耻笑，宰相王曾便公然当着太后的面轻蔑地称呼张耆为"一赤脚健儿"，即是将他视为一介兵丁。

直到明道二年（1033）刘太后驾崩、仁宗亲政后，张耆才离开枢密院，以护国军节度使的身份出判许州（今河南许昌），之后历任六州长官，改封徐国公。最终，张耆在"安佚富盛逾四十年"之后寿终正寝。张耆死后，朝廷特赠以太师兼侍中的高官，但礼官们没有忘记给他选定了略含贬义的谥号"荣僖"。像张耆这样一个庸人，坐镇枢密院多年，在今人眼里真是匪夷所思，在专制王朝时代倒不稀奇，因为当年的同类者还大有人在，比如杨崇勋其人。

杨崇勋出身军人世家，早年与张耆一样，都在东宫追随过做太子时的真宗，故两人算是老相识、老伙伴。但他与张耆还是有所不同，他当年干的是卫士的事，不如张耆更贴近主子，另外与刘皇后也没有特殊关系，故升迁不如张耆那般神速。但不管怎么说，杨崇勋还是要比大多数人幸运，在真宗称帝后逐渐受到重用，短短十余年间便官至客省使兼领群牧使，加授防御使衔，也算高级武官。

杨崇勋较张耆心眼多，大约更急功近利些，故敢做些阴险投机的勾当。真宗晚年多病，时常神志不清，此时宰相寇准与枢密使丁谓发生激烈的权力斗争，丁谓背后有刘皇后支持，这就为投机分子提供了可乘之机。风云变幻之际，杨崇勋迅速做出选择，站在了分量更重的丁谓和刘皇后一边。他密告寇准与宦官谋划拥立太子称帝，也就是图谋政变，为整垮寇准提供了口实，从而获取得势者的赏识，并得到超授观察使官衔的犒赏。仁宗初年，刘太后当权，杨崇勋自然受到提拔，历仕殿前都虞候、殿前都指挥使等重要军职，跻身禁军主要统帅行列，并获得节度使头衔，先后在河北等地坐镇统军。就此而言，杨崇勋虽然与张耆都属于攀附上来的人，亦没有什么军功，但品行更为恶劣。

明道元年（1032），杨崇勋出任枢密使。说起来，他之所以也能与张耆一样担当此要职，还在于刘太后的提携。据说，刘太后对已经成年的仁宗皇帝说：先帝最信任杨崇勋，称道他"可任大事"，于是遂有这一升迁任命。真宗是否说过此话不得而知，很可能只是一个借口，但依旧垂帘听政的老人家金口一开，谁敢不听？然而，杨崇勋除了曾在协助刘太后打击政敌寇准的活动中有过突出表现外，从其以往的经历上看不出有什么"可任大事"的记录，以后直至其死去，也未有什么惊人的业绩。倒是他喜好中伤他人的毛病相当有名，他经常利用私下入奏的机会揭发人之长短，故令人畏惧，令人生厌，因此偶尔也会遭遇点难堪。

当年杨崇勋任禁军大帅时，一次雨后应召赴中书议事，他满不在乎穿着带泥的靴子就要登堂，还是那位宰相王曾一瞧其举动，便不客气地阻止他继续向前，更不按常礼让座。想必杨崇勋颇为尴尬，只得在堂下汇报，然后悻悻退出。翌日，王丞相立即上奏弹劾他无礼。但王曾还算宽厚，理解武夫生性粗鲁，"不知朝廷之仪"，所以随之又入宫请求释免其罪。不过物以类聚，也有个别大臣眼见他与宫闱关系过从甚密，主动与他交往，昏老的宰臣张士逊便是一位。一日，朝廷举行一项隆重的礼仪活动，张士逊竟糊涂地跑到杨崇勋家园子里喝酒，一个是宰相，一个是枢密使，宾主俩一时将大事抛到脑后，直喝到中午还没散去，这下惹来麻烦。

事后，御史弹劾他们醉酒误事，有失体统，他俩当即遭到罢官处分。此时，刘太后已死，杨崇勋失去靠山，被打发到地方衙门，不过他同样也拿到使相的丰厚待遇，不影响过养尊处优的日子。

以后，当辽朝以武力要挟宋朝增加岁币时，他主动请缨，遂被朝廷选为大将出镇河北要地定州（今河北定州）。但他上任后，昏老无能，惹得上下不满，所以不久又被调回内地。再往后，他因为受到不肖之子贪污罪行的牵连，才被勒令退休。庆历五年（1045），年老的杨崇勋病死，朝廷考虑其生前的地位，依照规矩特赠给太尉官衔，谥号则为"恭毅"，稍好于张耆。当日，史家在记述其死事时，没有忘记将其脾性及生前的一件趣事告诉后世："性贪鄙"，曾役使属下士兵为自己打造"木偶戏人"，然后把这些木偶涂抹成红白两色，运往京师市场出售获利。真是贪心的本性难改，连大臣体面都不要。

北宋中叶出的张耆、杨崇勋，乃一时军界头面大人物，高居禁军大帅、军政首脑之职，却是十足的庸将，一生既无突出军功可言，也无任何政治建树可提，加之品行低劣，终为当世人所诟病。宋代史家王称为他俩写传时只能无奈地说："耆、崇勋材质庸下，致位将相，盖出幸会云。"而元人修史时则毫不客气地讽刺道："奋闾茸，位将相，皆骄侈贪吝，恃私恩，违清议，君子所不取也。"但两人却皆因为有宫廷的特殊背景，坐拥权贵，不必过多费心公务，也无须操心物议，实实在在享受过富贵安逸的日子，家族后裔也沾光不少。才能使然乎？机缘使然乎？时势使然乎？后世自有清晰的评说。

诗书之将刘平

宋仁宗康定元年（1040）元月间，正是黄土高原一年里最寒冷的时节，在今天陕西延安城西北不远的三川口，风雪交加中，万余疲惫的宋朝军队中了西夏主力的埋伏。激战三天后，除少数人逃脱外，其余人马全部覆没。随之，西夏皇帝元昊乘胜挥师东向，围攻北宋西北军事重镇延州城（今陕西延安市）。幸而大雪不止，延州城垣布满了冰霜，实在是严寒难耐，夏军无法得手，才被迫撤退。

战报传至京师开封，宋朝君臣为之震惊，因为自一年前对夏战争爆发以来，虽说在战场上接连失利，但尚未出现如此惨败，特别是两员统军大将刘平与石元孙也陷没沙场。震惊之余，又接到逃出来的监军宦官黄德和的一份奏报，指控刘平降敌，这在一贯讲求忠君气节的本朝眼里，实在是罪莫大焉。朝廷遂立即调发禁军包围刘家，将其家属收押，并命御史文彦博等人前往审讯，一时朝臣们议论纷纷。不过，大多数文官向来不信任阉竖之人，还是希望掌握实情，于是又派人专赴前线查访。

不久，调查结果出来了，刘平属于战败被俘，最终还因"骂贼"遇害，这自然是忠臣应有的结果。于是，诬陷者黄德和成为这次败绩的替罪羊，被勒令腰斩处死，刘平家属获得释放。随后，刘、石两位将军的忠勇事迹得到朝野的高度评价，获得诸多优厚赠典，封妻荫子，其中刘平被追赠朔方军节度使兼侍中，谥号壮武，其妻赵氏获封南阳郡太夫人，刘氏子弟中凡有官位者都获得优先升迁，无官名者则都予以录用。须知，从二品的节度使乃当世武臣名位的极致，俸禄甚至优于宰相，侍中原本是唐朝三省之一的门下省的首脑，最初为宰相之职，以后直至宋代都是高官大臣才能拥有的隆高虚衔，更不用说刘平的家人子弟也因此获得优抚。当年名将杨业父子英勇抗辽，战死疆场，其功业几无可匹敌，事迹惊天地泣鬼神，也不过如此，是故刘平理应死而无憾了。然而，熟悉本朝军政界瓜葛的人，也许还要为刘氏鸣不平，因为这位死难将军原本是朝中一名前景看好的文官，若非意外踏入军旅，也不至于最后连尸骨都找不到。

一

刘平是一位经历颇为奇特的将官。他生于开宝六年（973），即宋太祖开国后的第十三个年头，家在京城直辖的祥符县（今河南开封）。其父刘汉凝是一名行伍出身的武官，曾追随宋太宗亲征北汉，因连克两城而立有军功。在宋真宗景德元年（1004），曾奉命以北边巡检的身份率军配合大将荆嗣，在莫州（今河北任丘北）一带阻击过辽朝南伐大军。澶渊之盟签订后，宋辽休战，刘汉凝才被调回内地，以后出任淮南西路兵马都监。这得说明，宋朝除了京师开封驻扎重兵外，其余军队主要集中在河北、河东和陕西前线，内地各路驻军不多，因此刘都监在淮西统领的兵马数量有限。刘汉凝最终的头衔是正七品的崇仪使，只能勉强算是中级武将。

刘平出身将门，虽受家庭环境熏染，自小练就过人功夫，能骑善射，并形成了"刚直任侠"的秉性，但却没有走大多数将家子弟随父从武之路。显然，他深刻理解了朝廷倡导"崇文抑武"的决心，意识到靠武勇出人头地的时代已经过去，于是志在科举，发愤读书，而将荫补低级武职的机会让给了自家兄弟。

景德二年，刘平在33岁时科考中进士，虽说算不上少年得意，却已大大超越同类，跻身士人行列。唐人即有"三十老明经，五十少进士"的说法，这种情形在宋朝仍大致依旧，时人称"焚香礼进士，撤幕待经生"。还有自唐代以来惯例，便是科场出头者都极重同年之谊。刘平的同年进士共有247人，其中状元李迪最终做了宰相，探花李谘成为枢密院长官，还有宋哲宗朝宰相和大史学家司马光的父亲司马池等人。日后，同年中多位当权者的确对刘平多有关照。

宋朝官场最重科举，由此入仕为科班正途，公卿大臣几乎皆由此出，甚至平民子弟也能因此晋身宰相，而其他的官僚子弟荫补、吏员出职以及军功之类途径，都属杂班，其升迁远不及科举出身者。刘平生逢其世，既把握准了方向，随后便一路坦途。

刘平做的第一个官职是从九品的无锡（今属江苏）县尉，专责本县治安。无锡属太湖流域县份，本居朝廷财赋要地和富饶之区，但当时却从浙西流窜来一伙大盗，为首者擅使长枪，诨号"刘铁枪"，搅得四乡不宁。元旦之日，刘平去县衙拜访知县，不曾想昏聩的知县竟摆出上峰的架势，坐在椅子上慢待众人。刘平原本就看不上这位考经书出身的老朽，再遭到如此待遇，刚直率性的脾气哪里受得了，当下就冲上去将知县拉下坐椅，痛殴一顿，全然不顾惊慌失措的同僚劝解。当大伙匆忙救走长官后，他却从容回家，还酣饮至醉倒，竟不把发生的事放在心上。消息传出，满城的人议论纷纷，有说刘县尉胆子太大要倒霉，有说以后盗匪如何应付。"刘铁枪"一帮人闻知，更肆无忌惮，结伙到城外市场聚众喝酒。不料想，刘平早派人暗中一直跟踪，故及时获悉了强盗动向，他立即带领弓箭手将对方包围。刘平一马当先，亲手挥斩酩酊大醉的"刘铁枪"与五名骨干，随之将其余二十多人收捕。由此可见，青年时代的刘平胆气逼人，敢做敢当。事后，知县将他平贼和殴打上司的事一并汇报朝廷。想必是解除了难缠的地方祸端，所以负责本路民事财政的长官——转运使对刘平评价颇高，便予以荐举，结果他不仅没有倒霉，而且因功获得提拔，升任开封府内的鄢陵县（今属河南）知县。这倒确是少见，素来注重礼法的朝廷没有追究其以下犯上之罪。

　　在地方官任上，刘平还有机会显示超常的应变能力。不久，他调任南充县（今四川南充市）知县，又奉命以泸州（今四川泸州市）代理知州的身份率三千土丁，击退周边夷人部族的进犯。

　　大约在宋真宗大中祥符八年（1015），刘平因父亡而解官奔丧。在返京途中遭遇十余匪徒抢掠，他操弓连发，当场击毙三人，其余惊骇逃散。刘平的强干作风和事迹，引起大臣的注意，故相寇准还亲自向朝廷举荐。于是，他被正式提拔为泸州知州，其官衔也迁为正八品的殿中丞，夷人部族慑于他的声威，都不再敢侵扰生事。

翌年，刘平调任内地州郡。赴任路上，先行的家人再遭盗贼抢掠，他因未能同行而无可奈何。好在他为官清廉，行囊有限，只失去一把银扣长剑和一条值点钱的腰带。

天禧元年（1017）五月间，刘平奉召入朝，出任正八品的监察御史。依本朝规矩，监察御史是朝廷最高监察机关的御史台的官员，官阶虽不显赫，但肩负监督弹劾百官之责，从来受到天子和朝臣的重视。初任言官，他就勇于论事，直指弊政，给人留下深刻印象。

两年后，刘平兼任三司盐铁判官，也就是获得中央最高财经机关的兼职。三司下辖户部、盐铁、度支三部，判官属各部的副职，权责也不算小。当年，他又被选为出使辽朝的贺正旦使臣，代表本朝持节出使辽国祝贺新年。就在天禧四年，他迁任从七品的殿中侍御史之际，几年前抢劫其家属的盗贼被抓获，失去的两件物品退了回来，天子获悉案情后，对其清廉颇为赞赏。

从政十四个年头，从地方到中央，阅历已不算浅，而47岁正是精力旺盛之时，加上有皇帝的好感，于是刘平放开手脚，不避权贵，数次上疏批评朝政。但因此得罪宠臣丁谓，从此埋下倒运的种子。

据记载，宋真宗因赏识刘平才能，打算重用他。善操权术的丁谓却找机会对皇帝说：刘平是将门之子，素来知兵，若派他到西北统军，足以克制党项。丁谓的这番恭维言语，其实暗藏算计，不仅当即打消了天子的念头，以后也断送了刘平光明的文官前景。

宋真宗晚年多病，大概患有中风偏瘫症，故时常不能理政，丁谓遂与刘皇后结为内外同盟，党同伐异，将复职不久的宰相寇准和继任者李迪先后排挤出朝，就此把持朝政。寇、李二人都与刘平有关系，一位曾是保人，另一位则是同年，可谓其朝中奥援。靠山倒了，其官运自然不畅。当陕西转运使出缺时，刘平虽获得委任，但不久就因与副职发生不和，被贬到襄州（今湖北襄樊市）做知州。

二

乾兴元年（1022）二月，宋真宗病死，年仅十三岁的独子即位，是为宋仁宗。由于新皇年幼，刘太后便顺理成章垂帘听政。这位原本蜀中舞姬出身的太后，虽出身卑微，但凭借美色和过人的心计，专宠后宫多年，在宋真宗晚年已掌控宫中实权。不过她却有一大憾事，就是不能生育，最终只得将李姓宫女刚出生的婴儿收在身边养育。为使唯一的皇嗣绝对孝顺自己，她除了严令宫人、宦官不得议论小皇子身世外，更采取了严厉的教养手段。在这样的环境下，宋仁宗被调教成十分温顺的孩子，对母后相当敬畏。

刘太后垂帘之初，朝中便发生了一次激烈的斗争。首相丁谓弄权多年后，结怨甚深，大失人心，已成为政治包袱。于是，当参知政事王曾密奏丁谓与大宦官雷允恭勾结及专权不法时，刘太后便抛弃了昔日的盟友，下旨将丁谓及其党徒贬逐出朝。朝堂风云变幻之际，对身处襄州的刘平而言则是拨云见日。他先是被提拔为从六品的侍御史，此官在御史台是仅次于长官御史中丞的职务,又可接近天子。次年,也就是天圣元年(1023)初,再被征召回朝,恢复三司盐铁判官的差遣,时任三司长官的三司使李谘,正是刘平的同年故交。看起来,他在年过半百时好运仿佛又都回来了。

有道是运道不定,命运无常。当年六月间,对夏前线的环庆路副都部署田敏,因故免官。距开封几千里外的这次武官人事变动,原本与刘平扯不上任何关系,但不知是何人何居心,又以何种方式提醒垂帘太后,在商议接替人选时,让刘太后想到昔年丁谓对先皇夸赞过刘平的浑话。于是,朝廷下诏令刘平由文官改换武职,从侍御史、盐铁判官转为衣库使、环庆路兵马钤辖,兼任邠州(今陕西彬县)知州。依照惯例,衣库使名为负责内廷衣库,其实只是复杂的武职阶官之一,官衔不过正七品。钤辖才是差遣带兵的实职,但级别却低于副都部署。事实上,受当时文尊武卑风尚的影响,文官少有从武的意愿。总之,在朝臣眼里刘平新任官位,比之于原来职务要差得多,也与其本人多年的夙愿相悖。从此,他无奈脱离文士圈子,踏入武人行列。

邠州地接对夏前线,沿边又有许多归属的羌人部族,故武装冲突在所难免。以刘平的出身性格来看,绝非无为怕事之辈,因此很快就适应了新的角色。当时,明珠、磨糜等部落反复无常,不仅首鼠两端于朝廷和西夏之间,有时还协助党项人骚扰边境。为了稳定边防,刘平大胆潜师出击,杀伤其数千人,遂收服诸部。之后的几年里,他又先后调任鄜延路、泾原路兵马钤辖,仍在西北前线统军,也有值得称道的业绩。

大约在天圣六年(1028)初,刘平以泾原路钤辖的身份兼任渭州（今甘肃平凉市）知州。渭州乃军事重镇，防守职责甚重。就在刘平打算进一步施展拳脚之时，老冤家丁谓的门徒胡则出任陕西转运使，成为他的上司。早已心存积怨的刘平，哪里还能忍受下去，于是上奏天子，抨击胡转运为丁党余孽，并表明自己素与丁谓不和，担心受到其余党报复。当是之时，失势的丁谓已沦为阶下囚，其党羽也都声名狼藉，因此刘平的奏疏很快得到回复，他被调往内地的汝州（今属河南），胡则也被免除陕西转运使的差遣。

刘平到汝州上任不久，又改任淮南江浙荆湖六路制置发运副使。此职是朝廷负责漕运管理的副长官，衙门设在真州（今江苏仪征）。很快，当政者就意识到理财非其所长，所以他仅走了几个驿站，便接到新任命状，改任雄州（今河北雄县）知州。

雄州位于河北对辽最前线，辖区不大，但军事防务十分重要，宋初以来，知州一职都由武将出任，通常还兼任缘边安抚使，即负有处理边界事务职权。刘平在此做了四年郡守，好在当时朝廷与辽朝关系正常，边境无事，他除了解决本地民事问题、提出防御建议外，重点在于侦察辽国各种情报，及时上报中央。明道元年（1032），他的加衔从刺史升为团练使，改任成德军（今河北正定）长官。

次年，专横的刘太后在垂帘十二年后死去，宋仁宗亲政。正是"一朝天子一朝臣"，专制时代的政治法则一贯如此，缺乏远见的人迟早都要自食其果。一时朝堂上再度发生重大人事变动，逢迎追随太后者大多被驱逐出朝，而另一批人得到重用，其中包括刘平的同年故交李迪、李谘等人都入主中枢。于是，刘平从武以来的官运转眼就顺畅起来。

之后一年间,也就是景祐元年(1034),刘平先后官拜龙神卫四厢都指挥使、侍卫亲军步军都虞候,加衔也从团练使迁为防御使,并先后差遣定州(今属河北)知州、环庆路副都部署。须知,龙神卫四厢都指挥使、侍卫亲军步军都虞候都是中央禁军的高级军职,当时被称为"管军",其中后一职务,又是禁军三大统兵机构之一的侍卫亲军步军司的第三把手,官阶从五品。

自宋太祖"杯酒释兵权"后,本着分权和抑制的原则,禁军主帅职务——殿前司正副都点检、侍卫亲军马步军司正副都指挥使等,已不再轻易授人,侍卫亲军马步军司也逐渐一分为二,被肢解为马军司、步军司两个机构,形成鼎足三立的禁军统军三衙,分别以正副都指挥使、都虞候为管军将帅。到第三代的真宗朝以来,三衙都指挥使因地位显赫,故间或缺位,又将低一级的龙神卫四厢都指挥使升入管军之列。

当然,刘平获此委任,是不用到京师就职,但却标志其军中的地位。至于防御使,则是本朝武将特殊官衔序列中的一级,属中高级武官加衔。定州是河北对辽防御体系的战略中心,重兵云集,从来都是大将高官坐镇,是故定州知州为刘平此次最重要的差遣。

这里还得说,按宋朝官场规矩,官衔仅表示地位和俸禄的高低,但并不反映职权所在,差遣才是实际掌握的权责,因此宋人重差遣而轻官阶。像欧阳修、苏轼曾分别官居兵部尚书、礼部尚书,却从不理兵部和礼部里的公务,而是分别差遣到青州(今属山东)、定州做知州,青州和定州衙门才是其实权所在。

在刘平赴定州上任时,宋仁宗对身边臣僚感慨地说:刘平,真所谓诗书之将也!天子金口玉言,颇有倚重刘平这位儒将的意思。同年,当元昊骚扰边境后,他又受命接任环庆路副都部署。临行前,宋仁宗亲自在宫中召见了刘平,交谈之下,对其将略颇为赞赏,称道:"知卿有将略,故委以边寄,卿其勉之!"表达了朝廷对他寄予的厚望,并当下赏赐铜钱百万。

人得意时不免忘形,刘平一朝发达,竟有些把持不住自己。在环庆路就职期间,一次他喝醉了酒,兴头上不顾禁令,命手下破开武库的铁锁,入库翻看兵器甲仗。本朝最忌动武兵变,平时各地的甲仗库都是紧锁大门,只有战时方能开启动用。陕西转运使苏耆获悉,立即奏劾刘副部署乱纪,监察机关的言官接着弹劾。他当年也做过御史,自然熟悉这套路数,所以反复自辩,但最终还是被罢免了步军都虞候的军职,调任同州(今陕西大荔县)知州。当时,李迪遭到首相吕夷简算计,已离开次相之位,好在李谘升任知枢密院事,此职与枢密使同为枢密院长官,因此中枢格局对刘平不会有太大影响。

不久,刘平上疏陈述御边方略,得到天子召见。宋仁宗显然对他仍存好感,于是恢复其管军官衔。随之,改任澶州(今河南濮阳市)知州、沧州(在今河北沧州市东南)副都部署。

历练政坛多年后,当年直言弊政的刘平已发生不小的变化,年近花甲的他也熏染了官场的一套权谋,必要时也迎合朝中权贵,因为下属官员的前程皆操于其手,真是一言可废,一举可得,荣枯两重天。景祐三年(1036),代理开封府知府范仲淹不满首相吕夷简多年主政,致使朝政积弊丛生,遂连续上奏天子抨击吕氏专权。吕夷简素受宋仁宗信赖,亲信故旧又遍及朝廷要津,敢于附和批评者只有余靖、欧阳修等几位文官,因此范仲淹自然遭到打击报复,被贬黜出朝。当官员们群起围攻范仲淹之际,身在河北军营的刘平也乘势投机了一把,他上书攻击范仲淹诋毁大臣,又有越职行为云云。显然,此举属讨好当权者的行为。果然,随后他迁官殿前都虞候,并改高阳关(今河北高阳县以东)副都部署。

三

宝元元年(1038)十月,蓄谋已久的元昊抛弃了宋朝赐封的各种官爵,在兴庆府(今宁夏银川市)正式称帝。十二月,西北前线才将消息报送到开封。面对这一事实,君臣不免感到愕然,因为就在三个月前,朝廷才处理完一件涉及元昊谋乱的棘手事件。此事原委大致是这样:

是年九月中,元昊的一位堂叔赵山遇派人到金明寨(位于今陕西安塞县东南,延安市以北)请降。据来人说,元昊不久前召集境内部族首领聚会,商议分兵三路伐宋,凡有人提出异议,立即遭到杀戮。赵山遇因曾数次劝谏过元昊,惧怕被杀,所以打算归降朝廷,并愿意提供西夏内情。随之,赵山遇又与驻守金明寨的守将李士彬约定,由他率妻儿亲属数十口及所属部落来归,并将自己积存多年的大量珍宝寄放在李士彬处。

然而,当西夏降将举族抵达保安军(今陕西志丹县)时,该区域最高军政长官的延州知州郭劝却狐疑不敢接受。李士彬看到上司态度消极,也改变了主意,他为了私吞贵重的宝货,竟背信弃义地否认了与对方的协议。郭劝随即传令沿边守军不许擅自接受西夏降人，又向朝廷上奏反映了处理意见。于是，天子降诏陕北各地，如遇到赵山遇手下的人，当即令其返回，以免影响边境安宁。接到诏书后，郭劝便要遣返来人。此时，赵山遇告诉这位朝廷知州，自己出降前曾遭到许多亲属的反对，母亲为了不至于拖累他，竟让儿子烧死了自己，所以他无论如何不能返回。但是，郭劝等人惧怕生事，又不愿相信元昊会撕毁数十年的议和条款，所以冷酷地拒绝了降人的恳求，最终还是派军队将他们押送出境。当赵山遇及家人被递解到西夏境内后，元昊率骑兵赶来，一阵乱箭将出逃者射杀。

正所谓"天无二日，地无二主"。以往藩臣骚扰边疆，甚至于烧杀抢掠，朝廷尚能容忍，以宽厚的态度对待这些不知礼义的戎狄，而其一旦自命天子，便是对本朝权威的对抗，自然就无法再宽恕下去。战争是政治的继续，朝廷与西夏的政治冲突既然到了不可调和的地步，剩下的解决办法唯有一条，就是武力对付。

宋廷得到元昊称帝的确切消息后，立即做出了强硬的表示：首先，任命三司使夏竦知永兴军（今陕西西安市）兼永兴军路都部署，吏部侍郎范雍为延州知州兼鄜延路都部署及鄜延、环庆路经略安抚使，同时授予夏、范两位文臣节度使头衔，令他们二人分别负责陕西地区的防务；其次，向陕西和河东地区下诏，断绝沿边与党项的边境贸易；再其次，向各地诏告搜捕西夏间谍，有捕获一人者赏钱十万；最后，授予吐蕃大首领唃厮罗节度使官衔，赏赐财物，以动员其对元昊用兵。

第二年六月，宋仁宗再向天下传诏张榜，宣布削除元昊一切官爵，并招募人刺杀元昊，如有人能献其首级者，即授予定难军节度使之位；西夏境内各族首领有能归顺者，也予以推恩奖赏。看到这一诏书的文字内容，不知葬送了赵山遇举族性命的官员作何感想。

就在元昊公开反宋之前，刘平已从河北调往西北，出任环庆路副都部署。当年年底，朝廷因备战需要，又改任他为鄜延路副都部署，兼鄜延、环庆路安抚副使，加衔由防御使提升为正五品的观察使，驻守延州（今陕西延安市）至庆州（今甘肃庆阳市）一线。翌年，再兼任管勾泾原路兵马，管军头衔升为侍卫步军副都指挥使，加衔则提升为静江军节度观察留后。这还要说，步军副都指挥使是三衙中的侍卫步军司的副统帅，北宋历史上从未有过文官出身者担任此职，唯有刘平一人而已；而节度观察留后则仅次于节度使，属正四品，通常加授高级将官。更值得关注的是，刘平一人身兼鄜延、环庆、泾原三路将职，是朝廷御夏四路防区最有实权的武将。就此而言，刘平的确成为当世转换武职的儒将中地位最显赫者，前后与其有类似经历的人还没有一位获此殊荣，包括同时代战绩超过他的良将张亢。

在此期间，刘平根据多年的带兵经验，针对敌我态势数次提出攻防对策，《宋史》本传保留了其中的一段文字，扼要如下：

> 党项割据以来，虽曾称藩臣，但占据疆土，坐拥蕃汉民户，蓄甲治兵，窥视内地，朝廷不得不在鄜延、环庆、泾原、秦凤四路严加防备。
>
> 如今元昊在位，政刑惨酷，众叛亲离，又与西面土蕃唃

厮罗部结怨,此乃天亡之机。臣闻寇不可轻,敌不可纵。一旦党项西与唃厮罗结盟,北与契丹联合,则何以应对?

现元昊势力未强,若乘此集中四路兵马,加上蕃汉弓箭手,可得精兵二十万,三倍于敌,分兵两道,不出一月,可收复横山(即今天陕北的横山山脉,原名白于山,位于今陕西定边、靖边以南,吴旗、志丹、安塞、子长以北)高地。再遣使招抚唃厮罗部,以压迫元昊。然后从河东北部渡河西进,分化其控制的其他部族,削弱其实力。最后以大军出征,元昊只能逃窜为穷寇,何能为患!

另外,西夏境地不产五谷,每岁粮秣,取自于洪、宥州(今陕西定边、靖边之间)。而当地羌人骁勇善战,党项恃此以壮声势。我若取得此处,可以横山为界,依高据险,下瞰沙漠,屯兵镇守,拥有天险。

但他的建议却未见回音,大概违背了本朝太宗以来奉行的用兵原则,即宁肯分兵把守,也不愿集中军力,其宗旨是防范将帅擅权。

刘平虽说是本朝科举文臣出身的大将,且地位颇高,但依当时惯例,只能出任文官主帅的副手,这就是宋仁宗朝"以文驭武"治军原则的产物。他自转为武官身份后,便不能真正独当一面,所以无论是在陕西还是河北,总是只能做副都部署的原因所在。当日他的顶头上司是刚从内地调来的文臣范雍,他的行动必须服从哪怕是没有沙场经验的书生调遣。对此,刘平即使不服,也无可奈何。

说起来，用兵作战原本属于军事将领的专责，武将的角色要求其精于兵略，勇于拼杀，正如同文臣既要通晓文翰，又要擅长行政管理一样。也就是说，文武官员角色分工有别，而这种分工又不能彼此混淆。自古以来，还少见依靠毫无作战经验与军事头脑的文官取得胜利的。战国时代，赵国书生赵括的"纸上谈兵"葬送了四十万大军，即是教训。然而在宋朝就设计出这样的规矩。一切仿佛命中注定，刘平就要栽在这身武官的外衣上了。

话又回到开头的三川口之战。康定元年正月初，元昊遣人向延州知州范雍伪降，素无军事经验的范雍竟轻易相信了对方，他一方面立即向朝廷汇报此事，另一方面便放松了警惕。元昊利用范雍大意之际，亲率十万大军从土门（在今陕西安塞县西北70公里与靖边县交界之处）一路南下，声言进攻延州西北的保安军，却突然袭击并攻陷延州城北面的要塞金明寨，俘虏守将李士彬。这位曾私吞党项降将宝货的李士彬，原是当地部族豪酋，人称"铁壁相公"，手下部众甚多，被朝廷委任为金明寨都巡检使，负责守卫延州北面的要塞。

元昊攻破金明寨后，随之兵临延州城下。事发过于突然，因为在西夏军南下之初，范雍命令驻守庆州的刘平与驻扎保安军的石元孙率军急赴土门阻击。眼见党项大军突然袭来，延州城面临危险，范雍惊惧之下又火速派人将刘平、石元孙从前线召回。刘平等人无法自主用兵，只能服从命令返回。当他们冒雪昼夜跋涉，于正月二十二日抵达三川口时，便与西夏主力相遇。从有关记载来看，元昊用兵大胆精妙，常常采取围点打援的灵活战术。这一次，刘平率领的万余步骑便正中埋伏。

面对强敌，刘平倒是胆气不减当年，依旧敢打敢拼，他指挥军队在河边以偃月阵迎战，屡次打退对方进攻，杀伤党项军数千人。但宋军到底是实力有限，招架不住骑兵连续围攻和密集的弓弩射击，亲自督战的刘平左耳、右颈都被流矢击中。激战两日后，位于后阵的监军宦官黄德和，竟率领部下千余人临阵脱逃，导致军心动摇、阵营溃散。第三日清晨，元昊举鞭指挥大批骑兵四面合击，遂全歼宋军残部，并俘获刘平与石元孙。

　　三川口之役是宋朝对夏交战后的第一次惨败，损兵过万，又连失两员大将。消息传到开封后，朝堂上一片唏嘘之声。以后该惩治的惩治了，该抚恤的也抚恤了，但天朝上国为何败于一撮西戎之手，却是朝野心头挥之不去的疑问。

　　从传世宋夏两方支离破碎的文献记载中，后世大致还是能理出个头绪。细究宋军败绩的原因，固然是实力对比悬殊，西夏军不仅兵力占据优势，其战斗力也十分惊人。当年元昊蓄谋反宋，故昼夜打造兵器、训练士卒，组建了一支重装甲骑兵，号"铁鹞子"，行动迅捷，冲锋陷阵，无坚不摧；元昊又是一代枭雄，用兵既大胆又老辣，善于集中力量在运动战中歼灭对手。反观宋朝，虽总兵力超过对方，但在漫长的防线上分兵固守，造成兵力分散；全面防御，使得主动权操于元昊之手，致使处处被动挨打；骑兵数量有限，军队缺乏快速反应和机动性。还要提到的是，此次战役暴露出书生文臣指挥的失误。素昧兵略又无战场经验的范雍指挥无方，临阵便乱了方寸，先是派兵主动远程阻击，接着又撤回防守，全无缜密应对之策，最终将万余部下糊里糊涂送上了死路。

三川口之战后，范雍从吏部侍郎左迁户部侍郎，失去节度使头衔，被调往内地州郡任职，这只能算是对其失职的薄惩，因为主政大臣们也无法在既定的框架下追究其责。

四

刘平和石元孙家人在蒙受无比伤痛之后，因朝廷的抚慰、赠典，也就渐趋平和。两家虽身世背景不同，但子弟们倒是因祸得福，在仕途上更进一步。

先说石家的情况。这位石元孙身世非同一般，他乃是本朝开国第一元勋石守信的孙子，当年若非负责开封城防的石守信积极配合，后周的殿前都点检赵匡胤也不会顺利"黄袍加身"。因此，本朝创建后石家满门富贵，石守信之子石保吉还做了宋太祖的驸马，官居节度使。真正是一人功成，全家享福。

石元孙年纪不大便因祖父缘故荫补入仕，一出道就是从八品的东头供奉官。到三川口战前，已官居殿前都虞候、鄜延路副都部署，加观察使衔。这次献身疆场，又为家人带来荫福。当朝廷得知他战死后，即追赠其定难军节度使和隆高的太傅名号，并录用其子孙七人为官。

再看刘家的情形，更是不同一般。刘平之弟刘兼济，早年因兄长让位，获得荫补机会，做了低级武官。刘平出事前，他的官衔才是正九品的左侍禁，差遣为前线的笼竿城（位于今宁夏隆德县）守将。因朝廷抚恤乃兄缘故，特授正八品的内殿崇班，升任原州（今甘肃镇原县）知州。临行前，宋仁宗召见并勉励他说：

国忧未除,家仇未报,卿不可不尽力啊!他日后历泾原路钤辖、雄州知州兼河北缘边安抚副使等,官至正六品的西上阁门使,加刺史衔,这都是后话。

除刘兼济外,刘平的其余十五位子弟也都得到官职照顾,真是皇恩浩荡。其中刘平次子刘贻孙荫补从武,以后也官居西上阁门使,除长子从文职外,其余五个儿子皆荫补武职,后来大致做了下级至中级武官。

命运有时就是会摆弄人,将本已圆满的结局撕破。庆历四年(1044),元昊向天子称臣,签订"庆历和议",朝廷大松了一口气。次年五月,朝廷却突然收到西夏的报告,说要将石元孙送回。当年褒奖过的忠臣烈士竟然活着,也就是苟活做了俘虏,这真是令君臣大失颜面,以后还如何向国人提倡"杀身成仁"?朝臣们义愤填膺,不少人要求将其斩于边界,以雪国耻。最后还是首相贾昌朝清醒豁达,劝解天子宽恕了事。好在本朝天子历来宽厚待臣,少有杀戮,秦朝动辄荼毒臣僚、汉代灭绝李陵一门之类的事,一直是作反面教材宣讲。当然,人可以不杀,但赠予的所有官爵都要追回,再将本人押送到偏僻的全州(今属广西)监管起来,并断绝其与外界的联系。正因为如此,这位降将的子孙无法显于官场。

石元孙此时已到垂暮之年,在全州被软禁了一段时间,因范仲淹等人的同情,才内迁到许州(今河南许昌市)居住,但仍受到监管。他最终在郁闷无奈中死去。

石元孙的回归,还带来了另一个坏消息,刘平不仅也活着,而且在西夏这五年间还娶妻生子,真正是令人难以忍受。不过该忍还得忍，毕竟刘平没有踏入国门，党项官方也没有正式通报此事，大概知情的人也没有几位。为了本朝的脸面，只能佯装不知，将此信息视作传闻甚至谣言，严密封锁起来，石元孙被监管至死，可能也与此有关。因此，刘平及其家人获得的好处没有丢失。随着岁月的流逝和知情者的衰亡，此事也逐渐湮灭，至今仍留给史家太多空白。

看起来，刘平究竟是文臣出身，知书达理，特别是从古今史书中了然历代降臣的下场，所以绝对不返回故土，纵使乡愁折磨难耐，也隐忍不发，否则不仅自己一世英名毁于一旦，而且家族也要蒙羞受累，更不用说还要让家人丧失多少利益。两厢相较，便分出了高下，贵胄出身的武人石元孙就明显看不懂这些，放不下身段，竟执拗地要求回来，其下场凄惨实属咎由自取。

刘平在兴庆府如何度过余生，又死于何年，已无人知晓。可以肯定的是，他的尸骨埋在了今天银川的沙土之下。至于这位老将娶戎女后还生有孩子的事，也许真的是谣言，因为他被俘时年已六十七岁，显然过了生育年龄。

身处贺兰山下，遥望几千里外家乡的热土、京城的宫阙和那些熟悉的面孔，再回想从文换武以来走过的路，尤其是凛冽风雪中三川口那场恶仗，诗书将军刘平必定心潮起伏，难以平抑，又恍若隔世。

刘平也不必过于惆怅，因为多年后朝中仍有人念及他的声名，并因此关照其后嗣。在二十多年后的宋英宗朝，宰相韩琦还曾向皇帝称许儒将刘平的御边之策。他的幼子刘季孙，虽不过属于中级武将，却因其身世颇得士人同情。张耒便有"君家将军本缝掖，叱咤西摧贺兰石。一时成败何足论,要使英名垂竹帛"的诗句相赠。到五十年后的宋哲宗朝,做过天子老师的苏轼也曾向朝廷举荐他,理由是:刘季孙练达武经,研习边政,是因出自家学;而奋不顾身,临难守节,应当不减乃父。

阅刘平其人其事,不免使人思绪万千,而观其结局,则令人感慨叹息。作为蜚声内外的儒将,他并未在疆场上展示出足够的才能,从而建立赫赫战功,似乎盛名之下其实难副,若非最终三川口之役的结局,大概不会引起其生前死后更多人的关注。其实,从刘平的经历来看,其能力显然不成问题,完全有可能取得不俗业绩,但最终却武功不兴,酿成悲剧。但他终究没有获得过足够的用兵空间,倒是无法否认的事实。正是:"笛里谁知壮士心,沙头空照征人骨。"(陆游《关山月》)要说刘平命运不济的话,实在与当世复杂错乱的体制设计及时代氛围脱不了干系。

儒将张亢

一

宋真宗咸平元年（998），张亢出生于今山东菏泽市西北一带，当时叫临濮县。其父张余庆，其兄张奎，但家世不详。好笑的是，张奎以后发达，在西京洛阳做了知府，当地人奉承他长相与后唐的河南尹、齐王张全义一样，于是张氏兄弟便冒称张全义的七世孙。显然，张家出身并不显赫，才采用古人惯用的贴金伎俩，找来名人做祖宗。

张奎、张亢身世虽不足道，但兄弟俩倒是争气，先后科场折桂。张亢是在天禧二年（1018）进士及第，时年仅二十岁。按当时科举规定，一、二等成绩赐进士及第，三等赐进士出身，四、五等赐同进士出身。也就是说，张亢是在几万考生里高第考中。还得说，他生逢其世，正是朝廷大力鼓励弘扬文儒之时。据说是宋真宗御笔的《劝学诗》，亲自劝说天下有志之士锁定读书科考为人生目标，一旦成功，既有黄金屋、千钟粟等万贯家财，还有颜如玉。这足以说明张亢进士及第的荣耀，实为世人艳羡不已，大可光耀门楣，无愧先人。

张家兄弟科场得意，先后做官，不过两人性格、体貌倒不一致。宋人笔记称，小弟长得肥大，老兄身材瘦弱，彼此性情更是迥异，"奎清素畏慎，亢奢纵跅弛"，"世言：张奎作事，笑杀张亢；张亢作事，唬杀张奎"。大约是说为兄谨慎严肃，做事认真；乃弟性情粗犷，不拘小节。显然，张亢属喜好功名、豪放不羁类人物，这便与当时文人大多推崇儒雅意趣有别，由此埋下倒霉的种子。

如同时代进士入仕者一样，张亢先在地方任职，做过广安军（今四川广安）判官、应天府（今河南商丘）推官，属长官的僚佐一类。在应天府任内，他有过治理河渠、消除水患的惠民政绩，直到南宋还被追忆。宋仁宗天圣后期（大约1030年），他调任镇戎军（今宁夏固原）通判，地位仅次于长官。宋太宗以来，西夏崛起，从此西北狼烟不断，直到其酋李继迁死去，彼此才缓和关系。镇戎军是对夏前线重镇，防务职责甚重。张亢就任后，适逢西夏首领赵德明死，其子元昊继任。当时形势看似平稳，但颇懂军事谋略的张亢，却通过情报意识到隐藏的杀机，于是上疏皇帝提出预警，并连续十多次向朝廷献西北攻守之计。宋仁宗有意用其策略，不巧的是，张亢却因遭逢母亡而停职守丧。按规定，官员为父母守丧名为三年，实际折算为二十七个月，如因朝廷需要，也可随时对臣子夺情恢复任职。

时隔不久，辽朝在幽州（今北京）一带聚兵，宋廷获悉后不得不关注河北防务。张亢因此前的表现，遂立即被夺情，但却由原正七品的屯田员外郎转换如京使，即转任为同样品级的武职，调往对辽前线的安肃军（今河北徐水）任长官，时间约在景祐元年（1034）十二月间。上任前，他除了向皇帝表示愿身先士卒外，也分析局势，认为契丹不过虚张声势而已。

上述经历表明，张亢初出道为地方文官，已非平庸之辈。而后有机会接触西北边防时，性豪放、有胆识、喜功名的特性，又促使其积极报效国家，未雨绸缪发出预警，并不厌其烦地陈情"攻守之计"，因此得到朝廷的关注。由此也毅然走上弃文从武之路，起码从文献上没有看到他拒绝或者推卸的任何记录。

自宋初收兵权大致完成后，"崇文抑武"在朝廷已初露端倪，一些敏感的官员也嗅出个中深意。开宝五年（972）冬，宋太祖因四川动荡不安，镇守的行伍出身将领无力应对，便相中有武干之才的文官辛仲甫，令他改换武职，以出任兵马都监一职。辛氏满腹委屈，推托不过才被迫就任。此后，政坛形成明显的文尊武卑格局，很少有文臣愿转换武职。欧阳修笔记中有一个著名的故事人物陈尧咨，自幼好武，曾在与一卖油翁比试技能后，大受启发，终于练就超凡射术，博得了"小由基"（春秋时，著名射手名叫养由基）的佳号。宋真宗朝，陈尧咨以状元入仕，平步青云，成为天子近臣。后来，宋真宗受不了辽朝使臣炫耀武功，就打算提拔他改任高级武官，以接待辽使。陈尧咨因此遭到母亲棒打，只得推掉皇帝的安排。以后，还是由于遭到权贵报复，无奈从武，郁闷而终。而极个别主动换武的文官，后果似乎都不妙，如宋太宗朝的文坛俊杰柳开，主动换武后，仕途坎坷，长期困顿于地方，最终死于七品如京使的武官位上。不仅如此，他因有从武的经历，最终在士人笔端留下了嗜杀，甚至喜食人肝的传闻。正因为如此，武臣因长期遭受猜忌、歧视，精神状态和素质水平普遍下降；士人又少有愿意投身军旅者,这都导致宋朝存在将帅乏人的严重问题。宋太宗、真宗两朝边防常常吃紧,军队屡屡败北,便与此有关。由此看来,张亢慨然投身军旅,实属不易。

二

宋代官制下,挂名武官头衔的人,并不见得都参与军务,许多执掌仓库、监管税务、效力案牍、厕身宫闱,甚至服务医界的人,都归属武职系列。如宦官就全是依照武官资序升迁。但张亢不仅像前辈柳开、陈尧咨那样赴河北前线就任地方官,更长期在西北对夏战场出任带兵军职,或镇守一方,或指挥作战。可以说,他是真正经历了战火血光的戎马将军。

宝元元年(1038),元昊称帝,宋夏关系破裂。大致在此不久,张亢被调往西北,出任泾原路兵马钤辖,兼任渭州(今甘肃平凉)知州。渭州乃西部重镇,泾原路则为陕西前线四路防区之一,正北方面对西夏的中心地带,如当时人所指出:地势开阔,易攻难守,直接关系关中安危,"关中震惊,则天下之忧也"。当战争尚未爆发之际,当政者显然是看中张亢的才略和胆识,才赋予如此重任。

正是英雄须得用武之地。谋勇兼备的张亢适得其所,便大展拳脚。在对夏开战后,张亢多次针对宋军战场失利的原因,提出解决之道,如建议集中兵力和指挥权、减少主将与部队的调换、加强通讯保障、提高训练质量以及避免盲目出击等等,部分建议得到了采纳。从传世的宋代文献中,可以读到张亢的许多论兵奏议，其见解可谓有识、务实，多切中要害，确非一般武夫悍将或未经战阵的文臣所能虑及。但集中兵力和指挥权的良策，因关乎宋代分权御将的传统禁区，故被束之高阁。

张亢并非仅善于纸上谈兵，难得的是还勇于和善于用兵。庆历元年（1041），西夏军攻陷宋边陲要地丰州（今陕西府谷县西北至内蒙古准格尔旗之间），致使麟州（今陕西神木县城以北）与府州（今陕西府谷）之间联系中断，彼此军民只能困守孤城。当年，这一带都归属河东路，而非陕西路。当地原本缺水，围城以后，饮水更紧缺到"黄金一两，易水一杯"的地步。消息传到京师，执政大臣忧心忡忡，朝堂上讨论的结果，是考虑放弃两城，退守黄河东岸的保德军（今山西保德），以免受到拖累。就在如此危急的形势下，张亢受命出任并代钤辖，火速被派往前线了解实情。他以超人胆魄单骑抵达府州城下，由于周边不时有西夏游骑出没，守城军人不敢相信来者何人，经出示符牌后，才被放入城门。张亢考察一番后，毅然承担起防守职责。他一改前任被动防御的做法，抓住敌军松懈的有利时机，派人出城采伐薪木、收集涧水，修筑外围堡寨，控制水源，加强练兵并调动士气。又乘夜出奇兵收复了要塞琉璃堡，从而巩固了府州的城防。

张亢进而主动用兵，力图打通与西面麟州城的联系。大约在来年初，张亢亲率三千士卒运送物资增援麟州，返回途中遭遇上万夏军的包围，他以"置之死地而后生"的道理激励将士：你们已陷于死地，向前厮杀还有生还的希望，后退或者逃跑只会遭到惨杀。就在此时，突然狂风大起，他机智地借助风势，带领勇气百倍的部下发起冲锋，不仅大败对手，还夺取了上千匹战马。不久,张亢又在一处叫兔毛川的地方精心设下圈套,在川道周围高地埋伏了数千弓弩兵。当时,朝廷为补充西北战场的兵力,在开封内外招募了一批市井无赖子弟,组编为"万胜军"。但这些士卒因训练不够,素质低下,所以来到前线后以怯战而出名。张亢便利用敌人轻视万胜军的心理,令精锐的虎翼军扮作万胜军,然后率领他们与夏军对阵。战斗开始时,掉以轻心的党项军发起进攻,然而没想到却遇到强手,屡攻不下。正当双方僵持之际,埋伏的宋军射手从侧后翼发起猛攻,遂大败党项人,取得了斩首二千余级的重大胜利。两次战役结束后,张亢不失时机地在要地赶修五处堡寨,终于打通了麟、府二州的通道。

通过张亢一系列的军事行动,压制了党项的攻势,提升了宋军的士气,极大地改善了麟、府地区的防御状况,这也是当时北宋御夏战争中不多的胜利之一。难怪元人修《宋史》时,对此称道:张亢起于儒生,但通晓韬略,敢于用兵,"区区书生,功名如此,何其壮丽哉"!有关西夏的文献记载,也承认被张亢连败两次的事实。

在广袤的黄土高原地带,以步兵为主体的宋军很难对付机动灵活的党项骑兵。通过实战经验,张亢充分意识到堡寨体系阻遏骑兵的重要作用,故十分重视修筑堡寨。不过,以后张亢继续实施修筑堡寨的计划,却遭到个别上司的阻力。庆历四年,张亢升任并代副都部署、河东沿边安抚使兼代州(今山西代县)知州,负责河东中北部的防务。他积极主张在麟、府与西夏接壤地区扩建堡寨。此时,"庆历新政"夭折不久,主持其事的参知政事(副宰相)范仲淹离朝,六月间,以河东、陕西宣抚使的钦差身份出使河东。范仲淹长期在西北抗击西夏，富有军事经验，所以对张亢的计划予以支持，并奏请宋仁宗下诏，令张亢负责完成这一计划。但是，并州（今山西太原）知州兼河东经略安抚使明镐却不同意。按照当时官场规矩，明镐是河东地区最高军事统帅，是张亢的顶头上司。所以，明镐屡次下达停修的公文。倔强的张亢并不买账，表示：自己受诏行事，也不怕得罪长官。他将送来的每道牒文也不开阅，都封存起来，督促部下日夜赶工。等到全部竣工后，张亢才将那些公文启封，同时上奏请罪。如此一来，河东前线的防御大大增强，每年还可以减少戍兵万人，日后韩琦经略河东时，看到这些堡寨也称赞张亢的远略。不过，张亢虽没有受到处罚，却开罪了明镐。

以后，张亢调往河北镇守瀛洲（今河北河间），遇到的顶头上司河北安抚使夏竦，又是以往在陕西得罪过的上级。夏竦属老资历的官僚，元昊反宋时，是陕西最高指挥官，既胆怯又无能，曾受到党项人的嘲笑。夏竦心胸狭窄，当年因张亢批评过自己，一直心存怨恨。因此，当张亢提出对瀛洲城池进行扩修，以加强防护功能时，夏竦便刻意制止。但张亢依旧不顾阻挠，完成了工程，其敢作敢为的特点令人佩服，却为自己埋下了祸端。

张亢作为称职的将领，还有其他值得称道之处。他驭军严明，领兵驻扎过的地方，都留下了好的口碑。他善于使用间谍的特长，特别为宋人称道。在著名文人苏辙笔下，还保留了张亢用间的生动故事。说的是，张亢在镇守高阳关（在今河北省高阳县东）期间，为掌握辽军动向，不惜花费重金招募间谍。某日，有一人来见，要他屏退侍从再告以要事。张亢先将其谩骂一番，然后才打发走身边随从。来人对张亢说：你使钱如粪土，但所用非人，不如用我。张亢又对其胡乱骂了一顿，佯装不懂，此人只得告诉内情。原来，该人外甥女不仅容颜秀美，而且能歌善舞，自被契丹人掠去后便受到国主的宠幸。最近，其外甥女派人到本朝境内买东西，他便想借机了解契丹人动向。张亢非常重视这一关系，不仅赏给大量金钱，而且将自己喜爱的一条"紫竹鞭"也给了间谍。从此，辽军一举一动都能及时掌握。的确，为了搜集重要情报，理应舍得花费资财。然而，张亢的这些做法未必能获得文官们的理解，尤其是别有用心的人。

三

自元昊反宋后，张亢先后在泾原路、鄜延路、并代路、高阳关等地镇守，时间大约在宝元元年（1038）至庆历七年（1047）期间。任职的地方都是陕西、河东及河北对夏和对辽前线边防重地，其军职由一路统兵官（兵马钤辖、副都部署）到方面将帅（经略安抚招讨使）。与此同时，按照宋代官场叙迁惯例，张亢还先后获得右骐骥使、遥领忠州刺史、西上阁门使、四方馆使、遥领果州团练使、引进使、遥领眉州防御使等武阶官衔。其中引进使为从五品，遥领防御使乃遥郡官第三级，为中上级武官加衔。

张亢以杰出的军事才能显露于军界，一时颇得一些主政者的倚重，多次被委任应对突发事件或紧张局面。庆历元年那次调任并代钤辖，即是解决麟、府二州困境。到第二年中形势缓和后，适逢辽朝陈兵要挟，又被立即调往河北前线。同年十一月，当宋军大将葛怀敏惨败定川砦（位于今宁夏固原县西北一带）后，一时西北震恐，宋仁宗想派范仲淹镇守渭州和泾原路，以应对局面。范仲淹自感力不从心，遂推荐张亢出任。于是，张亢临危受命，出任泾原都部署、经略安抚招讨使兼渭州知州。此职实为陕西对夏四路战区之一的统帅，也是张亢毕生担任过的最高官职，可以说走到其从武生涯的顶峰。

张亢堪称北宋中叶的一代良将，其见识和胆魄为一般文臣出身的将帅所不及，其战场表现又超过许多武官同辈，其事迹可谓足以传世。但张亢却屡遭弹劾、压制，甚至一度身陷囹圄，晚年还颇受非议，仕途坎坷，至死未能显达。

张亢遭受的第一次重要打击是与公使钱有关。公使钱是朝廷发给地方官的一笔经费，用以应酬宴请、馈赠及交通等等支出，实际上使用范围有一定的模糊性，由官员们支配。庆历二年十一月，张亢就任泾原经略安抚招讨使兼渭州知州时，正是本路宋军惨败不久，人心惶惶。张亢为了弥补公使钱的不足，只得派手下牙吏从事贩运盈利活动，增加经费收入，以犒赏部下，激励斗志。如《宋史》本传所说：张亢轻财好施，凡宴请犒赏，常过于他人，"以此人乐为之用"。这原本属于边将传统做法，以往宋太祖还特别给予边将这方面的特权。不过，由于张亢与上司郑戬意见不合，因此遭到郑戬的报复，告发他滥用公使钱。监察御史梁坚乘机弹劾张亢营私谋利，进一步夸大成贪污罪。因此，次年张亢与另一位情况类似的官员滕宗谅一度被收于邠州（今陕西彬县）监狱。

参知政事范仲淹因深知前线情形和张亢为人，便主动为其担保，指出只要没有私吞盈利所得，就不为罪过，并称自己与另一位统帅韩琦在前线同样用公使钱接济过部属,要求将自己、韩琦与张亢一并治罪。在范仲淹的一再辩护下,张亢虽免牢狱之祸,却仍不免贬官的处分,职务先降为并代州副都部署。数月后,再贬为更低级的钤辖,官衔则由引进使降为四方馆使,时间大约在庆历四年(1044)初。公使钱事件对张亢造成很大的打击和影响,从此仕途坎坷,也成为朝中有争议的人物。

张亢遭到的第二次打击与犒赏军人有关。庆历七年九月,重回重镇渭州任职的张亢在犒赏部下时,对苛刻的计算办法加以调整,有意优待军人,陕西转运使(主管民政财经的长官)便控告他擅自改变规定。正是冤家路窄,张亢以前曾指责过无能的夏竦,此时任最高军政官——枢密使,当然不愿放过他,便公报私仇,兴师问罪。不幸的是,昔日与张亢结怨的明镐,此时正任中央最高财政长官——三司使,控告材料肯定也到了明镐的手里。于是,张亢被连贬数级,更从渭州重镇调到内地小郡的磁州(今河北磁县)。时隔一月,御史宋禧大概受到当权者指使,又老话重提,继续弹劾张亢公使钱旧案,使他又遭到贬责,官衔降为空头的右领军卫大将军,出知寿州(今安徽凤台县)。经过这样的贬黜,张亢实际上被赶出军门,失去了带兵之权,远离为之奋斗的前线,成为内地普通地方官。

好在还有讲公道的人。来年七月,新任的陕西转运使上报朝廷说,经过调查发现以往张亢公使钱旧案纯属冤案,并无谋私取利之实,他这才得到平反。有意思的是,朝廷下诏将其右领军卫大将军、果州团练使的身份转为文职性的将作监,将作监是当日朝廷一个闲散部门,挂名长官并不就任,所以张亢被差遣到邻近地方仍任知州。这次恢复文官头衔，在时人眼里显然带有安慰性质。

此后的十三年，张亢又几度变换文武身份，但依旧徘徊于地方衙门。他又因荐举官员失当受罚，被调任别州地方官。此事原委大致是：张亢的一位老同学大约有功名出身，却多年无法出头，他出于同情遂举荐其为知县。结果这位旧相识做官出事，张亢便受到牵连。然而，生性仗义的张亢并未介意，那位旧相识以后又来求他接济，张亢不计前嫌，馈赠许多金帛。

经过多年困顿，张亢才逐渐恢复引进使、果州团练使、眉州防御使的原有武职官衔，改任真定府路副都部署，也就是河北一路防区的副指挥官。任命刚下达，似乎又有人同情，接着再从引进使迁为客省使，这当然还是属于加衔。不幸的是，张亢却患上足疾，无法重返军旅，只得改调到卫州（今河南汲县）、怀州（今河南沁阳）继续做地方官。

怀州近邻黄河，河患频繁，因早年有成功治河的经历，张亢很关注此事。一天，他与邻州官员约定来到交界之处，会商治河事务，直到次日才返回。这本属官员勤政的表现，不料却被上司告发，不知以什么罪名竟将他处分，这位昔日指挥过成千上万军马的将帅，被降为州下管理地方武装的钤辖小官。显然，张亢已成为有"污点"的人，随便什么借口都可以成为被贬的理由。

宋仁宗嘉祐五年（1060）三月，已到暮年的张亢被升迁到河阳（位于今河南孟县以南）部署的军职位置，这比钤辖要高一些，但不及他以往担任过的官职重要。早已心灰意冷的张亢以身体多病请辞。朝廷监察机关的首脑、御史中丞韩绛认为他在怀州等地有过不法行为，也反对加以任用。张亢遂请求恢复文臣身份，上面批复改为秘书监，倒是满足了他的请求，却是个无差遣的虚职。一个多月后，也许又有同情者替他说话，朝廷重新恢复张亢客省使、眉州防御使原官，委派其出任徐州（今江苏徐州）部署。第二年大约九月间，六十三岁的张亢死于徐州部署衙门。

从张亢坎坷的经历来看，屡次被贬的理由大多牵强附会，关键的两次贬黜又属报复所致，这便不能不说是一种悲剧，自然也引起一些人的同情。张亢死后，新任御史中丞王畴向皇帝反映张亢昔日功绩，请求加以褒奖，宋廷乃追赠其观察使的武职加衔。按照宋制规定，观察使在防御使之上，这便算是抚慰了。张亢有五子，但皆不显于当世。

四

说起来，宋朝有过一些儒将，然而像张亢这样科举正途出身的文官，真正投身军伍，并带兵出没战场者，却并不多见。可比肩者不过有：上官正、景泰、刘平、郭谘等数人，但无疑以张亢事迹最为突出，堪称儒将代表。就张亢从军及仕宦经历来看，却令人感到宋朝对文臣从军角色的期待，与漠视其前途和归宿之间的矛盾，纵是具有良将之才，也概莫能外。

这就要追溯到宋朝开国以来的根子。唐末五代武夫悍将称雄，兵变不已，宋太祖登基后，遂厉行收兵权。自宋太宗进一步钳制武将以来，猜忌、防范将帅掌权，已成执政集团的共识。清人王船山指出：宋朝所忌者，"宣力之武臣耳，非偷生邀宠之文士也"。

这话当然不无偏激之处，文臣也非都贪生怕死。到了第三代的宋真宗朝，特别是第四代的宋仁宗朝，还逐步实施"以文驭武"的举措，就是中央军事决策归文官大臣，前线作战也由文臣指挥武将。这就对文官士大夫们赋予更大的责任，也形成了对文臣投身军职的某种期许，肩负儒家治国理念和道德标准的文士统军，应当更符合宋朝的长远利益。宋仁宗朝与西夏大规模战争爆发后，由于武臣的精神和素质状态普遍欠佳，将帅乏人，这种要求就更显得紧迫。于是，宋廷鼓励文臣转换武官，可是因为长期文尊武卑氛围的影响，收效不显，主动响应者寥寥。

张亢满怀"功名自在马上取"的志向投军，不曾想却置身于矛盾复杂的环境之中。先是，从军久了其身份便与武夫无异，遭到文臣轻视，似乎已是非我族类。其率直的性情，也往往成为讥讽的把柄。有一事可以说明：军卒出身的杨景宗因有外戚背景，官至观察使了，仍横暴无赖，动辄挥棒打人，绰号"杨骨槌"。一天，杨景宗对张亢老兄张奎说：你老弟十分可爱，只是性子粗疏。张奎听罢怏怏不悦，回家后就指责乃弟：你本是士人，服膺名教，不知干了何等事，竟让杨骨槌那般俗人也嫌你粗疏。此外，作为前线将帅竟不能享有足够的自主权，处处受到各种条规的牵制约束，不仅"将在外君命有所不受"的古训无人理睬，甚至一些文官大臣还能随意打击报复。看起来，朝廷虽有用儒将统军的深刻用心，但缺乏有力保障举措，以至于一些官员拘泥常规条令，致使借重儒将的深意流于形式。

无独有偶，到了第五代的宋英宗朝年月，又发生了类似之事。与张亢出身差不多的泾原路副都总管（因避英宗名讳，都部署改名都总管）刘几,在某次军事行动中,遭到渭州代理知州陈述古的无理打击。事后双方都向上面告状,有人遂告发刘几滥用公使钱。朝廷又是下诏审问刘几,并令他到长安接受处罚。御史中丞贾黯颇为清醒,联想到以往张亢的不幸,于是对这一处置做法提出异议:国家任用将帅,当责以御边成效,不应以细小过失随意苛责,当年对待张亢等人已何其失策,如今还要重蹈如此覆辙吗? 宋英宗算是采纳贾黯的意见,赦免了刘几,但仍将其调离本地。由此可见,张亢的遭遇还在延续,固然有范仲淹、贾黯等人能体会任用儒将的用意,并理解儒将在前线的处境,然而其呼声毕竟还是太弱,无法改变大多数文官由歧视武臣到漠视儒将的现实。

宋廷终于陷入不能自拔的怪圈,既不能信任武夫悍将,放手其指挥用兵,而对于文臣出身的儒将,竟同样无法信赖,最终也不能给予晋身坦途。张亢固然归宿可悲,其实前后又有谁人因此显达? 这就不能不引起后世的怀疑:宋朝是否真心重用儒将,又是否真正需要儒将? 简单地回答自然是困难的。宋朝这种自相矛盾的做法,看似与当政者的初衷背离,其实关键依然在于内敛型执政集团对兵权的过分控制,当然也与保守政治下官僚主流意识中的墨守成规有关。岁月流转,南宋时边防更为残破,名士叶适痛心疾首,对开国以来的路线批判道:本朝过分汲取唐末五代兵祸教训,所以定制规矩,"细者愈细,密者愈密,摇手举足,辄有法禁",而又大力推崇儒术文教,以至于"人心日柔,士气日惰,人才日弱"。这就部分道出以张亢为代表的儒将,其无奈归宿的原因所在。由此,不觉使人想到宋代诗人张孝祥的《六州歌头》,

"念腰中箭，匣中剑，空埃蠹，竟何成！时易失，心徒壮，岁将零，渺神京"之句。

公元 1061 年初秋的一天，在徐州城里，临终前的张亢是否后悔过选择从军之路，又是否反思过自己儒将角色的意义，还是否流露过壮志未酬的遗憾？这些都已不得而知。唯一清楚的史实是，张亢不是怀着无比的军功殊荣入土为安，而是带着许多的指责离开人世。

大帅狄青

公元1057年农历三月间,正是北宋嘉祐二年的暮春时节,中原大地草木葱翠,和风扑面,碎花摇曳,流莺飞舞。当此万物一派生机之际,在京师南面的陈州(今河南淮阳县)州城内,一位时年50岁的强壮生命却告别了人世。此人就是当地的长官狄青,上任才半年左右时光。

这位狄青本是宋朝开国以来少有的名将,戎马一生,南征北战,屡立战功,曾做过朝廷的最高军政首脑职务。但正当壮年的他,最终却死在与军旅无涉的地方官任内,着实是件令后人费解的事。要说原委,一切还得从头谈起。

犯法投军

狄青,字汉臣,大中祥符元年(1008)出生于河东汾州西河县(今山西汾阳县)。从身世记载阙如的情况不难推测,他属于寻常农家子弟。河东从来是兵家必争之地,屡经战火,百姓们为了护乡保家,不得不习武练兵,因此民风颇为剽悍。受此影响,狄家兄弟也练就一身的武艺,成为本乡的硬角色。

狄青早年的事迹不详，但从史书中的片言只语已看出他的特点，便是坚毅果敢。当年，本地有个绰号叫"铁罗汉"的人，大概属于膀大腰圆横行乡里的莽汉，一次与狄青的兄长狄素发生冲突，双方便在汾河岸边打了起来。这狄素也不是好惹的，几番交手，竟将"铁罗汉"打落水中淹死。人命关天，乡里的保丁闻讯就要捆绑狄素报官。恰巧狄青从田间路过撞见，当时才16岁的他当即冲过来高喊：杀人的是我。既然有人出头承担罪责，众人就放过大哥转头来抓小弟。狄青对诸位说：我是不会逃跑，先待我救人，假若"铁罗汉"确实死了，到时再抓我也不迟。据说，狄青在心中默默祈祷：老天保佑，我若有大贵之命，这厮合该不死！言罢，他奋力举起尸体不断摇晃，那"铁罗汉"口吐数斗积水后苏醒过来，官司也就此了断。由此，狄青名声大噪，乡民都视他为异人。这段来自宋人野史的记载未必确切，可能还有美化的色彩，却也透露出狄青身上那股子敢作敢当的豪情。

但狄青显然也不是安分青年，打架斗殴的事自然少不了，以后又不知犯了什么案子，被抓到京城审理，最终被刺配充军。这里得说明，宋朝实行募兵制度，军队除了主要招募失业农民外，也从罪犯中挑选一部分强壮者入伍。为了防止士兵逃跑，按规定要在他们面颊上刺字，以作为军人的标志，狄青当然也不例外。

有道是英雄不问出处，狄青在二十来岁被迫从军，却无意间为日后成就的一番功业打通了路径。在军营里，体壮力强的狄青不甘心混迹于普通士卒之中，遂苦心练兵，加上原本就有的一身功夫，于是很快便脱颖而出，以能骑善射折服众人。不久，他被选入天子宿卫军，成为拱卫皇宫的一名卫士。

彼时的京师开封城，正赶上歌舞升平之时，但见宫阙巍峨壮丽，庙堂上达官显贵坐而论道，衙门内文士应酬唱和，军营里将帅藏弓搁剑；街市中店铺鳞次栉比，勾栏瓦舍以及酒肆茶楼彻夜灯火，巨商大贾出没，贩夫贩妇叫卖，歌伎艺人乃至于闲汉乞丐如织。在这大富大贵、三教九流充斥的京城里，狄青一介武夫确是过于渺小，但他意志坚毅，不甘平庸，在日复一日的操练中遥想着凌云壮志。

有一年，科举考试终结后开始放榜，一个叫王尧臣的举子高中状元，都城士庶百姓纷纷跑到皇宫外围观。当王状元从宫廷大门走出时受到潮水般的追捧，此时狄青恰巧与几位卫兵在大道旁站岗，一个卫兵感叹道：这人做了状元，我辈还是兵卒，贵贱之间真有天壤之别！他却不服地说：此话不对，到底还是要看才能如何。同伴们听了发笑，都讥笑他狂妄无知。此事足见狄青志向高远，不畏流俗。

西线扬威

军人的天职是出征作战，是保家卫国，但战争又是世间最残酷的事情，而正因为战争的无比危险和血腥，军人也被推向社会的前列，其存在的价值自当受到关注。然而，从来是一将成名万骨朽，激烈的战火往往葬送了无数的士兵。对狄青来说，如若不是出现了大战，以他的出身和官场论资排辈的规矩，充其量只能混到中下级武将的地位，到头来默默无闻老死于军营之内。

宝元元年（1038），西夏首领元昊称帝建国，公开与中央决裂关系，随后便爆发了战争。当战火尚未燃起之际，朝廷紧急向西线增兵，一些宫廷卫士也被提拔到前线任职。机会终于来了，30岁的狄青也获得低级武官的头衔，出任延州（今陕西延安市）驻军的营指挥使，成为带兵五百人的军官。

一个营的兵力还是太小，无法担当一方之责，不过狄青有的是胆气，主动请缨，承担大部队的先锋角色。每每交战，但见他披头散发地配上铜制面具，一马当先，驰射挥刀，勇猛出击，令对手望而生畏，无人敢挡。

狄青的出色表现很快就受到上司的注意。所在战区的经略判官尹洙接见狄青时，有意与他交谈用兵之道，不承想这位下级军官竟谈得头头是道，令尹判官大感惊奇，认为他是一位极具潜力的良将，于是将他推荐给陕西经略副使范仲淹和韩琦两位大帅。由于朝廷三十多年没有对外用兵打仗，军队战斗力已日渐下降，尤其是军中将才极其缺乏，因此范、韩二人对狄青十分器重，范仲淹还特意送给他一部《左传》，并告诫道：将帅不知古今，不过是匹夫之勇。蒙受如此知遇之恩和点拨，狄青便在战守之余潜心读书，逐渐掌握了兵法要略，熟悉了历代的战争历史，由此他从一名好勇斗狠的武夫迅速成长为一位胸怀韬略的将军，在西线大军中声名鹊起。

据记载，在西北最初的四年时间里，狄青参加大小战斗二十五次，身负箭伤八处，战功赫赫，大大超越同辈。他还攻城略地，曾攻克西夏军占据的金汤城要塞，从而控制了今天陕北吴起县和志丹县之间的洛川要道，又挥师深入今天陕北定边和靖边一带，收服五千多名边地少数部族，打击了支持西夏的游牧势力。除此之外，他还在前线修筑了许多堡寨，有效地巩固了防线。狄青善于用兵，每次临战，都精心筹划准备后才果断出手，所以屡屡获胜。他又重军纪，明赏罚，能与士卒同甘共苦，因此深得军心，纵使遭到突然袭击，仓促间士兵们也不会乱了阵脚。

伴随着军功的积累和上司的赏识，狄青不断获得提拔，在短短的四年间已从营级军官升迁到泾原路副都部署、经略招讨副使，也就是泾原战区（今甘肃东部与宁夏东南一带）的副总指挥官，并加授捧日天武四厢都指挥使和团练使的头衔。依照宋朝官制的规矩，捧日天武四厢都指挥使属于禁军高级军职，名义上可统辖两三万士卒，而团练使则是中高级武将的附加头衔。至此，当年同时选调到前线的那些宫廷卫士，早已被他远远地甩在后头。

庆历二年（1042），仁宗皇帝听到狄青的威名，曾打算召见他，亲自询问用兵方略，结果一时因为战事紧张而作罢。但天子还是想目睹这位勇将的英姿，遂派宫廷画师到前线为狄青画了一幅像带回。此事传出来，立即引起军中一派钦慕声，狄青由此获得良将的美名。

初入庙堂

到庆历四年，西线战事终于平静下来。当年，精疲力竭的元昊实在坚持不下去了，不得不对朝廷称臣，仁宗皇帝也早已厌倦了旷日持久的战争，于是彼此签订"庆历和议"，休战和好。

西线是无战事了，但北边的形势却令天子忧心忡忡，因为当西北战争还打得火热的时候，辽朝曾乘机陈兵要挟，搞得朝廷分身乏术，只得派人前去谈判，最终以达成每年增加岁币的条件才缓和了压力。"庆历和议"订立后，君臣决定充实河北的防御力量，狄青遂改调河北真定路副都部署、经略招讨副使，负责河北最重要的一块防区，军职也先后提升为侍卫步军、侍卫马军副都指挥使，加衔则从团练使先后升迁为防御使、节度观察留后。须知侍卫步军和侍卫马军副都指挥使，已是禁军三大统军机构中的两个副统帅之职，而节度观察留后也属高级将官的加衔。

狄青从军十多年，以军功起家，从军队底层一路升到禁军大帅，成为从士兵到将军的典范，并且受到天子的赏识。可狄青作为高级将领出没官方场合时，脸上却赫然暴露着耻辱的刺字，君王觉得不妥，就要求他想办法用药水消除。岂料狄青指着面颊回答天子道：陛下不问出身门第，以战功提拔为臣，我之所以有今天，正因刺字从军，为臣愿意保留脸上的刺字以鼓励军人，所以不敢从命。这话说得很有骨气，足见狄青保持着军人的自尊和自豪，不为世俗所动。

但当狄青个人仕途通畅顺达之时，朝野的氛围和环境却日渐令武将们感到压抑。因为自太宗两次北伐辽朝失败以来，朝廷放弃了主动用兵，转而以内部建设为施政的主要目标，因此武备松懈，将士们也受到冷遇，尤其是武将在文臣面前总是心虚气短，抬不起头来。

狄青虽始终尽职尽责，功勋卓著，并受到多位文臣的好评，但随着地位的提高也遭到更多朝臣的非议。早在西北前线期间，他因功升任渭州（今甘肃平凉市）知州，受命负责泾原路防务。当时，谏官余靖连上四道奏章竭力反对这一任命，言辞激烈，理由不过是：狄青乃粗率武人，不可独当一面之责。由此可见，对狄青快速升迁，许多文臣是怀有极大的不满，从骨子里透出对武将的轻蔑和嫉妒。

狄青来到河北任职时，老上司韩琦任定州（今河北定州市）知州，同时兼任真定路都部署和经略招讨使，又是他的新领导。可以说，韩琦对这位部下感情复杂，既认可他的为人与才干，又不免夹杂着些轻蔑。多年后，韩琦对身边人回忆说：当年在定州时曾专门设宴款待狄青，请老儒刘易作陪。席间，优伶演戏助兴，刘老先生素来粗犷，一看演唱的内容有挖苦儒生酸腐的意思，当即勃然大怒，指着狄青破口大骂：你一个黥卒（刺字的士卒）竟胆敢如此！骂了许久还不算，又摔了酒杯拂袖而去，搞得场面十分尴尬。主人安排的活动，本与狄青无干，就因为他是兵卒出身，便蒙受如此羞辱。不过，韩琦观察到狄将军一直镇定自若，谈笑如常。翌日，狄青还登门向刘易先生谢罪。由此，韩琦深为狄青的气量所叹服。

若说上面那件事，反映的是狄青的气度，接下来的一段野史记载便道出狄青的无奈与韩琦的傲慢。据说，韩琦有一次设宴招待本地官员，狄青也应邀赴会。同样是在宴会中，艺名"白牡丹"的官妓喝得有些醉意，竟公然对狄青劝酒道：斑儿喝一盏。妓女称狄青为"斑儿"，即是嘲讽他面部有刺字。当着众多客人的面，久经沙场的大将没有发作，但到第二天，狄青却将"白牡丹"鞭笞了一顿。也许是因此事得罪了韩长官，不久他便受到了冷酷的报复。一日，狄青的老部下焦用带兵路过定州，狄青设宴为旧属接风。此时，有士卒反映焦用克扣军饷，韩琦闻听立即下令将焦用逮捕。狄青赶往知州衙门营救，然而韩知州并不理会，他只能站在台阶下面恳求道：焦用是有军功的好男儿。不料韩琦却反驳道：京城东华门外唱出的状元才称得上好男儿，此人岂配得上叫好男儿？说罢，韩琦当着狄青的面下令将焦用斩首。此事出自宋人王铚的《默记》，未必完全真实，但也多少反映了狄青及武将在文官大臣眼中的地位。

皇祐四年（1052）六月间，狄青因功勋卓著，由彰化军节度使、知延州（今陕西延安市）升任枢密副使，跻身执政大臣之列，成为最高军政机关的副首脑。当任命诏书下达之际，遭到众多朝臣的反对。御史中丞王举正、左司谏贾黯、御史韩贽等人纷纷上奏表示反对，列出了狄青出身行伍、四夷轻蔑朝廷、大臣耻与为伍、动摇人心及破坏祖宗成规等"五不可"的理由。好在天子并没有太在意这些意见。

当日，民间称军人为"赤老"，狄青在赴任之际就受到了"赤老"的对待。据记载，枢密院得知狄青将从延州赴京师上任后，便派出官员到京城外迎接，不承想一连多日也没有见到新任长官。一天，迎候的官吏向一个过路人询问，却不知道此人就是狄青，遂漫不经心地骂道：迎一个赤老，竟多日不来。此事很快就传出去，于是文人们都贬呼狄青为"赤枢"。也就是说，狄青虽已官至显赫的枢密副使，但地位仍没有发生根本改变，在士大夫们看来，他仍不过是一介粗陋武夫而已。听到这些无聊的讥讽，初入庙堂的狄青，内心一定会泛起许多的苦涩与不平。

艰难挂帅

就在狄青进入枢密院前夕，发生了广源蛮族反叛的事件。广源位于今天越南北部高平以北，靠近中越边境一带，当时属于宋朝的边荒之地。皇祐四年春，当地的部族首领侬智高野心膨胀，利用朝廷大军纠缠于对夏战争而造成南方兵力空虚的机会，纠集部众北上动武。五月，侬智高攻破宋朝邕州（今广西南宁市）后建立大南国，随之进一步攻城略地，妄想割据岭南。侬智高倒是有办法，因地制宜，组织了一批大象投入战斗。面对战象嘶鸣狂奔开路，蛮兵挥刀蜂拥跟进的景象，驻守宋军魂飞胆破，望风溃逃，于是广西诸多城寨接连失守。随之，侬智高挥师东向，又兵围岭南中心的广州城（今广州市）。

从来平静的南疆突然发生大战，令朝廷一时措手不及，朝野人心惶惶，因为边防的重心一直在河北与西北，南方驻军不仅数量少，而且很多还是战斗力低下的地方军，因此蒙受巨大损失。庙堂上君臣会商后，只得紧急抽调援军南下。不过，按照当时用文臣驾驭武将的固定做法，最初派出了多名文臣率军应对，先是桂州（今广西桂林市）地方官陈曙受命征讨，接着余靖和杨畋两位文臣挂帅，分别负责广西与广东的军事活动。当战场形势日益紧张后，朝廷干脆又任命余靖为两广地区安抚使，统一指挥军队行动。不久，再派文臣孙沔负责湖南、江西军务，协助平乱。遗憾的是，余靖这位文官大帅以前曾激烈地指责狄青为粗率武人，威望难以服众，反对其独当一面防务，结果自己却懵懂军务，指挥无方，损兵折将，致使战场形势不断恶化。

叛军在围攻广州两个月不能得手后，侬智高又回师广西，依然是势如破竹，一路连斩多员朝廷将领，继续盘踞邕州城。到九月间，南疆失利的战报如雪片一般涌向京城，形势严峻，刻不容缓。

有道是"天下兴亡，匹夫有责"，作为军界领头羊的狄青热血沸腾，再也按捺不住了，就主动请缨。他向天子上表请战：为臣起于军旅行伍，国家有难，我自当出征以报效朝廷。仁宗皇帝眼见文臣无力扭转败局，只得考虑请狄将军出马。

狄青出任南征统帅的过程，可谓一波三折。当初，仁宗曾一度打算派亲信宦官任守忠出任狄青的副手，承担监军的任务，以监视主帅。可文官们对武将固然不免轻蔑，但对宦官更无好感，所以几位谏官都对此提出异议。天子拗不过言之凿凿的谏官，便放弃这一方案。宦官是出局了，不料一位叫韩绛的朝官又提出新的建议，他上奏提议道：狄青只是一个武人，不可过于放权，最好还是派出天子的近臣加以监督。不用说，这仍是安插监军的办法，只是由宦官改为文臣。

问题摆在天子面前，祖宗留下的家法是要防范武将专权，以免引起兵变。那么眼下是派出文官牵制狄青呢，还是打破成规，放手让狄青一搏？这位素来仁厚寡断的皇帝拿不定主意，左右为难起来，只得征求宰相庞籍的意见。庞籍由科举出身登至高位，自然熟知文官对武将的轻视态度，他以前也曾在西北做过方面军的指挥官，了解一些军中的实情，他清楚主将若受到牵制的话，往往会贻误战机，而这将严重影响南征的行动结果，遂劝说天子道：之前王师所以屡败，都是因为大将的权威不够，副将们人人自作主张，进退不相统一，故不能克敌制胜。狄青起自行伍，如果派侍从之臣出任副职，必定无视狄青的权威，主帅的号令便难以执行，结果是必然重蹈覆辙。陛下若授予狄青南征大权，令他具备足够的权威，部属一心服从，则王师必能成功。仁宗这才下定决心，专任狄青全权负责。

天子下达了诏书，任命狄青为宣徽南院使、荆湖南北路宣抚使、提举广南东西两路"经制贼盗事"。在狄青获得的三个头衔中，宣徽南院使属于武官的顶级虚衔，而另外两个则是差遣实职，也就是负责今天湖北、湖南、广东和广西四省广大地区军事的最高指挥官，加上原本的枢密副使官职，可谓位高权重，实在是本朝开国以来武将所获得的罕见信任。

狄青挂帅后，立即组建幕僚班子，准备行装，同时上奏请求从西北抽调万余番汉骑兵随自己南下。为了防止继续发生败局，他又火速派人先期给前线下达了禁止擅自行动的指令。

就在此时，朝廷接到余靖从广西送来的交趾（今越南）国王李德政的国书，表示愿意出兵协助平叛。余靖在前线一筹莫展，焦头烂额，所以希望朝廷接受。仁宗刚表态同意余靖的建议，狄青闻听立即反对，他在给天子的上奏中说：以我堂堂大国，不能平定一撮叛乱，还要假手小国相助，实在是有辱朝廷神威！何况交趾乃蛮夷之邦，居心叵测，一旦得志，又如何防范？这话说得不仅义正词严，而且极具远见，一下子提醒了仁宗皇帝，于是马上回书谢绝了交趾的提议。

南疆大捷

正当狄青率军马不停蹄南行过程中，又发生了令人遗憾的军情。当年十二月下旬，肩负前线指挥职责的余靖与另一位文臣、广西转运使孙抗，显然是不服狄青的指挥，还试图抢功，就不顾禁令逼迫广西钤辖陈曙进攻邕州。陈曙是位武将，虽不愿贸然行动，但拗不过顶头上司的强硬态度，只得率领八千士卒发起进攻，结果在昆仑关（位于广西宾阳县与邕宁县之间）前溃败，一些部将还临阵逃跑，从而再度助长了敌军的气焰。

抵达广西前线的当天，狄青就获悉了不久前战败的详情，他放眼残破的战线，耳闻将士们的叹息，凭着丰富的军事经验，他当下就明白战场失利的症结所在，这便是事权分散，指挥混乱，互不统属，更不用说一些文官不懂兵略，随意调遣，自难形成强大战斗力。更令他无法容忍的是，有人无视自己的权威，胆敢公然违抗军令。他对身边幕僚说：兵之所以败，就在于号令不一。经过彻夜思索，他决定先下手痛治这一顽疾，之后再筹划用兵。

翌日早晨，奉命赶到的各路文武官员汇集于主帅大帐之内。狄青看到来人都到齐坐定后，便先请败将陈曙起立，接着传令三十余位怯阵逃脱的裨将进帐，然后当众历数这些人违抗军令军纪的罪状，随之祭出尚方宝剑，喝令将他们推出辕门斩首。眼见几十个将校喊冤叫屈地被拉出去问斩，众人哪里见过这种场面，个个面面相觑，提心吊胆，大帐内气氛顿时紧张起来。据记载，身为前统帅的文官余靖也在狄将军的追问下，惊恐地伏地谢罪。狄青起身将他拉起，说道：你是文官，军旅的事情非你所能承担。大帅一句话，算是网开一面，放了余靖一马。其他人可是惧怕继续问罪，不由得惊恐万分。此时，广西提点刑狱官祖无择急中生智，忙谎称自己有天子的特诏在身，必须去办，言罢匆忙离席，跨上马便狂奔而去，及至回到官舍，才发现自己屎尿撒了一裤子。

狄青懂得掌握分寸,当然不会扩大追究面,便见好就收。但通过这次严厉的整肃,树立起主帅的绝对权威,严明了军纪,也震慑了军中那些自命不凡的文臣,为整军出战做好了准备。

为了给屡战屡败的军队振奋士气,狄青还采取了一些特殊的手段。他听说桂林城南有座庙香火很旺,当地人都视若神灵,便率部下前去祈祷。当着所有人的面,他说完一段祈求成功的话后,取出百枚铜钱,对庙中神像说道:我如胜算,撒出的钱都字面朝上!左右一听,忙劝说不可,万一不如意,恐怕影响军心。他却毫不在意,出手将铜钱抛于面前,真是天遂人愿,一百枚铜币竟全是字面朝天,众人一看,都大呼上天显灵,于是全军欢呼,声震四方。狄青见状,立即喝令手下拿来铁钉,把所有铜钱都钉死于地上,然后用青纱遮住,并亲自写上封条,最后对神像说:等我凯旋,再致谢取钱。日后,他获胜如约重返这座神庙,令幕僚将一枚枚钉子撬开,大伙发现这些铜钱其实是两面一样,也就是特殊的两面字铜钱,才明白是大帅施展的一个小手腕。要说兵家讲究的本就是虚虚实实,虚实难辨,所谓"兵不厌诈"者是也。

据记载,邕州一带瘴气很重,叛乱者又在溪流上游投下毒药,一些士卒喝了溪水便中毒身亡。这可把狄将军难住了,他为此忧虑整夜,不料想第二天竟忽然有甘泉涌出,真是上苍保佑,一下子就解决了大军的燃眉之急。

时值皇祐五年正月里,狄青按兵不动,一连十日都在休整,叛军间谍自然将消息报告回去。正当对手麻痹松懈之际,狄青突然率先锋暗中昼夜兼程出昆仑关,突至邕州城前的归仁铺,抢占到有利的地形,接着孙沔等带领大军跟进,可谓未战已先取得主动权。随之,狄青下令竖起大帅军旗,擂响战鼓,发起猛攻。在交战的过程中,狄将军亲自手执五色令旗指挥战斗,对方也倾巢出动,排出前后中三列锐形阵势应战,一时双方正面形成厮杀胶着局面。当日战斗异常激烈,敌军几度拼死反扑,致使前锋一度受挫后退,战线几乎动摇,先锋将孙节也中枪战死阵前。一看这种阵势,孙沔等人紧张得脸面都为之变色。就在紧要关头,狄青镇定自若,挥出白色令旗,指挥剽悍的骑兵突然从敌阵左右两翼杀出,挥刀劈杀,将对手打得措手不及,敌阵遂轰然崩溃。最终,经过将士的顽强作战,大败叛军,除了溃逃者外,共斩获首级二千二百多,包括侬智高军师黄师宓在内的各级首领五十七人也被杀,又生擒战俘五百余名,侬智高只得率少数亲信逃入大理国(今云南地区)。为了抓获贼首,狄青还派杨家将的后人杨文广一路追击,直到大理边境才不得不返回。

　　战后,狄青一方面将大捷战果报送京师,一方面整军进入邕州城,安抚百姓,收集流民。为了震慑残敌,狄青还下令在城门以北筑起"京观"。说到京观,这本是古代战争中一种残酷的做法,战胜一方惯常将敌军尸体堆积成山,以庆贺胜利并威慑对手。就此,蔓延大半年的南疆战火终于熄灭。据说,当侬智高反叛之日,民间流传一句民谣:"农家种,籴家收。"农与侬同音,籴则与狄同音,按照古代迷信谶语的说法,狄青平侬智高之叛,正吻合了这一民谣。还要说的是,以后大理国王惧怕侬智高作乱,便将其斩杀,并把首级献给宋廷,这当然都是后话了。

狄青用兵酣畅淋漓，一举剿灭叛乱，取得了开国以来南疆战争的最大胜利，更重要的是消弭了分裂岭南的态势，从而建立了盖世功勋。要说，自太宗时代以来，由于朝廷采取被动防御的战略思想，轻视武备，军队将领逐渐呈现出庸碌无为的精神状态，在边防战争中畏敌避战的现象屡见不鲜，已在社会上严重影响了军人的形象。因此，与那些怯懦无能的大将相比，狄青无疑如鹤立鸡群般突出，其毅然果决与深思谋略的表现，展现出名将的超凡风采，为军队赢得了声誉。

狄青治军极严，但气量够大，他对部下推诚相待，故深得军心，即使原本对他抱有成见并不服节制的文臣孙沔等人，通过这次亲历战场，不仅对他的军事才能深感佩服，也对其气量赞叹不已。战后，狄青并不独贪功劳，在上报战功时没有忘记孙沔、余靖等文臣，并请孙沔等人主持善后事宜，将剩余的机会留给了他们。至于其他有功的将士，上报受奖者不下数百人，其中八十多位军官因此获得升迁。

狄青不辱使命，以大捷的战果凯旋班师，令世人赞叹，当世和后代史家也给予高度评价。要说其之所以成功，除了他个人的素质和能力外，还与获得独立指挥权有重要关系。正如宋代史家王称在《东都事略》中所说：为将之道，必须具备智、威、权三方面的条件。狄青讨侬智高之战，可谓能"施其智而奋其威"，但他之所以能发挥如此，则因"仁宗专任而责成之也，是得君之权者也"。王称说的不错，而这恰恰是本朝将帅长期最缺乏的关键一点。遗憾的是，当边患危机暂告结束后，将帅又回归边缘位置，纵然是名将也很快被当政者忽略。

困惑枢府

皇祐五年二月，朝廷终于接到广西前线送达的战报，宵衣旰食的君臣为之惊喜，大半年来的烦恼总算了结，上下可以舒坦安心了。接下来的事，当然是要论功行赏，对立功将士该赏赐的要赏赐，该提拔的也须提拔，对战死的烈士更不能遗忘，该褒扬和抚恤的一个都不能遗漏，因为朝廷从来提倡忠君报国。但对主帅狄青该如何奖赏，却在朝中产生了不小的分歧。

狄青尚未回朝之日，君臣已商议到奖赏他的问题。狄青毕竟解决了南疆的巨患，仁宗皇帝一时激动，就打算提拔他到枢密使的位置。可是，历史上除了某些专断的暴君之外，一般情况下，帝王裁决时还是愿意听取大臣的意见。遗憾的是，在如何对待功臣狄青的事情上，出现了不同的声音。

此时，昔日曾经支持过狄青独立用兵的宰相庞籍带头提出异议。庞丞相对天子苦劝道：太祖皇帝时，大将慕容延钊、曹彬翦灭荆湖与南唐政权，立下大功，都没有获得枢密使的高位，如今狄青的功劳还不及这二人，若重用其掌管枢密院，则其名位到头，万一今后再立大功，又该如何奖赏？庞丞相还以保全狄青的功名为理由继续劝谏：狄青出身行伍，不久前已骤然升为枢密副使，引得朝野舆论汹汹，认为是从未有过的旷世之举。眼下对狄青的议论方才平息，如果再恩赏过多，恐怕又会招来更多的非议。此外，现有枢密使高若讷在位，若无故被免，也说不过去。在庞籍的身后，其实还有更多的朝臣力挺，要说有不同意见的话，也唯有参知政事梁适一人而已。

说起来，庞籍的反对理由似是而非，其实骨子里还是透着文臣对武将的强烈偏见，因为以往历代出将入相的情况并不少见，像汉朝大将樊哙、周勃，唐朝名将李靖、李勣，也都因战功而入朝为相，当时也没有引发多少物议。历来畏惧人言的仁宗争执了几次，终究拗不过宰相的固执，转而一想也觉得言之有理，就不再坚持了，于是君臣之间达成了一个妥协方案。

这个妥协方案的内容是：通过破格升迁狄青两个儿子官爵的方式，来体现朝廷对功臣的感谢；至于狄青本人，则在卸去大帅差遣职权后，继续保留枢密副使的官职，同时再授予检校太尉、河中尹的虚衔，原来他的彰化军节度使的名号也改换为护国军节度使，按照宋朝官制的规矩，这也算是一种形式上的升迁。另外，还赐予狄青开封城内敦教坊一座大宅第。事后，仁宗对庞籍的建议称道不已，认为甚为得体，可谓深谋远虑。

然而，政坛从来诡谲多变，往往会因某个细微因素或者机缘而引起突然变化。

同年五月间，狄青南征归来不久，正当安心供职的时候，事情却意外地出现了转机。当初，参知政事梁适之所以支持狄青，那完全是为自己打着小算盘。梁适深知枢密使高若讷排序在自己的前面，一旦宰相出缺，高若讷理当优先入选，而如果武夫出身的狄青能取代高若讷，则在相位上不会对自己构成威胁。于是，为了排挤自己的政敌，他一开始就同意提拔狄青为枢密使。在遭遇庞丞相的否决后，他随之又向天子密奏：狄青建立了重大功勋，朝廷的赏赐却太薄，如此怎能发挥感召后人的功效？梁参政密奏过还不罢休，又暗中与宦官联手，利用随军参战的大宦官石全彬的不满情绪，在宫廷内制造南征将帅受到刻薄对待的舆论。天子天天被此类言辞包围，身边人喋喋不休多日下来，哪能不为之所动？一天，仁宗终于按捺不住了，突然对上朝的庞相公下达口谕：任命狄青枢密使、孙沔枢密副使，石全彬先按观察使标准发放俸禄，一年后正式授予观察使；高若讷可迁一级官阶，转任翰林侍读学士，负责给朕讲解经史。说着说着，天子竟声色俱厉起来，这倒的确极为罕见。庞籍吃了一惊，请求先回去与中书大臣商议，第二天再拿出意见。仁宗不容宰相拖延，下令立即在宫内殿阁里商定解决，马上给予答复。慌作一团的宰执大臣只得按照陛下的旨意，匆匆起草出任命诏书，然后进殿启奏，天子这才气色舒缓。

正是在如此复杂的政治纷争中，狄青入主枢密院。这一年，他45岁，从士兵起步最终踏入国家最高军事首脑位置，走到了政治生涯的顶峰。在宋代历史上，可以说狄青的情况是绝无仅有的特例。

从表面上看，狄青似乎在政坛上平步青云，成为与宰相平级的大臣。然而，在当时的政治气候之下，来自文臣集团的压力却与日俱增。

提到当日的政治气候，不能不从开国以来说起。经历过唐末五代百余年的武人跋扈和战乱杀戮，文臣内心普遍都对武将充满恐惧，故坚定支持君王收夺兵权，也一心要营造崇文抑武的政治环境，这对开国初期的拨乱反正以及恢复秩序，实在是必要的。但是进入到第三代的真宗、第四代的仁宗时期，来自武臣的威胁不仅早已解决，甚至于又颠倒过来，出现了文盛武衰的状态，此时再继续打压武将便属抱残守缺之举。可习惯已经养成，根深蒂固的意识总在支配世人的行为。正因为如此，在朝臣的眼里，狄青不过是一介粗鲁武夫,纵然做了枢密使,也还是赤老一个。他们抵不住天子的压力,只得眼睁睁看着狄青踏入枢密院,但绝不会给他好脸色看。

像状元出身的枢密副使王尧臣,对自己的顶头上司就毫不在意,时常拿狄青脸上的刺字开玩笑,他最爱戏说的话是:你今天脸上的字怎么更加鲜亮了?终于有一天,狄青回了一句:你喜欢吗?奉赠你一行如何?搞得王枢密副使极为难堪。

据范镇《东斋记事》记载,他在做谏官期间,有人图谋中伤狄青,便在夜间吟诗道:"汉似胡儿胡似汉,改头换面总一般。只在汾河川子畔……"云云。此诗用心极为险恶,说狄青是胡姓却冒充汉人,虽当了枢密使还不愿消除刺字,无非是暗示他有异心的嫌疑。作者将这首歪诗交给范谏官,想唆使他反映到天庭。唐初,功臣李君羡就因李淳风的一句谶语诗,而无辜遭到唐太宗诛杀。前车之鉴,历历在目,范镇头脑还算清醒,意识到害人后果的严重性,所以没有答应。

置身如此氛围之中,日日瞧着那些冷眼,耳闻冷嘲热讽,狄青有着无穷的困惑和烦恼。自己赤诚报国,从无二心,在枢密院正可以施展才能强化国家武备,可许多文臣凭什么总是怀疑将帅?又为什么老跟自己过不去?庙堂不是战场,其残酷性却胜似战场,狄将军真切体会到这一点,在无限荣光的背后他走的是一路的坎坷。

抑郁而终

狄青出任枢密使的时候,孙沔同时被任命为枢密副使,原本还有一位枢密副使王尧臣留任。而中书内的宰相只有庞籍一人，参知政事则是梁适、刘沆两位。狄青在任三年零三个月左右时间，共事过的同僚还有枢密使王德用、副使田况和程戡，在相位上先后有过陈执中、梁适、刘沆、文彦博及富弼几位。在这些衮衮诸公中，除了他和将门出身的王德用属于武官外，都是清一色科举背景的文官大臣，要说感情大概只有孙沔与他近些，若论共同语言恐怕也只有王德用了。至于其余诸位，大都对他抱有成见，这令他不免陷于孤独，有苦难言，煞是无奈。

枢密院位于开封皇城内的西侧，与东侧的中书相对，这两大机关分掌国家文武大政，号称东西"二府"，都是距离皇宫最近的要地。在议论纷纷中，狄青入主西府，素来缜密谨慎的他不能不处处小心翼翼，凡事隐忍退让，对文官士大夫始终表现出十二分的谦恭姿态。

对两任宰臣的文彦博，狄青极为敬重，对其他宰执大臣也虚心相待，而对昔日的上司韩琦更是毕恭毕敬。当日，韩琦早已离开枢密副使的官位，到地方任职，按说狄青的地位已高于韩琦，但他仍时常到京城的韩府问安。据记载，他每次到韩家，都入拜韩夫人甚恭，并以同辈礼数对待其子弟。显然，狄青希冀以此赢得朝廷的信任，取得文臣的好感。但他所做的一切，在文尊武卑的环境下都显得那样的苍白无力，徒劳而无功。因为其武人身份是一个无法改变的事实，是贴着标签的，更何况他不同于一般的庸将，有战功，有名望，所以备受许多朝臣的嫉妒和排挤。

在枢府的三年多，有关狄青的正面记载几乎绝迹，倒是有关他的流言偶尔见诸文字，令后世感到费解。

如知制诰刘敞就将狄青与灭亡唐朝的乱臣贼子朱温相联系，宣称发现狄家宅院在夜晚常发出奇光，而这种亮光恰与当年朱温篡位前的情景惊人相似。此事其实纯属因误会所致。当年，京城因屡次发生大火，甚至焚毁宫殿，故官府为了防止火灾，通常禁止深夜燃火烛，凡士庶人家要夜间祭奠，必须先报告主管街坊的官吏后方可燃烧冥币。一次，狄青家在晚间烧纸钱，管家偶然忘记事先去报备，自然有火光显现，结果被巡夜的逐级汇报到开封府。等负责官员来到狄府查看时，祭奠早已结束，火光当然也消失了。次日，都城里遂盛传狄枢密家有异光发射，刘敞不问究竟，便上奏反映，随意渲染。

又有一次，京师发洪灾，狄青携家人到地势高亢的大相国寺避水。事后，有人表示看见他身穿非同寻常的黄袄登上大殿，此事大概也属于随意遐想的结果。更可笑的是，还有人宣称发现狄家的狗头上长出角来。诸如此类子虚乌有的事情，成了许多人热衷的话题，整得狄青是百口莫辩。

依照古人的观念，一个人若奇事多，就预示着他不同凡人，不是龙种便是怀揣异心。这还了得？于是多位官员接连上奏天子，称天象恶变，必有世间奇人作怪，坚决要求将狄青逐出京城。用宋人王栢的话说就是"童谣方息，角犬成妖"。宰相文彦博曾为狄青说过几句好话，便受到指责。

其实，当时有关的传闻固然对狄青不利，但最终导致其罢官的原因恐怕还不至于此。据记载，狄青入枢密院后，不仅广大士兵将他视为自己的英雄，对外人夸耀，而且京城内外的民众也深为其事迹所折服，广为传颂其"材武"精神，民间还传说他是天上的武曲星下凡。以至于狄青每次出门,都有许多百姓跑来围观,将大路拥堵得无法通行。在当政者看来,这无异于鼓动民众好勇斗狠,鼓励军功,若就此下去不仅会影响到苦心营造出的崇文价值观与风尚,进而还可能威胁到社稷的安全。

到嘉祐元年(1056)八月间,天气炎热得令人心烦,久患疾病的仁宗皇帝病情加重,卧床不起。臣僚们忧心的不仅是天子的重病,更操心天子一直无子,如何传承皇位成了大问题。当群臣议论立皇嗣的大事时,谈着谈着又捎带着扯到狄青的身上。翰林学士欧阳修指出:武臣掌握了朝廷机密与军情,"岂是国家之利"?狄青本人固然没有恶意,不幸为军人们所拥戴,深恐因此陷狄青于不仁不义,就此为国家生出事端来。这话说得婉转,可透的却是杀气,一句话就是狄青对朝廷已构成潜在威胁,因此必须罢免其职,防患于未然。大文学家欧阳修也是大历史学家,用唐末五代兵变的惨痛教训为说辞,马上就打动了宰执大臣。

在如此强大的舆论攻势下,疑心颇重的当政者终于抛弃了狄青。宰相文彦博提议以使相官衔来安抚狄青,再安排到地方赋闲。当仁宗对文彦博说出"狄青忠臣"的话时,文丞相当即告诫天子:我太祖皇帝岂非周世宗的忠臣?但因得到军心所以有"陈桥之变"。仁宗一听哑口无言了。随后,文彦博又公开对前来喊冤的狄青绝情地说:没有其他理由,就是朝廷怀疑你!狄青闻听此话,大吃一惊,惊恐得连退数步。至此,再也无人愿为他辩护了。用清初思想家王船山的话说,狄青最终"颠倒于廷臣之笔舌"下。

在流言蜚语缠身之下,狄青被打发到陈州任地方长官,其实不过是挂名而已,具体事务都由僚属来做。从表面看,他的待遇倒是不低,节度使加上同平章事的头衔,也就是所谓的使相,其俸禄甚至比宰相还要高些,但却是在异常情况下远离了庙堂。

即使如此,当权者对狄青仍不放心,每月都两次专门派遣宦官来探问,其实便是监视其举动。据说,每当闻知使者到来,他都"惊疑终日"。当年十一月里,王德用也因同样的遭遇被逐出京师,最高军事决策机关的枢密院内成了一色的文士天下。狄青听到这一消息后,作何感想已不得而知,但可以肯定的是对他又是一记打击。真是英雄末路,四面楚歌,风声鹤唳,悲凉之感怎能不油然涌起?纵使狄青强硬如铁的身躯,也抵不住悲愤的无穷侵蚀。"征蓬出汉塞,归雁入胡天。大漠孤烟直,长河落日圆。"其实狄青的遭遇,正是宋朝武将群体境遇的一个缩影。

狄青到任不过半年左右,便郁闷而死,一代名将之星陨落于中原大地,时年仅50岁。仁宗皇帝闻知噩耗,悼伤不已,为之特辍朝两日。朝廷追赠其中书令的官衔,定谥号为"武襄"。

当日,朝臣王珪奉诏为亡臣撰写神道碑,碑文内容很长,最后的文字为:"汾晋之气,蒙于崆峒。有如其人,武襄之雄。始来京师,感慨从军。以节自发,孰莫不闻。元昊雄奸,归节塞下。西边用兵,露甲在野。公出大里,至于杏林。奇谋纵横,以詟戎心。上顾将帅,威名无如。来汝陪予,秉国之枢。盗起南荒,乘边弛防。陷邕围广,妖雾以狙。公于上前,愤然请讨。贼失昆仑,膏血原草。还服在廷,越兹累年。夙夜乃事,匪图弗宣。将相出藩,年甫五十。公不复还,天子为泣。生莫与荣,没莫与哀。彝常之载,其绩有来。有勤其初,有大其后。书德于诗,以质不朽!"可谓总结了狄青的一生事迹,并给予高度评价。读到这些文字，后世自然充满同情，却不知当年文彦博、欧阳修等人作何感想？

十多年后，神宗皇帝了解到狄青的功业，对这位名将极为钦佩，特意找来他的画像挂在宫内，并亲自御笔撰写了祭文，遣使祭奠。这份御制祭文，在宋人笔记《能改斋漫录》卷十四中还能看到，可谓字字动情，句句感怀。

狄青身后，其家人境况也值得一提。狄青妻子魏氏生前封定国夫人，共育有六子、二女。六个儿子都因父亲的功勋荫补为官，其中两位早逝，而以次子狄谘、三子狄詠以后名气较大。狄谘官至东上阁门使、提举河北义勇保甲，他的前一个头衔属于中高级武阶官衔，后者则是负责河北大区后备役武装的指挥官；狄詠也做到了东上阁门使，当过成都府利州路钤辖等官职，也就是四川腹地驻军的长官。

狄青长得相貌堂堂，基因也传给了后代。哲宗皇帝在位期间，为了给自己的公主妹妹寻找驸马颇费心思，大臣们推荐的许多世家子弟都看不上眼。近臣不得已便询问有何标准，哲宗答曰：要像狄詠的样子才行。狄詠仪表不凡，是一个美男子，但早已婚配，所以只能当样子了。此事传出宫廷，世间遂称狄詠为"人样子"。另外，太后与大臣为少年天子哲宗选皇后时，狄谘的女儿一度也入选，并得到太后的认可，后因其非正房所生等原因，而最终落选。

读狄青其人其事，令人肃然起敬，后世诗人王佑有"将军千古平蛮绩，马援真成伯仲间"的诗句（见曹学佺编《石仓历代诗选》卷344），将他与东汉开辟南疆的名将马援相并列，此说公允。而观其最终结局，又使人感慨良多，同情之心油然而起。明朝诗人张以宁有诗云："江右流芳墨作庄，气雄文古压欧王。平生却为多稽古，忧杀平南狄武襄。"（《过临江怀刘原父孔文仲诸贤》）不过，说到底"公道自在人间"，狄青不仅在青史上留下浓重的一笔，也为后世百姓所感怀，元明以来诸多狄家将的戏曲平话，乃至如今的影视剧，便是对他最好的纪念。

边臣王韶

宋朝第五代皇帝神宗时,大政治家王安石从事了一番改革,旨在富国强兵,这是后世所熟悉的,可知道他独子王雱的人恐怕不多。"有其父必有其子",英年早逝的王雱也是非同凡响,史称他豪气过人,"睥睨一世",也就是说极有胆识,傲视天下。在13岁那年,王雱从一位西北老兵口中得知了河州(今甘肃临夏市)、洮州(今甘肃临潭县)一带的地形和部族的情况后,便对父亲叹息道:应当通过招抚之法控制此地,否则若为西夏所获,国家必会受到压迫,边患就坐大了。

据说,少年的一席议论,对乃父日后产生了颇大的影响。而最终实现这一设想的人,并不是王雱,却是一名叫王韶的官员。

志在拓疆

王韶,字子纯,原是一名书生,出生于江州德安(今江西德安县)。据记载,他在年少时曾到家乡的庐山上发奋读书。庐山是一座名山,自古就有许多仁人志士在此游历,并留下无数歌咏诗篇。在山间,王韶领略到前辈的遗迹与题刻,追忆过英雄豪杰的事迹，也感受到大自然的壮美与永恒。他曾目睹窗前一株苍老不屈的古松，咏出了"绿皮皴剥玉嶙峋，高节分明似古人。解与乾坤生气概，几因风雨长精神"（《咏裕老庵前老松》）的诗句，抒发了不屈不挠的意志，也透出不凡的追求。

大约在仁宗朝嘉祐二年（1057），王韶通过科举入仕，按照惯例出任州县里的佐贰之职。他因对沉闷的地方衙门生活没有兴趣，所以又报考了朝廷举办的特科考试，打算通过这一途径获得施展才华的机会。然而，制科的失败使他未能如愿。此后，志向高远的王韶竟抛弃已有官职，独自客游西北一带，足迹深入今天甘肃的陇南、河西一带。

说到当年西陲的形势，还得先往上追溯。自唐朝后期吐蕃王朝瓦解后，在今天青藏高原及以东的甘肃部分地区出现了诸多割据势力，其中以吐蕃族（今天的藏族）为主，还有羌族与其他许多民族。到了北宋中叶，被称为青唐部的吐蕃唃厮啰政权一度崛起，以如今西宁为中心，控制了青海与甘肃部分区域。唃厮啰算是吐蕃族的一代豪杰，他不愿受到日渐扩张的西夏王朝控制，便接受宋中央的册封赏赐，结成抗衡西夏的联盟。不料唃厮啰死后，他的后裔却分道扬镳，致使草原再度陷于四分五裂的状态。唃厮啰后人多是鼠目寸光之辈，既无力统一各部，又疏远了与开封的关系，遂不断遭到西夏的胁迫和渗透。

王韶在西部边地深入考察一番，发现形势堪忧，一旦西夏控制了如此广袤的地区及其资源，便会对本朝构成更大的威胁，可反过来说这也给朝廷提供了机遇，一个乘势西进的机遇。但当政者显然没有意识到这一问题的紧迫性，看起来宰执大臣也无人愿意关注。他当然不知道还有一个叫王雱的少年,与自己抱有同样的梦想。他大有"天下皆醉我独醒"之叹,深感责任重大,不能坐视不管。这么说,王韶从此选择了与大多数文臣不同的发展之路,将投身拓疆西北视作自己的奋斗方向。

要说起来,在以往朝廷与西夏激战之日,也有个别身怀豪侠之气的士人愿意投笔从戎,主动请缨奔赴西北沙场,但由于当日庙堂并无远征拓边的宏大构想,所以这些人不免困顿于文案之中,最终一事无成。如仁宗朝的关中士人姚嗣宗,性情威猛,号称关右"诗豪"。此人曾在驿站的墙壁上题写了两首诗,其中有"踏碎贺兰石,扫清西海尘。布衣能效死,可惜作穷鳞"的诗句。边帅韩琦看到后大感惊奇,及至与本人会面后,又发现对方喜好谈兵。于是,韩琦将姚某推荐给中央。然而,朝廷并没有给他施展抱负的机会,仅授以关中某县的县官之职,使他老死于平静的县衙里。同时代人曾喟叹道:姚嗣宗,"人杰也,竟不达以死"。

幸运的是,当王韶出没西北边地探险时,力图作为的神宗皇帝开始统御天下。与前几代先帝不同的是,这位年轻的神武天子不甘心维持现状,急于雪边关之耻,所以对振兴国家武备充满向往,对有关边防建设的建议持积极的态度。随后上台的宰相王安石,不仅主张富国强兵,也早受到儿子的启发,对进一步开拓西北满怀希望,这自然都为王韶创造了有利的大环境。

熙宁元年(1068),王韶风尘仆仆地从边地来到京城开封,将自己深思熟虑过的西北边防构想,整理成《平戎策》三篇献给皇帝。他在献策中提出了这样的建议:西夏可取,要取西夏,当先收复河、湟(即黄河上游与湟水流域),以对党项人构成腹背挤压之势。近年来，西夏不断进攻青唐，万一攻克此地，他们便能渗入陇蜀地区，从而对社稷构成更大的威胁。如今吐蕃四分五裂，不相统一，朝廷正可以出师，恩威并用，收服诸部。如此一来，我有侧翼之助，而西夏则失去同盟，此乃巩固西陲边防之上策。

神宗阅罢奏书，深为所动，就马上召见了王韶。君臣相见恨晚，很快达成一致见解，天子当即任命王韶为"管干秦凤路经略司机宜文字"之职，派其赴西北开展活动。要说王韶的这一头衔，其实并非标准的官职，而是属于临时差遣性的职务，也就是说君王派他先去试探，为西进摸索路子。此时，王韶不过37岁左右，正是精力筋骨旺盛之时。

初开青唐

王韶来到西北后，经过一段时间的艰苦活动，先招抚了岷州（今甘肃岷县）地区吐蕃部大首领俞龙珂。据记载，为了赢得对方的信任，他仅率数骑亲赴其腹地大帐，推心置腹劝说，动之以情，晓之以理，就此招抚俞龙珂麾下十余万口。朝廷特为这位豪爽的酋长赐名"包顺"（据说是因为他仰慕包拯包公为人而提出要求姓包，朝廷特意予以满足），并封赏官爵与财物，使这支势力成为归顺天子的臣民和武装，日后发挥了重要的作用。

王韶颇有头脑，他清楚一味安抚或单纯用兵都不能收到长效的结果，昔日诸葛孔明收服西南诸部便是采取多管齐下的办法。历史的经验值得总结，所以在旗开得胜后，他放开手脚从事更为广泛的边关建设，初步尝试用经济手段配合军事行动。为此，他组织各族边民开垦荒地，发放农具、种子，既解决了这些人的生计，也满足了部队的军粮供给。当他了解到牧民饮食生活中离不开茶叶时，就利用川茶与各部族交换马匹，通过互市贸易，彼此受惠，还赢得周围部族的欢心。一些内地商人也被他招揽来，又进一步丰富了贸易的品种，像绸缎之类的奢侈品也成为酋长头人家的喜好之物。要说中国以后长期出现的茶马贸易，其实正肇始于斯。

在此期间，王韶因为主持开发渭源（今甘肃渭源县）至秦州（今甘肃天水市）一带垦荒和边贸，与顶头上司经略使李师中发生了矛盾，枢密使文彦博等大臣因对拓边持消极态度，故也加以压制，以至于王韶一度遭到贬官。以后，在宰相王安石的力挺下，他才恢复原职，李师中等意见不合的上司被调走。当日，还有官员诬告王韶有贪污行为，同样也是在王丞相的辩护下，他方洗清了不白之冤。正是因为得到了主政者的有力支持，王韶才能排除各种干扰，全身心投入边防事务。

几番打拼，几番收获，四年下来，王韶积蓄了足够的实力，也积累了足够的经验，到了该出手大干的时候了。熙宁五年（1072）上半年，他为了向西部纵深发展，便向朝廷建议扩建古渭寨（位于今甘肃陇西县）。古渭寨原是唐朝渭州的州城所在地，战略地位非常重要，但到唐末五代时已日渐荒废。神宗与王安石讨论后，认为建议有价值，因为掌握此地有利于逐步恢复对河陇地区的控制，于是下诏将古渭寨升格为通远军，并任命王韶为长官。

获得更大的职权后，王韶的拓边进度加快。不久，他给宰臣王安石写信汇报成果：新拓疆域1200里，招抚蕃部30万口。还要说，当时协助王韶活动的主要助手乃是几位武臣，包括外戚出身的武将高遵裕。他们通力合作，一边招抚边族，一边修筑城寨，不时还要迎击对手的各种挑战。

在同年七月间，王韶率军继续向西推进，在今天甘肃渭源县等地修筑堡寨，构建防御体系，并出兵征服了周边对抗的部落。在这次军事行动中，他高超的用兵胆略获得了一次重要的展示。

史书留下的记录是，王韶领兵从渭源堡开赴抹邦山时，当地部族凭借山区有利地形武力抗拒。这座抹邦山就是今天的漫坝山，位于甘肃临洮县与渭源县之间，是渭河源头清源河与洮河支流抹邦河的分水岭。面对不利的地形状况，众将都要求在开阔地带布阵迎敌，王韶分析了形势，却放弃了这种惯常的战法。他对部下说：大军远道而来，应速战速决，否则若对方据险不出，则我军势必因缺乏给养而难以持久。危险地势固然对我军不利，但如能借此吸引对手出动，激发士气，倒可变被动为主动。不用说，这样的作战方案具有很大的风险，需要非凡的勇气与精确的指挥，王韶就是王韶，他早已胸有成竹。于是，他号令上下破釜沉舟，然后率军一路急行军，快速翻越崎岖的山岭，突然在对手脚下列开军阵。随之，他传令全军：我军已置于死地，敢言退者斩！果然，对方纷纷冲出制高点袭来，试图借地形优势打垮宋军，双方遂展开激烈的对决厮杀。当宋军士卒几乎抵挡不住时，王韶立即披盔戴甲，上马率后备队从侧翼发起猛攻，对手猝不及防，被打得四散溃逃，王韶大获全胜，一时洮河以西为之大震。

当年，以今天甘肃临夏市为中心的吐蕃部相当强大，其大首领名唤木征，周边诸部多奉其为盟主。木征闻听宋军获胜，哪里肯服，旋即召集兵马，东渡洮河赶来声援，原来溃败的部落也会集于抹邦山中，打算联手反攻。面对如此严峻形势，王韶不仅没有畏惧，反倒认为机会难得。于是，他命令猛将景思立率领所部在山下大张旗鼓，吸引对方注意，而他则率领其余将士迅速从偏路奔袭武胜（今甘肃临洮县），一路势如破竹直抵武胜城下。据守此地的首领瞎乐乃是改名包顺的俞龙珂的兄长，他在大军压迫之下仍不愿归顺，结果只能仓皇出逃。王韶在招抚了武胜的一些部落后，在当地修建起城寨，使朝廷的影响力进一步深入洮河流域。随后，经过王韶恩威并施的攻势，想必也通过包顺做了许多劝说工作，最终包括瞎乐在内的一些酋长陆续归降。

战报送达京师后，朝廷赐给瞎乐"包约"之名，以与其弟包顺的名字相联，同时赐予这位首领与其他大小降将不同官爵，至于赏赐的金帛财物自不用说。不久，朝廷宣布将武胜改为镇洮军，任命高遵裕为守将。

武胜之役结束几个月后，中央又将镇洮军改为熙州，又以此为中心成立包括河州（今甘肃临夏市）、洮州（今甘肃临潭县）、岷州（今甘肃岷县）及通远军（今甘肃陇西县）等地在内的熙河路，任命王韶为熙河路都总管、经略安抚使兼熙州知州，并特赐予龙图阁待制的加衔，全权负责开拓西部边疆事务。要说新设立的熙河路行政区，地域辽阔，人烟稀少，朝廷直接掌握的只有分散于关隘要道上的一些城寨，广大山区和草原仍由归顺的部族首领实际统治，而河州及洮州等地，名义上虽属熙河路管辖，其实还远没有进入官方的有效控制之下。

翌年（1073）二月中，王韶指挥军队先攻破香子城（今甘肃和政县），再一度攻占河州城，迫使木征出逃，抛下妻室做了俘虏。不久，王经略使班师，暂时放弃河州，但香子城等地却已成为西进的桥头堡。

西陲不断取得的重大战绩，令庙堂上下欢欣鼓舞，群臣入朝庆贺，天子为之振奋。神宗高兴地对王安石说：若不是你在朝中主谋，哪里会有如此斩获？

香子城战后，王韶与部下将士都获得重赏，其中受到奖赏的有功军人就有三千之多，而王韶本人除了获赏3000匹绢外，还越级升迁为礼部郎中、枢密直学士，这自然都属于名义上的官衔，他的实际职务依旧是熙河路的最高长官。难得的是，天子还与王安石达成共识，确保王经略使作为熙河统帅的权威不受他人制约，包括亲信宦官李宪也须服从调遣。为了增强熙河路的兵力，还下令将原属秦凤路百分之六十的军队划归王韶麾下，包括近三万名士兵和三千数百匹战马，其中多半军人都是战斗力极强的西北土兵。

河州再捷

自第一次河州战火消散后，朝廷收复了唐末以来丧失的河陇许多地区，并在此重建了统治秩序。凭借在西陲赢得的威名和增强的军力，王韶从此行动更为主动大胆，在积极实施进一步西进计划的过程中，恩威并施，所向披靡。接下来的目标，该轮到了河州要地。

时隔两个月后，王韶派军攻占香子城西北的踏白城要塞（在今甘肃东乡族自治县西），又大败当地部族势力。有意思的是，本次前线的指挥官王宁原本是一员庸将，素来缺乏战绩，这一回却取得不小的战果，要说原因的话，实在应归功于高涨的士气，令庸人也因此获得升华。天子获悉这一消息后，相当感慨，就对宰臣王安石说：作战士兵精勇无比，虽一介庸将亦能获胜。王安石答道：人无勇怯，关键在于调度安排是否妥当。自我朝太宗皇帝以后，因朝廷各方的猜忌和束缚，像曹彬那样曾平定过江南的名将，也不免兵败幽州城下，如杨业、郭进及狄青那样的猛将，终究死不得其所。是故昔日的朝政环境下，也只能产出王超、傅潜之流的庸懦武臣。朝廷唯有治军有方，才能无往而不胜。君臣的这段对话值得关注，因为正道出以往武备不振的症结所在。

当年七月份，王韶决定派将军景思立率偏师从熙州正面出动，扬言要修筑河州城池，利用对手主力被吸住的机会，自己再暗中带领八千士卒南下翻越露骨山，然后先开拓洮州疆域，再绕道北上夹攻河州。当他将用兵部署报送京城时，神宗因不了解战场形势和行军路线，颇为忧虑，认为王韶应当直接支援景思立部，而不是绕远路行动。王安石到底站得高看得远，他对如此大胆举动深表赞赏，便一面给前线回信表示支持，一面安慰天子。王丞相对神宗指出：王韶极有智谋，绝不会轻举妄动。他还以下棋为例说明王韶的动机，即用兵如下棋，如果只考虑一招棋，必然无法取胜，只有出一着而收二三步之效，才能稳操胜券。

露骨山地处青藏高原与黄土高原衔接地带，位于今天甘肃渭源县与漳县、卓尼县交界处，山顶常年积雪，山势陡峭，主峰海拔达3941米，至今还流传着"漳县有个露骨山，比天还高三尺三"的民谣。像这样的山岭，即使有路也不过是崎岖小道，自然不利于大规模军队通行。

兵法从来讲究的是虚虚实实，千变万化，明修栈道，暗度陈仓，在出其不意中打击敌手。如王安石所预料，王韶的这次大胆行动，完全出乎对手意料，下的是一着应几着的好棋。但在翻越露骨山的过程中，行军也颇为艰难，常常只能牵着马攀登。当大军终于翻越山岭突入洮州境内时，当地部族势力毫无戒备，留守的本征的兄弟巴毡角只得落荒出逃，山南各部遂一举被收服。消息传到河州，本征为了夺回失地，便留下一部分人应付，自己亲率精锐军队尾随王经略使身后，伺机发动进攻。在如此危急的形势下，诸将都请求直接开赴河州，与景将军会合，王韶却认为：若就此进抵河州城下，木征必然尾随而至，成为守城者的外援，而周围的势力也会赶来参战，里应外合，其结果不堪设想。于是，他暗中派出一部分军队支援景思立，令他们立即对河州发动进攻，他自己则引诱木征出战，随之大败对手，迫使木征溃败撤退。在此举获得成功之后，王韶才挥师赶往河州，与景思立部会合，大军兵临城下。如此一来，绝望的守城者只好开门出降。

从此次战役的全过程来看，王韶采用了声东击西以及围点打援的战术，积极主动在运动战中大获全胜，可谓深得兵法妙用，这在本朝用兵史上确不多见。后世史家在修《宋史》时，对他还有如是评价：起于孤寒书生，而用兵有胆有略。每次临阵前，他对诸将仅授以机宜，便不再过问。在紧张的交战之夜，侍卫们皆恐惧打颤，他却能安然入睡，鼻息自如。由此可见，王韶的确是一位胆识过人的杰出军事家。

战役结束后，王韶指挥士卒对河州城火速进行了扩建，以巩固其战略要地的作用。随之，他迅速率军向东南方向出征，连下宕州（在今甘肃宕昌东南）、岷州（今甘肃岷县）、叠州（今甘肃迭部县）及洮州等地，除了少数对抗者被镇压外，各地大多数部落首领都被招降。史称：王韶行军54日，跋涉1800里，收服了东西千余里的地域和大小蕃部三十余万帐。通过一系列的用兵活动，使河州东南方向的广大地区归顺了本朝，并与阶州（今甘肃武都县）和成州（今甘肃成县）连成一片。

还值得说到的是，当王韶这次带兵深入地形复杂、气候恶劣的部族混居地区时，因多日杳无音信，朝中官员都以为全军覆没。所以，神宗在最终接到捷报后，喜出望外，面对率百官入宫庆贺的王安石，竟兴奋地马上将身上的玉带解下赐给他。天子一高兴，还打算立即授给功臣王韶节度使的高位，不过王安石却建议暂不授予，可先提拔官职，节钺还是留待日后再说。神宗遂传旨：王韶越级迁官左谏议大夫，并加授端明殿学士及龙图阁学士之职。随征作战的有功将士因此也都获得升迁，其中武将张玉从刺史迁为观察使，也是连升数级。

为了加快对新地区的开发治理，王韶继续执行怀柔政策，一面扩大贸易活动，密切与各族的经济联系，一面开设蕃学，对归顺的部族首领子弟进行儒家文化教育，并鼓励这些年轻人参加科举考试。除此之外，还修筑寺庙，在灾荒时给予赈济等等，这些举措对稳定边疆局势都发挥了作用。而通过不断的茶马贸易，还极大地缓解了朝廷紧缺战马供应的矛盾。

威震西陲

西线的形势虽出现了前所未有的大好局面，但战争的残酷性却从未减弱，因为广袤的草原、山区仍聚集着各种各样的对手，一有机会便会展开绝地反攻。

在熙宁七年（1074）正月间，王韶奉诏赴朝商议未来对付西夏的战略规划，暂时告别了前线。在宫廷内，神宗皇帝再次见到王韶，也再度听到了他的不少高见，此时距上次会面已过了六年多时间，他早脱去一身的书生气，完全是久经沙场的大将风采，谈吐中透出的是成熟的兵机韬略。对这位智勇双全的将帅，天子颇为欣赏，于是特授予资政殿学士的头衔。须知，这一职衔以往仅是卸任的执政大臣才有资格获得。同时，天子又赐给他京城内一座大宅第和许多银绢，以示感谢。

一个多月后，正当王韶踏上返程的途中，景思立战死踏白城的消息传入耳中。事情的原委大致是：朝廷正式设立河州后，以今天青海西宁为中心的吐蕃势力感到威胁，便派大将鬼章出兵协助木征。鬼章是位枭悍的战将，他一面领兵骚扰，一面不断写信挑逗河州守将景思立。景将军不堪忍受，遂贸然率数千军兵出击，结果在踏白城被优势敌军打败，景思立以下许多将士阵亡。还有一种说法是，鬼章来信诈降，景将军率部被诱骗至踏白城后被歼。鬼章得手后，随之指挥大军围攻河州城，万骑呼啸，弓矢齐发，河州几乎成为一座危城，一时相邻各州也大为震惊，纷纷闭关自守，形势万分危急。好在岷州的首领包顺自归顺后，就成为王韶麾下的一员猛将，此时坚定地站在中央一方，率领自己的部属击退了来犯的木征军队。王韶在关中的兴平县（今陕西兴平县）获悉战报后，立即马不停蹄地赶往前线。

王韶抵达熙州（今甘肃临洮县）后，迅速调集各地军队二万多人，准备展开反击。在会商作战计划时，大多数将领都要求直接增援河州，唯恐这座千辛万苦营建的城池失陷，并引起连锁反应。王韶依然是异常冷静，他分析各种军情形势，又决定实施避实就虚、迂回作战的方案。

经过一番战前准备，他率大军从熙州开赴西北方向的定羌城（今甘肃广和县），接着北渡洮河，切断对手通往西夏的道路；再挥师西进至宁河寨（今甘肃和政县），然后分兵南下露骨山，一路歼灭数千敌军，从而横扫河州以东及东北、东南的广大区域，断绝了其外援。如此这般，围攻河州的鬼章与木征联军便不敢继续逗留，只得拔营撤退。王韶乘机集中兵力一路追击，在踏白城以西连续大败敌手，不仅拔除了对方的许多据点，更进一步分兵北上黄河沿岸，并向西扫荡山区，于是将河州四周的部族大都征服。在急风暴雨般用兵的同时，王韶又在新占领的关隘要塞修筑城堡，加大了压迫对手的力度。

到同年四月中，在朝廷强大的攻势之下，吐蕃大首领木征已无计可施，也无路可逃，只得率领手下八十余位酋长来到王韶大军辕门投降。之后，木征被护送到开封，天子对这位强悍的游牧部族领袖极为重视，特赐给皇家姓氏，为其取名赵思忠，授予荣州团练使的官衔，封其母为遂宁郡太夫人，放还他的妻子并封为咸宁郡君，又封赏其家族许多成员官爵，也就是说打算通过赵思忠的号召力,来协助招抚西北吐蕃诸部。

这次军事行动的过程实在是瞬息万变,其结果出乎很多人的预料。当景思立兵败之初,由于吐蕃兵势再度兴起,数千里外的庙堂中便蒙上一派悲观情绪,许多文臣建议干脆放弃熙、河地区,收缩兵力退保原来的防线。天子为此忧心忡忡,寝食不安,多次派宦官持诏书赶往西线,指令王韶为了保住熙州,可以持重不战。但王经略使却不为所动,没有采取被动、死守的方式应战,依旧是运用主动灵活的运动战法迎敌,不仅扭转了失利局面,更进一步扩大了战果。因此,当战役结束后,神宗皇帝对王韶给予高度评价,并特意派人给他带去了这样的谕旨:将在外,君命有所不受。可以说,当朝天子的这一表态,恰与先帝们实行阵图、监军一类控制将帅的做法形成了鲜明的对比。

到熙宁七年大败吐蕃诸部并招降木征后,王韶在西陲的拓疆活动达到了顶点,熙河路不仅巩固下来,其疆域更向西得到扩张。至此,他也走到了人生的最辉煌时光。

要说王韶是宋代历史上最善用兵、也最具胆魄的文臣统帅,是毋庸置疑的,其军事才能足以与以往历代那些良将相媲美,甚至如杨业、狄青等本朝名将与他相比,也似乎略显失色。王安石曾专门题写《次韵王禹玉平戎庆捷》的诗篇,赞扬了王韶的赫赫功业:

熙河形势压西陲,不觉连营列汉旗。
天子坐筹星两两,将军归佩印累累。
称觞别殿传新曲,衔璧宁王按旧仪。

>江汉一篇犹未美，周宣方事伐淮夷。

作为大政治家王安石不吝笔墨，在诗里既写到了西北异常的严峻形势，也写出王韶挥师出征、排兵布阵和凯歌奏捷的非凡事迹，最后表彰了他为朝廷宣威西陲的巨大贡献，并将此与周宣王时代讨伐淮夷的战绩相类比。真是大将荣归，身佩累累印信，令人景仰。

错位角色

自古政坛讲究论功行赏，但凡睿智明君大都遵循。熙宁七年的年底，王韶奉诏调入京师，出任枢密副使，也就是国家最高军政机关枢密院的副首脑，这当然属于论功行赏原则的体现。在本朝历史上，以军功出身背景攀升至执政大臣的情况并不多见，此前只有狄青等有限的几位。除此之外，王韶还拥有礼部侍郎兼观文殿学士的显赫头衔，这些在外人眼里，确是春风得意。

算起来，从上书议论边事到此为止，前后不过七年的时间，王韶便从一名离职小官跻身将相之列，将原本排在前头的众多朝臣远远甩在了身后，可说是步入了其从政的顶峰。这一年，他大约45岁，仍是大有可为的年龄。

王韶步入枢密院之初，因为一身的辉煌战绩，还是深得皇帝的眷顾，他办公的衙署虽与皇宫有数百米之遥，但他感觉与天子的距离仿佛近在咫尺。来年的四月上旬，他加封开国侯爵位，祖上三代也获得追封官爵的荣耀。仅仅十余天后，他又获得封妻荫子的好处，其母被宣召进宫，受到九五之尊的接见，老人家当时就被册封为嘉泰郡夫人，他的两个儿子也得到加官的赏赐，连他的儿媳、弟媳与侄媳几位女眷都因此沾光，每人获得一顶金冠及一袭彩缎披风，真是皇恩浩荡，也可谓"一人得道，鸡犬升天"。

然而，"福兮祸之所伏，祸兮福之所倚"，风光无限背后往往隐藏着阴云密布。要说升迁显达的结果，未必皆是喜事，要看位置是否合适，要看环境氛围及人际关系如何，若有一个环节出了差池的话，当事人就会遭遇麻烦，面临尴尬以至于倒霉的结局。遗憾的是，王韶这位擅长用兵打仗的军事家进入枢密院后，就发现朝堂绝对不同于战场，自己的聪明才智很难派上用场，真是英雄无用武之地，于是困惑随之而来。

多年以来，本朝庙堂上养成的风气是，体现一位大臣才能和价值的主要标志，是理论学养的高低，讨论国事要引经据典，还得保持风度，所谓"坐而论道"。因此，一个实干家，尤其是军事实干家，通常便受到歧视。当然，谙熟官场门道也至关重要，要能妥当处理上下关系，不仅要赢得帝王的欢心，同时还要善于与同僚交往，该让步时要忍让，该角力时也不能手软，长袖善舞、拉帮结派、纵横捭阖、尔虞我诈之类的手段，一样都不能少，即使是专责军政的枢密院长官也不能超脱免俗。可在这些方面，王韶显然缺乏历练，骤然从军令如山的营门踏入错综复杂的朝堂，政治风浪权力旋涡此起彼伏，都令他目不暇接。可以说，他是一位纵横驰骋疆场的杰出战地统帅，而不是一位满腹经纶、老谋深算的政治家。于是角色出现错位，高明的军事家沦为笨拙的政治实习生，一段时间后他头顶的光环自然渐渐消退。

王韶能取得战场上的巨大成功，与神宗皇帝的信任分不开，他之所以出任枢密副使，也是因为天子对其战绩的欣赏，这是以用兵收益为轴形成的交换关系。一旦这种纽带断裂，他便难逃失宠的结果。遗憾的是，王韶入朝后就失去独立用兵的机会，因为庙堂远离战场，而重大军事决策由天子与中书和枢密院的诸位大臣会商，涉及的范围又相当广泛，他说多了，易招致他人的猜忌，说少了或说偏了，也会引起君臣的不满，特别是几位文臣出身的顶头上司多少都对他有些压制，遂令他的才华难以显示，就此逐渐疏远了与天庭的关系。更令他想不到的是，自己与王安石之间也产生了距离，这是谁都没有料到的后果。

　　要论王韶与王安石的关系，原本一向正常，王韶在西部的拓边行动，就长期得到王丞相的鼎力支持。在王安石看来，这种拓疆活动符合国家的战略利益，也是自己的一个夙愿，故彼此在这一点上理念吻合。因而，以往每当朝中有人非议王韶时，他都坚决予以回击，又说服并打消皇帝的疑虑。就王韶受到诽谤的事，王相公曾在天子面前鸣过不平：如今王韶不过以二三分心力经营边事，却要耗费七八分精力防备他人的陷害。王韶先后三次被指控有贪污嫌疑，也都是在王安石的辩驳下洗去冤屈，王丞相当日甚至不惜以辞职来为他担保。正因为如此，王韶才能无后顾之忧，全力投身于前线，天子也才能长期对他毫无芥蒂之心，赋予全面用兵大权。

　　入朝之前，王韶对王安石一直满怀信任，当时发生的一件事足以说明这种信任的程度：熙宁七年四月中，王安石主动辞职。王韶在西陲得知消息后，深为自己的前途忧虑。此时还有人散布谣言，称朝廷将要废除熙河路，将他调回秦州。王韶闻听愈加忧虑困惑，不免心灰意冷，即使天子屡降诏书安慰，也不能打消他的顾虑。在此情况下，神宗只得请卸任的王安石给王经略使写信，借助特殊的信赖关系加以劝慰。正是因为得到故相的书信，王韶才继续安心从事军务活动。但必须承认，他们俩的关系到底是建立在开拓西北的相近志向上，其实并没有多少深入的私交。不巧的是，当王韶进入枢府时，王安石已罢相离朝半年多，这使他失去了最初讨教与深交的机会，仅仅维持着以往的公事关系。

据说，次年王安石复相以后，在处理一些问题上与王韶出现分歧，素来性格强硬的宰相当时正因变法受到反对派的围攻，很可能就此对昔日的部下产生了看法，两人之间遂有了隔膜，感情上便疏远了。这更使王韶陷于极大的苦恼之中。

为了摆脱尴尬境地，王韶一度萌发了离朝的想法。神宗出面做和事老，劝王相公安慰昔日的英雄，说服王韶放弃了辞职的打算。经过天子的调和，双方恢复了以往的关系，但其他大臣对王韶的态度依旧，他的处境也就难以完全改善。

苦闷而死

王韶是个身强体壮的人，发迹后娶了多位妻妾，由此育有十多个子女，大的已经成年，小儿子才刚会说话，从这一点说可谓多子多福。在他的精心栽培下，几个成年儿子顺利踏入仕途，连开口不久的幼子也被教导得异常聪明。

有一次，遇到京城过元宵节，王韶打发仆人带着乳名叫南陔的幼子去观灯,谁知小孩头上戴的镶嵌着珍珠的帽子引来了盗贼,人流拥挤中突然南陔不知去向。四处寻找不到后,家仆只得惊恐地回来报告,不料当爹的却不十分在意,对家人宽慰道:若换作别的孩子,就得马上去找,南陔这孩子倒不要紧,过些天就会自己回来。

果然,十来天过后,南陔竟坐着一顶官轿进了家门。从稚嫩的孩子口中,父母才得知了事情的经过,原来那日贼人乘乱将南陔从仆人肩上抢走,这孩子人小鬼大,反应很快,明白都是值钱的帽子惹的祸,便悄悄拿下帽子揣入怀中。当看到有皇宫的车马从身旁经过时,他就大声呼救,吓得强盗扔下他惊慌逃走,于是他被带回宫内。次日,天子听说此事,颇感惊奇,遂叫来询问,这才知道是王枢密的幼子。神宗喜欢南陔的聪明伶俐,便留在皇宫多日,最后才派人带着压惊的金钱和果子送回来。

发生在南陔身上的这件事,以后流传甚广,成为民间教导儿童的一个著名故事。由此可见,王韶教子有方,从小就培育出孩子沉着冷静的性格。南陔的大名叫王寀,成年后科举入仕,以辞章闻名,之后却沉溺于神仙方术,又以此名动朝野,最终因遭到宫廷道士林灵素的谗言而被流放岭南。他的大哥王厚,在哲宗、徽宗两朝继承父业,成为活跃西北的知名将帅,官拜节度观察留后,这当然都是后话。

到熙宁九年(1076)十月,王安石第二次罢相后,王韶更为孤立了。他性情耿直外露,多年紧张的疆场生涯养成了雷厉风行的作风,而这与朝中的氛围却格格不入。他自知失去施展才能的环境,又拙于权势争斗,因此在朝堂待久了,不免心灰意冷。

一次，在讨论解决对交趾（今越南）用兵、宦官李宪在西部拓疆等问题上，王韶又因言语不当，招致天子的不满，这使他处境越发艰难。数月之后，他不得不递上辞呈，不料皇帝并不挽留，当即发布调任他到洪州（今江西南昌市）做知州的诏命。不过，神宗念其过去的功勋，特为他加上了户部侍郎兼观文殿学士的官衔。

王韶回到家乡的洪州就职，因为有一种被遗弃的感觉，就在给天子的《谢到任表》中流露出不满和怨言。这一举动立即遭到御史的弹劾，并且旧账重提，指责他曾经贪污军费。于是，他被削去观文殿学士的职衔，改调鄂州（今湖北武昌）知州。

接连受挫之下，王韶困顿于鄂州地方衙署。他大概看透了官场的险恶无情，遂懒于政务，纵情于杯中之物。宋人野史称，一天，他设宴请客，一位来客借着醉意想调戏他的家姬，家姬哭着跑到主人面前诉说，他却对受到委屈的女子说：叫你们来就是助兴的，怎么搞得客人扫兴。说罢，他举起一大杯酒罚这位家姬饮尽。事后，众人都为其气量所叹服。

王韶看起来似乎豪爽豁达，其实内心却相当苦闷，除了政治上的失意外，据说还时常为昔日在西北的杀戮行为而不安。于是，他不断出入佛门，希望以此抚慰烦躁的心灵。遗憾的是，佛陀的光辉也没能驱散心中的阴霾，他甚至时常出现言语举止反常的情况。以后，文人们分析他之所以如此，乃在于昔日杀人太多的缘故，也就是因果报应所致。这一切是否属实，已不得而知，后世能确切知道的是，王韶是在痛苦的心情下度过了晚年。

神宗元丰四年（1081），王韶去世。他的死因很特别，是背部生恶疮所致,当时他不过52岁。

朝廷获悉王韶病故的消息后,赠以金紫光禄大夫的官衔,定谥号为"襄敏"。这些不过属于照章办事的礼节性程序,而且来得太晚,当然已无法安慰故去的一代英豪。王韶死后,归葬于家乡德安县的望夫山下,至今尚残存一些石碑、石翁仲及石兽像之类的遗物。

好在后人并没有忘却王韶的功业,多年之后,熙河地区修起了"王韶庙",以纪念他对开发西北做出的贡献。而有关他的记载也流传不绝,散见于正史、野史以及笔记小说之中。几百年后,其宗亲后裔修族谱时,也以这位先人的事迹自豪。

蓝田"四吕"

蓝田,陕西关中腹地的一个县份,东南距西安城不过几十公里,古时候属于国都丰镐、咸阳、长安的近畿之区。这里不仅山川秀美,还出产特有的玉石,故其得名便与玉发生了关系。据唐人李吉甫《元和郡县志》的记载,此地盛产美玉,古人以玉之美者为蓝,因此以所出的美玉得名蓝田县。蓝田最早设县,始于秦献公六年(前379年),也就是距今两千三百多年前的先秦时期,不可谓不早。而秦汉以降相沿不废,及至今日。这样看来,蓝田便是中国最古老的县份之一。

玉石自古就是人间宝物,一块美玉不仅标志着高贵与地位,更常常暗喻人品才华之出众。蓝田以美玉名闻天下,故已为世人所知晓,而就人物所论,此地也大有可称道者。往更久远里说,110万年前,华夏的远祖已在此定居,即著名的"蓝田猿人"。汉魏之际,大才女蔡文姬沦落匈奴十余年,在无限伤感中写下了《胡笳十八拍》、《悲愤诗》等千古绝唱。当她被曹操赎身返回后,选择了与夫君董祀退隐于蓝田,并最终安葬于此。以诗书画享誉海内的唐代名士王维也相中了蓝田,在辋川溪谷之间修筑别墅,号"辋川别业",长期在此隐居并吟诗弄画,留下了《辋川集》、

《辋川图》等名篇。当地出生的著名画家韩幹,以善于画马名重一时,所绘《牧马图》流传至今,仍属稀世珍品。当年,因蓝田的山水与胜迹,还吸引了其他许多文人骚客流连忘返,大诗人杜甫及张籍等人都有咏叹蓝田名胜的诗歌传世。如此这般,蓝田俨然成为京城附近人文荟萃的中心所在。

要说历史上的蓝田本乡名人,还要以北宋时的"四吕"最为声名远播,可称得上是士林中之美玉。

"四吕"的身世

"四吕"属第三代蓝田人,他们的原籍在中原汲郡(今河南汲县),到祖父吕通时,才迁居蓝田县。吕氏是仕宦之家,几代为官,吕通做过太常博士,其子吕蕡做过比部郎中。这还只算是好剧的序幕,到定居蓝田的第三世,才真正在政学两界上演了华彩大戏。

吕家日后发达,想必与其门风一贯淳朴厚道有关。据宋人笔记称,吕蕡忙于科考期间,父母为他选中了本乡一户人家的闺女,聘礼下过了,但还未正式举办婚礼。等到吕蕡考中进士时,意外的事却发生了:未婚妻突然双目失明,成了盲人。女方家如实相告并表示愿意退婚。像这种情况下退婚,本是人之常情,不曾想吕蕡却向对方说:既然在下聘后才变瞽,你们就不算欺骗,我又怎敢毁约?于是,吕蕡如约迎娶了盲女为妻。这样大仁大义之举,不仅赢得乡里的赞誉,也在冥冥中为自家积攒下厚德。

吕蕡与瞽妻育有六子,其中五人科举中第做官,最出名的则是长子大忠、次子大防、三子大钧和四子大临,号称关中"四吕"。说到吕家诸子的成功，自然与殷实的家境、良好的读书条件有关，不过也与关中地区朴实的学风分不开，特别要提到的是他们与关中大儒张载有着师承关系。

张载是宋代名满天下的大理学家、大思想家，因定居郿县（今陕西郿县）横渠镇，故世称"横渠先生"。这位大学者不仅知识渊博，著述丰硕，更见解精深，从万物本源到社会的基本范畴都网罗探究，与同时的著名理学家"二程"兄弟齐名。张载治学严谨朴素，尤重力学践行，"为天地立心，为生民立命，为往圣继绝学，为万世开太平"便是他的名言。

横渠先生在家乡讲学，一时声名远扬，引得各地学子纷纷入门请教，吕家几位子弟也慕名追随学习。在这些弟子中，吕大忠、大钧和大临三兄弟颇为用功，故多得其真传。吕大防虽未前往受业，却也间接从兄弟那里收获不少。这便为他们日后学行打下了坚实的功底。

光阴如梭，吕家诸子在勤奋苦读中度过了青年时代，到了该选择未来发展道路的时候。兄弟中五人投身科场之中，并先后斩获成功，唯有吕大临埋首古礼的精神世界，竟无意于仕途。由此，他们分别走上仕宦与治学两条不同的道路，终了论官品地位，次子大防最高，而论学问影响，则四子大临最盛，吕家的门楣因此大放异彩，其桑梓之地蓝田亦平添了许多辉煌。

吕丞相的脾性

吕氏兄弟中，吕大防后来做到了宰相，是一人之下万人之上的大人物。遥想当年，不只是吕家荣耀无比，就连蓝田乡亲们也备感脸面有光。

吕大防，字微仲，仁宗天圣五年（1027）出生。皇祐元年（1049），时年23岁的他进士及第。翻看其此后的履历表，可以发现他入仕后一帆风顺。吕大防先从陕西的县级衙门起步，历经主簿、知县的官职，到英宗朝一度进入中央监察机关的御史台供职。神宗登基后，他由负责河北民政财经的转运副使再次上调京城，出任承担草拟天子诏书的知制诰之职，以后又做过许多地方官，包括华州（今陕西华县）和秦州（今甘肃天水市）的知州、成都府（今四川成都市）的知府等，加衔至龙图阁直学士。

吕大防在政坛的真正崛起，则始于哲宗时期，这已是他所遇的第四代皇帝。当年神宗驾崩后，由于哲宗年幼即位，遂由高太皇太后垂帘听政。年迈的司马光奉诏入朝主政之际，吕大防也被提拔为翰林学士兼京师开封府的知府，受到了重用。时隔不到一年，他就升迁为中书侍郎，也就是副宰相，并加封汲国公，成为宰执大臣。再转过两年，即元祐三年（1088），他终于登上宰相之位，与元老重臣文彦博、已故宰相吕夷简之子吕公著、范仲淹之子范纯仁共同主政。

在当政期间，吕大防等几位大臣继承故相司马光的主张，认为以往的变法扰乱了人心，因而一味恢复旧制。由此，这一班人以后被称为"元祐老臣"，支持者誉之为老成持重，反对者呼之为因循守旧。于是，围绕如何看待变法而再度掀起党争，也为随后埋下了隐患。

吕大防长得身材高大，相貌方正，声若洪钟，有一种"伟然"之气，不能不令人肃然起敬。说到他的脾性，是沉毅厚重。在相位上，他往往持重寡言，遇到有人以私事干政时，他总是正襟危坐，一言不发，常常令对方无趣退下，于是被当时人称为"铁蛤蜊"。

吕大防权位已极，不过却从不摆谱，恪守的就是一个"礼"字。一次，其兄吕大忠从外地卸任回京，哥儿俩在相府见面，他的夫人也在婢女的搀扶下来到厅堂下，要给自家大伯施拜谒礼，吕大忠连忙说：宰相夫人不须拜礼。吕大防打发婢女退下，让夫人在烈日下施完家礼才离去。当日，还有一位副宰相安焘的父亲来看儿子，安焘竟与自己的夫人安然坐在主位上接待老父。两厢相较，自然分出了品行的高下。消息传出，士大夫们皆为吕丞相的得体行为所叹服。

吕大防在相位上将近八年之久，直至高太皇太后驾崩后。哲宗亲政的绍圣元年（1094）三月间，吕大防以山陵使的身份才主持完毕老太后的国葬，便被下诏免去相位，到地方衙门就职。要说哲宗天子重拾先帝的变法旗帜，当然是不会原谅"元祐老臣"们的作为，而"一朝天子一朝臣"法则也鼓励着反对派抢班夺权，巴不得将掌权者赶出中书要地。

若总结吕大防为政的表现，可以概括这样几句：忠心耿耿，恪尽职守，敢担责任，不植朋党。用《宋史》本传的话说，他还不以权谋私，无意为自己邀名树誉，有怨不推，有恩不揽，"立朝挺挺"，之所以如此，乃在于朴厚耿直的天性使然。

吕大防还干了件积德的事：他罢相来到桑梓之地的永兴军（治所在今陕西西安市）任职时，属下醴泉县（今陕西礼泉县）一大户因分家产诉诸公堂，意外牵扯出收藏的唐明皇头骨。民间盛传谁拥有此物谁家就会大富大贵，他当然不会将这颗皇帝的头骨剖成几块判给几兄弟，只是下令予以没收，再葬于泰陵之下。唐玄宗若地下有知，一定感激吕氏的仁厚。

以后，吕大防又到几个地方衙门赋闲，但贬谪的意义大于实际职权。绍圣四年（1097），他再度被贬为团练副使，安置到岭南的循州（今广东龙川县以西）监管居住。当走到途中的信丰县（今江西信丰县）时，心力交瘁的吕大防终于染上重病，他对陪侍的儿子说：我不能再南行了，我死后你就可以返乡，我家还能保有遗种。于是，他就此撒手人寰，享年71岁。不久，在其兄吕大忠的乞求下，朝廷才允许家人将他的遗体运回蓝田下葬。

吕芸阁的功夫

吕大临，字与叔，号芸阁，生于庆历二年（1042），卒于元祐五年（1090），也就是只活了48岁有余。在蓝田吕家的六兄弟中，唯有吕大临没有功名头衔，要说他最笨，肯定是无人相信，因为论学问属他最突出。但是，他却很早就走上了一条寂寞的道路，以治学自娱，而远离了火热喧嚣的科场。

吕大临追随并深受张载思想的影响就不必说了，他还娶了老师自家兄弟张戬之女为妻，足见其以横渠先生的关学继承人自许。张载亡故后，他又东出潼关赴程颐门下继续深造，因此学贯古今，遂与谢良佐、游酢、杨时并称程门"四先生"。吕大临一生致力学术研究，通三坟五典，尤喜古礼，终以精通三礼而名扬天下，著有《礼记传》、《大学解》、《中庸解》等经学著述,享誉学林。程颢称其学问"深潜缜密",朱熹也承认其成就高于同辈诸家。

一个学者要是真的在学问上下大工夫,而心无旁骛,就没有走不通的路,吕大临便是这样一个典型。泛滥经学之外,他又探究起诸般古器物背后的东西。关中自古帝王都,传世下来的钟鼎、碑石之类的物件,散见于民间,不仅宫廷、达官贵人喜好收藏,就连平头百姓家里也不稀见,有拿西周青铜盘喂猪的,有用春秋鼎储物的,还有将秦汉碑石垫炕的。真是暴殄天物啊!谁又能意识到这些古物蕴藏的历史信息与价值?好在当年有几位学人独具慧眼,注意到古物的研究意义,其中就包括吕大临。

经过多年的收集整理,芸阁先生对古代青铜器及其铭文进行了系统的考证,写出《考古图》十卷。此书收录了当年秘阁、太常内藏等宫廷和民间几十家收藏的青铜器、石器、玉器共238件,其中的青铜器价值最高,是古代青铜器中的精华所在。因而,《考古图》就成了中国最早的古代器物、铭文著录与研究的专著。吕大临不仅是宋代金石学的代表人物之一,也为中国现代考古学、古文字学奠定了基础。要说考古学在中国之得名,即与此书的名称有直接关系。

这位学究先生是个认死理的人,他既以古礼为研究对象,于是在生活中也以此为准绳。他在《克己铭》中提出:"大人存诚,心见帝则。"将一个"诚"字看作为人处世的最高标准,一心追求崇高的精神世界。于是在现实中,他保持着以诚待人、直言不讳的风格。

吕大临的朋友富弼,曾在仁宗庆历年间追随范仲淹从事过新政改革，最终官位做到了宰相。不过，在屡经宦海起伏之下，富弼不免心灰意冷，便信奉起佛陀，借以逃避现实。他获悉此事后，便写信给这位友人：自古担大任者，皆以圣贤之道教化百姓，既成就自己又贡献天下，岂能以官爵之进退、体力之盛衰而放弃责任？如今大道未明，世人昧于佛门与道家，轻视礼义。而今国家提倡儒教，革除陋俗，正要仰仗您的力量。若您精力转移，惟奉佛以求长生，此乃山谷避世之人独善其身的做法，岂不辜负了天下人的厚望？吕大临直言不讳，诚恳地提出了批评和规劝。富弼读罢来信，深受感动，遂回信表示感谢。由此可见，吕大临遵循关学"学贵致用"的传统，关注关心朝廷命运。

当时，选官与考绩制度也存在不少的积弊，以至于任人唯亲、埋没人才。这本是从来便难以革除的官场顽疾，他从做高官的二哥那里肯定也听到不少，可认真的他不愿袖手旁观，为此专门著文论说，主张改革用人制度，呼吁选贤任能。

元祐年间，随着吕大临声望的远播，朝廷大概也考虑到其兄吕大防在朝主政的缘故，于是破格先后授予他太学博士、秘书省正字的官职，也就是赋予太学教官与校勘整理图书典籍的职责。不久，又有朝臣向哲宗天子推荐其品学出众，堪当大任。遗憾的是，他还没赶上重用便因病辞世，终年才48岁。一块美玉，就此埋没。

聚碑为林

今天的西安碑林，以收藏最丰富的古代碑石而名动天下。当海内外游人涌进这座古典文化艺术宝库时，大概多数人并不清楚它的由来及其与蓝田吕氏的关系。其实，碑林的最早创建者正是吕大忠其人。

吕氏兄弟中的大哥吕大忠（字进伯），是在元祐元年（1086）任陕西转运副使期间想到立碑林的事。当时，他目睹到历代碑刻日遭损毁的情形，不能不深感痛心，为了抢救这些古物，他遂利用职务之便，出面将搜集到的大批关中碑石移至永兴军城（今陕西西安市）府学之内，其中包括《石台孝经》与《开成石经》等几组大型碑石，以及颜真卿、柳公权等名家书写的碑刻，由此而诞生了日后的碑林。

旁的不提，单说《石台孝经》和《开成石经》，前者被业内人士称为碑林中的第一名碑，乃是天宝年间唐玄宗亲自作序、注解并书写，唐肃宗题写碑额的御制石碑，通碑由四块黑色细石合成，碑下有三层石阶，故称《石台孝经》。千余年后的今天，仍能观赏到工整的书法和清新秀美的字体，并从中体会到唐明皇"以孝治天下"的用意。《开成石经》则是唐文宗太和四年（830）下诏，由艾居晦、陈玠等人用楷书分写，前后耗费七年时光，至开成二年（837）才完成的一部石经，后人又称唐石经。该组碑石包括《周易》等12种经书，由114块碑石组成，每石两面刻字，共刻有650252个文字，是研究中国经学史的重要资料。仅是保存下这两种碑刻，就足以令吕大忠名垂青史。

若再观吕大忠的从政为人，也有值得称道之处。他于仁宗皇祐年间进士及第，入仕后先后做过华阴（今陕西华阴）县尉、晋城（今山西晋城市）知县、河北转运判官、陕西转运副使及渭州（今甘肃平凉）知州等地方官，官衔至宝文阁直学士。在任期间，多有善政，深得下属和百姓的信服。

吕大忠为人耿直厚朴，将所学的关学精神贯彻到自己的言行之中，至死而不悔，因此博得士林中许多人的赞叹。程颐即称许道："吕进伯可爱，老而好学，理会直是到底。"有件事颇能反映其忠厚长者的风范：他在任秦州（今甘肃天水市）知州时，本州的判官是科举状元出身的马涓。马判官自我感觉太好，常摆出"状元"的身段。吕大忠是过来人，清楚此人涉世不深，不懂门道，便善意地劝说这位下属：状元头衔，只是科举及第时的称呼，做了判官再用此名就不妥了，现今的科举学问其实没多大实际用处，还是要注意修身务实为上。经他开导指点，马涓才懂得了勤政、为人之道，日后才有了更大的发展。

晚年时吕大忠因与当政者不和，屡遭贬责，最终染病身亡。吕大忠死后归葬故乡蓝田，算是叶落归根。

《吕氏乡约》

吕大钧，字和叔，在吕家兄弟中排行第三。他从小胆识过人，青年时代曾追随张载学习，读书明理，成为文才兼具之士。仁宗嘉祐年间，他顺利摘取进士桂冠，入仕后先在关中及西北地方衙门供职。其父奉调四川做官，他是孝子，考虑到老人家年迈不宜远行，曾主动请求代父赴任。

老父病逝后，吕大钧辞官奔丧，一依古礼服丧，披麻戴孝，数年不离故居。守丧期间，他一心读书，并身体力行地倡导张载先生的学说。之后在许多大臣的力荐之下，他赴京就任王宫教授一职，负责教授神宗皇帝诸子。这些龙子龙孙，保不准谁就是未来的天子，因此皇家教育责任重大。他不负众望，不仅悉心尽着老师的职责，传授知识和儒学思想，还不失时机地宣传大同世界的理想，天下一家亲，万民如一人，所谓"视天下犹一家，中国犹一人"。以后，他又回到陕西，出任凤翔（今陕西凤翔县）的船务监官。当年，流经此地的渭河是关中通往东部与西部的主要水道，朝廷在此设置了大型官府造船场，他的职责就是监督造船事务。

元丰四年（1081）七月，宋廷大举征伐西夏，鄜延路（今陕西富县至延安一带）转运司紧急调吕大钧为属官，参加粮草供应诸事。当大将种谔率兵出塞后，军需一时却没有跟上，转运使李稷打算回安定（今陕西子长县西北）取粮草，就先派吕大钧向种将军请示。不料种谔一听大怒道：我受命统兵，哪管粮道的事，万一误事，召你上司来吃一剑。吕大钧只得耐心解释，种将军于是又对他发脾气说：你是想报答和保护李稷，那就先受祸吧！吕大钧并不惧怕，也愤怒地回答：你以为能吓倒我吗？我委身事主，死而无憾，只怕你因此受过。种谔见来人刚直不屈，只好同意提议，才放了李稷一马。此事倒不怪种将军，转运使李稷怕是有些责任，可吕大钧"威武不能屈"的品性由此可见一斑。遗憾啊！半年后，这位关中硬汉病逝于任上，时年不过52岁。

吕大钧死后，其妻效仿亡夫昔日为父亲办丧事的做法，不随乡风野俗，而严格依照儒家礼制安葬。好在家门有幸，其子吕义山深得父传，日后也成为名儒。

当日，士人范育为吕大钧写墓志铭，称其"诚德君子"，赞颂其一生醇厚正直，言行一致，以孔子治学必有远大理想激励自己，以孟子积德行善为榜样，以颜子克己求仁自勉，以"为往圣继绝学，为万世开太平"为目标实践一生。

最值得一提的是，吕大钧在与自家兄弟探讨中起草了《吕氏乡约》。该乡约包含四大内容：德业相劝，过失相规，礼俗相交，患难相恤。其中患难相恤的原则最为实用，在极端缺乏社会保障制度的时代，也最能打动人心。依着这项约定，乡民们根据事情的缓急，由本人、近者及知情者报告主事者或同约者，给予救助。如遇水火之灾，"小则遣人救之，大则亲往，多率人救之，并吊之"；遇上盗贼之祸，"居之近者同力捕之。力不能捕，则告于同约者及白于官司，尽力防捕之"；碰上疾病之灾，"小则遣人问之。稍甚，则亲为博访医药。贫无资者，助其养疾之费"。这可说是一种民间的自治规则，对于互助自救、抑恶扬善、移风易俗都极有裨益。

《吕氏乡约》是中国历史上第一个成文、完整的乡规民约，影响深远。明代著名教育家、关中人冯从吾赞扬说：自从《吕氏乡约》推行以后，"关中风俗为之一变"。南宋时，朱熹继续加以修订，并在乡村广为推行。明朝时，王守仁在赣南又仿《吕氏乡约》，并结合当时的实际情况制定了著名的《赣南乡约》。由此可见，吕大钧做了件功德无量的大事。

2006年元月中旬，西安警方侦破了一起盗掘古墓事件，地点在蓝田县三里镇乡的五里头村。经专家鉴定，发现正是吕氏兄弟的家族墓地。世间偏就有没道理的事，有时令上苍也无奈。"四吕"故去近千年后，他们的坟茔硬是被一伙无知的盗贼搅动，只能说是盗实无道，不该扰乱了蓝田"美玉"的魂魄。

附录：书中人物年表

〔本表中注明的人物出生时间，仅限于宋朝期间〕

宋太祖（赵匡胤）建隆元年（960，后周显德七年）

后周殿前都点检赵匡胤（宋太祖）发动陈桥兵变，称帝建国，国号"宋"，年号"建隆"。参与兵变的石守信、高怀德、王审琦、韩令坤等将帅得到重用，分掌禁军要职。谋士赵普先后出任右谏议大夫、枢密直学士、枢密副使。吕端就任浚仪县（今河南开封）知县。

建隆二年（961）

殿前都虞候、皇弟赵光义升任开封府府尹，宋太祖钦点猛将张琼接任殿前都虞候一职。宋太祖通过"杯酒释兵权"之举，收夺石守信等开国功臣大将兵权。寇准出生于华州下邽县（今陕西渭南市以北）。

建隆三年（962）

赵普升任枢密使。

乾德元年（963）

殿前都虞候张琼因遭到宋太祖猜忌，被逼自杀。谨言慎行的杨信接替殿前都虞候一职。

乾德二年（964）

宰相范质、王溥、魏仁溥退休，赵普由枢密使转任宰相，独掌中书。王全斌等奉命出征后蜀。

乾德三年（965）

宋军灭亡后蜀政权。

乾德四年（966）

殿前都指挥使韩重赟因遭人诬告，并罢免军职。丁谓生于苏州城郊。

开宝二年（969）

宋太祖通过"后苑之宴"，罢黜了武行德、郭从义、白重赞、王彦超及杨延璋等一批旧藩镇。

开宝三年（970）

大将潘美奉命率军征讨割据岭南的南汉。

开宝四年（971）

宋军灭亡南汉政权。

开宝六年（973）

柳开参加科举考试，进士及第，时年26岁。杨信升任殿前都指挥使要职。赵普第一次罢相，赋闲地方，时年52岁。翰林学士卢多逊升为参知政事。刘平生于京城开封府祥符县（今河南开封）。

开宝七年（974）

宋朝派大将曹彬、潘美率大军征讨南唐。

开宝八年（975）

宋军灭亡南唐政权。

宋太宗（赵光义）太平兴国元年（976，开宝九年）

宋太祖不明而死，时年50岁。晋王、开封府尹、皇弟赵光义即位，改年号"太平兴国"。

太平兴国二年（977）

吕蒙正以状元头衔进士及第，被授予将作监丞，出任昇州（今江苏南京市）通判。

太平兴国三年（978）

吴越王钱俶纳土，归顺宋中央。殿前都指挥使杨信病故。

太平兴国四年（979）

宋太宗亲征，灭亡北汉，旋即发动第一次对辽北伐战争，兵围幽州（今北京市），但终以失败而归。云州观察使、良将郭进自杀，被追赠安国军节度使。吕夷简生于寿州（今安徽凤台县）。

太平兴国五年（980）

19岁的寇准进士及第，是该榜中最年少者，即"探花"。

太平兴国六年（981）

赵普重返相位。

太平兴国七年（982）

开封府尹、秦王、皇弟赵廷美被告发图谋作乱，遂遭到贬谪，全家流放到房州（今湖北房县），受到严密监管。宰相卢多逊受到牵连被贬，也被流放到天涯海角的崖州（今海南三亚市西北）。

太平兴国八年（983）

赵普第二度罢相，到邓州（今河南邓县）赋闲。吕蒙正升任参知政事。

雍熙元年（984）

皇弟赵廷美在房州流放地惊惧而死。

雍熙二年（985）

贝州（今河北清河县西）知州柳开因与驻军监军发生冲突，被贬为上蔡（今河南上蔡县）县令。

雍熙三年（986）

宋太宗发动第二次北伐战争，兵分三路大举进攻辽朝，但仍以失败而告终。

雍熙四年（987）

柳开由文职殿中侍御史转为武官崇仪使，出任知宁边军（今河北博野县以东）。武将呼延赞升迁为马步军副都军头。

端拱元年（988）

宰相李昉遭到罢免。赵普第三度入居首相之位，时年67岁，吕蒙正则由参知政事升任次相。

端拱二年（989）

宰相赵普因病卸任。寇准出任枢密直学士。

淳化二年（991）

吕蒙正首次罢相，李昉、张齐贤接任宰相。寇准出任枢密副使。

淳化三年（992）

26岁的丁谓进士及第，成绩位列甲等第四名，随之获大理寺评事的官衔，出任饶州（今江西波阳县）通判。开国元勋赵普因病去世。

淳化四年（993）

吕蒙正复相，独掌相印。寇准被贬为青州（今山东青州市）知州。吕端升任参知政事，时年58岁。

淳化五年（994）

寇准奉诏回朝，升任参知政事。呼延赞从地方调回京师，重返军头司都军头的闲职。

至道元年（995）

吕蒙正二度罢相，出判西京兼留守。吕端升任宰相。

至道二年（996）

寇准再度被贬离朝。

至道三年（997）

宋太宗病死。在宰相吕端的保护下，太子赵恒（宋真宗）即位，次年改元"咸平"。

宋真宗（赵恒）咸平元年（998）

宰相吕端因病辞职。户部尚书张齐贤、参知政事李沆并任宰相。吕夷简进士及第。张亢出生于临濮县（今山东菏泽市西北）。

咸平三年（1000）

张齐贤离朝，吕蒙正复任首相，与次相李沆共主中书。故相吕端去世，终年66岁。呼延赞病死。

咸平四年（1001）

　　柳开死于调任沧州（今河北沧州市以东）途中，享年54岁。王钦若升任参知政事。

咸平五年（1002）

　　寇准被召回京师，出任权知开封府。

咸平六年（1003）

　　吕蒙正辞职，赋闲京城。

景德元年（1004）

　　宰相李沆病死，参知政事毕士安、三司使寇准并任宰相。寇准时年43岁。辽朝大举南侵，宋朝全力抗击，宋真宗亲征，最终宋辽休战，签订"澶渊之盟"。参知政事王钦若被贬出朝。张耆升任侍卫亲军马军都虞候。

景德二年（1005）

　　丁谓迁官右谏议大夫，出任权三司使。刘平科考中举，时年33岁，同榜状元为李迪。

景德三年（1006）

　　寇准首度罢相离朝，参知政事王旦接任宰相。王钦若升任枢密使。

大中祥符元年（1008）

　　宋真宗与宠臣王钦若等人制造了"天书"降临之举，遂改年号"大中祥符"。狄青出生于河东汾州西河县（今山西汾阳县）。

大中祥符四年（1011）

　　故相吕蒙正病死，享年68岁。

大中祥符五年（1012）

　　丁谓由三司使升任参知政事。

大中祥符六年（1013）

　　寇准奉诏回朝，出任权知开封府。

大中祥符七年（1014）

枢密使王钦若被贬，暂时赋闲。寇准升任枢密使。

大中祥符八年（1015）

寇准被罢免枢密使之职，到西京河南府（今河南洛阳市）任知府兼西京留守。

大中祥符九年（1016）

丁谓暂时离朝，出任昇州（今江苏南京市）知州。张耆升任枢密副使。

天禧二年（1018）

张亢进士及第，时年20岁。

天禧三年（1019）

王钦若罢相，寇准再任宰相，时年58岁。丁谓调入京师，先后升任参知政事、枢密使。

天禧四年（1020）

寇准再度被贬，流放地方。丁谓升任宰相，权倾一时，时年54岁。另一位宰相李迪遭到丁谓排挤，被贬地方。吕夷简出任权知开封府。刘平迁任殿中侍御史。

乾兴元年（1022）

年仅13岁的太子赵祯即位，刘太后垂帘听政。寇准被流放到岭南的雷州（今广东海康县）。同年，丁谓也被流放到更边远的崖州（今海南三亚市西北）。参知政事王曾拜相，与宰相冯拯并主中书，吕夷简升任参知政事。

宋仁宗（赵祯）天圣元年（1023）

寇准遇赦北迁衡州（今湖南衡阳市），不久辞世，享年62岁。王钦若重登首相之位。刘平由文官改换武职，出任环庆路兵马钤辖，兼任邠州（今陕西彬县）知州。

天圣二年（1024）

27岁的宋庠、25岁的宋祁兄弟参加科举考试，分别获得状元和第十名的成绩，就此入仕。吕大防出生于关中蓝田县（今陕西蓝田县）。

天圣三年（1025）

首相王钦若病死。张耆迁官枢密使。

天圣七年（1029）

吕夷简接任次相之位。首相王曾被贬离朝，吕夷简独掌中书。

明道元年（1032）

杨崇勋出任枢密使。

明道二年（1033）

垂帘听政十余年的刘太后病死，23岁的宋仁宗亲政。首相吕夷简一度被贬为地方官，随之又重新复位。张耆被罢免枢密使。

景祐元年（1034）

王曾从外地回朝，出任枢密使。张亢由文职性的屯田员外郎转换为武职性的如京使，调任对辽前线的安肃军（今河北徐水）长官。

景祐二年（1035）

次相李迪被吕夷简排挤出相府，王曾接替其职。

景祐三年（1036）

开封知府范仲淹抨击时政积弊，吕夷简以"朋党"罪名将范仲淹贬为饶州（今江西波阳县）知州，余靖、尹洙、欧阳修等受到株连，也先后遭贬。此即北宋中叶所谓的"朋党"之争。

景祐四年（1037）

首相吕夷简与次相王曾发生激烈斗争，同时罢相到地方，王随、陈尧佐接任宰相之职。丁谓死于光州（今河南潢川县），终年71岁。

宝元元年（1038）

党项领袖元昊称帝建国，国号"大夏"（即西夏），公开与宋中央决裂。张亢调任泾原路兵马钤辖，兼任渭州（今甘肃平凉）知州。时年30岁的低级军官狄青也奉命奔赴西北前线，出任延州（今陕西延安市）驻军的营指挥使。

宝元二年（1039）

宋庠由翰林学士升任参知政事，时年43岁。刘平调任鄜延路副都部署，兼鄜延、环庆路安抚副使，加衔观察使，不久军职升为侍卫步军副都指挥使，加衔节度观察留后。

康定元年（1040）

宋军与西夏军发生三川口（今陕西延安市西北）之战，万余宋军全部覆没，主帅刘平与副将石元孙下落不明，宋廷朝野为之震动。吕夷简复出，第三度入为首相，时年61岁。

庆历元年（1041）

宋庠被首相吕夷简排挤出朝。宋祁受到牵连，一同被贬出京师，就任扬州（今江苏扬州）知州。

庆历二年（1042）

吕大临降生于蓝田县。

庆历三年（1043）

吕夷简因病辞职，不久病逝，享年64岁。

庆历四年（1044）

宋夏签订"庆历和议"，暂时结束战争冲突。

庆历五年（1045）

宋庠再任参知政事，宋祁由翰林学士改任龙图阁学士、史馆修撰。西夏将俘虏数年的石元孙送回内地。杨崇勋病死。

庆历七年（1047）

张亢被连贬数级，先后调任磁州（今河北磁县）、寿州（今安徽凤台县）地方官。

庆历八年（1048）

宋庠升任枢密使，宋祁重回翰林学士之位。

皇祐元年（1049）

宋庠拜相，时年53岁。23岁的吕大防进士及第。

皇祐三年（1051）

因受到侄子（宋祁之子）官司牵连，宋庠被言官们弹劾罢相。宋祁也再度被贬地方，出为亳州（今安徽亳州市）知州。

皇祐四年（1052）

广源部族首领侬智高反叛，攻破邕州（今广西南宁市）后建立大南国，随之攻城略地，妄想割据岭南。狄青因战功卓著，先由彰化军节度使、延州知州升任枢密副使。随后，宋仁宗任命狄青为宣徽南院使、荆湖南北路宣抚使、提举广南东西两路"经制贼盗事"，挂帅出征侬智高叛乱。

皇祐五年（1053）

狄青率军出昆仑关（位于广西宾阳县与邕宁县之间），在归仁铺大败侬智高叛军，随之继续用兵，终于平定南疆叛乱势力。狄青因功升任枢密使，时年45岁。

嘉祐元年（1056）

狄青因遭猜忌被贬为陈州（今河南淮阳县）地方官。

嘉祐二年（1057）

狄青到陈州不过半年左右，便郁闷而死，终年50岁。

嘉祐三年（1058）

宋庠奉诏入朝，被二度任命为枢密使。

嘉祐五年（1060）

枢密使宋庠卸任离朝，赋闲地方。

嘉祐六年（1061）

宋祁病死于群牧使任上，时年63岁。张亢死于徐州部署衙门，终年

63 岁。

嘉祐八年（1063）

宋仁宗在久病不愈的情况下辞世，宋仁宗过继之子、宗室赵曙（宋英宗）继承皇位。

宋英宗（赵曙）治平三年（1066）

宋庠病逝，享年 71 岁。

治平四年（1067）

宋英宗病逝，太子赵顼（宋神宗）即位。王韶从西陲边地来到开封城，向朝廷献《平戎策》三篇，提出自己的西北边防构想。宋神宗授予王韶"管干秦凤路经略司机宜文字"之职，派其赴西北开展拓边活动。

宋神宗（赵顼）熙宁二年（1069）

宋神宗起用王安石为参知政事，开始进行变法活动，史称"熙宁变法"。

熙宁三年（1070）

翰林学士司马光被提拔为枢密副使，但司马光辞而不拜。王安石升任宰相。

熙宁五年（1072）

王韶扩建古渭寨（位于今甘肃陇西县）。城寨建成后，升格为通远军，王韶出任长官。王韶领兵在抹邦山（位于甘肃临洮县与渭源县之间）大败吐蕃部族势力，又攻克武胜（今甘肃临洮）。宋廷将武胜先后改名镇洮军、熙州，成立熙河路，以王韶为熙河路都总管、经略安抚使兼熙州知州。

熙宁六年（1073）

王韶出奇兵，击败吐蕃首领木征，再度收复河州。

熙宁七年（1074）

宰相王安石主动辞职，出为江宁府（今江苏南京）知府。在王韶的不断打击下，吐蕃首领木征率领八十余位酋长投降宋朝中央。王韶奉诏入朝，升任枢密副使，时年约 45 岁。

熙宁八年（1075）

王安石奉诏重回宰相之位。

熙宁九年（1076）

王安石第二次罢相。王韶被贬为洪州（今江西南昌市）知州。

元丰四年（1081）

王韶因背部生恶疮而死，享年52岁。

元丰八年（1085）

宋神宗病逝，年幼的太子（宋哲宗）即位，高太皇太后垂帘听政。吕大防出任翰林学士兼开封府知府。

宋哲宗（赵煦）元祐元年（1086）

司马光、吕公著（故相吕夷简之子）同时升迁为宰相，并主中书，废止变法活动。吕大防出任中书侍郎（副宰相）。故相王安石病逝于江宁。司马光病死于宰相任上。

元祐三年（1088）

吕大防升任宰相，与元老重臣文彦博、吕公著及范纯仁（范仲淹之子）共同主政。

元祐五年（1090）

吕大临去世，时年48岁左右。

绍圣元年（1094）

宋哲宗亲政，恢复变法。吕大防罢相，被贬谪到地方。

绍圣四年（1097）

吕大防再度遭贬，被流放到岭南的循州（今广东龙川县以西），途经信丰县（今江西信丰县）时，吕大防染病而亡，享年71岁。

参考书目

司马迁：《史记》，中华书局1959年
班固：《汉书》，中华书局1995年
欧阳修：《新唐书》，中华书局1987年
薛居正：《旧五代史》，中华书局1987年
脱脱：《宋史》，中华书局1977年
脱脱：《辽史》，中华书局1974年
李焘：《续资治通鉴长编》，中华书局2004年
王称：《东都事略》，影印文渊阁四库全书本
徐自明，王瑞来校补：《宋宰辅编年录校补》，中华书局1986年
赵汝愚：《宋朝诸臣奏议》，上海古籍出版社1999年
江少虞：《宋朝事实类苑》，上海古籍出版社1981年
王曾：《王文正笔录》，影印文渊阁四库全书本
杨亿：《杨文公谈苑》，影印文渊阁四库全书本
田况：《儒林公议》，影印文渊阁四库全书本
江休复：《嘉祐杂志》，影印文渊阁四库全书本
欧阳修：《归田录》，中华书局1997年
司马光：《涑水记闻》，中华书局1989年
范镇：《东斋记事》，中华书局1997年
文莹：《玉壶清话》、《湘山野录》，中华书局1984年
苏轼：《东坡志林》，中华书局1981年
苏辙：《龙川别志》，中华书局1982年

沈括:《梦溪笔谈》,岳麓书社 2002 年
吕希哲:《吕氏杂记》,影印文渊阁四库全书本
邵伯温:《邵氏闻见录》,中华书局 1983 年
魏泰:《东轩笔录》,中华书局 1983 年
王辟之:《渑水燕谈录》,中华书局 1997 年
王铚:《默记》,中华书局 1981 年
吴处厚:《青箱杂记》,中华书局 1985 年
蔡絛:《铁围山丛谈》,中华书局 1983 年
王明清:《挥麈录》,上海书店出版社 2001 年
叶梦得:《石林燕语》,中华书局 1984 年
彭乘:《墨客挥犀》,中华书局 2002 年
周煇:《清波杂志》,中华书局 1997 年
朱弁:《曲洧旧闻》,中华书局 2002 年
张世南:《游宦纪闻》,中华书局 1981 年
吴曾:《能改斋漫录》,上海古籍出版社 1979 年
洪迈:《容斋随笔》,中华书局 2005 年
柳开:《河东先生集》,四部丛刊初编本
宋庠:《元宪集》,影印文渊阁四库全书本
宋祁:《景文集》,影印文渊阁四库全书本
王安石:《王文公文集》,上海人民出版社 1974 年
苏轼:《苏轼文集》,中华书局 1986 年
孟元老:《东京梦华录》,中华书局 1982 年
黎靖德编:《朱子语类》,中华书局 2004 年
王夫之:《宋论》,中华书局 1964 年
赵翼:《廿二史札记》,中华书局 1984 年
丁传靖辑:《宋人轶事汇编》,中华书局 1981 年

邓广铭：《邓广铭治史丛稿》，北京大学出版社 1997 年

漆侠：《王安石变法》（增订本），河北人民出版社 2001 年

王曾瑜：《宋朝兵制初探》，中华书局 1983 年

余英时：《朱熹的历史世界》，生活·读书·新知三联书店 2004 年

［德］傅海波、［英］崔瑞德主编：《剑桥中国辽西夏金元史》，中国社会科学出版社 1998 年

何冠环：《宋初朋党与太平兴国三年进士》，中华书局 1994 年

陈峰：《武士的悲哀——北宋崇文抑武现象研究》，人民出版社 2011 年

陈峰：《宋代军政研究》，中国社会科学出版社 2010 年

后　记

历史宛如一条流淌的大河，下游宽阔浩渺，上游狭窄曲折，若要一直往上追溯，便越发感觉到河道的细小。及至源头，往往发现几同游丝，甚或变得模糊不清了。所以古人对华夏大地上最重要的一条大河——黄河的源流，就争论不休，多有歧义。小国的历史如此，泱泱大国的历史也差不多这般。由此看来，越古老的距离今天越遥远，也就越混沌。

今人对历史的了解，凭借的主要是地上的文献记载与地下的出土文物。于是乎历史研究便不能不遵循严谨考证与分析的学术路径，尤其是自上世纪西方社会科学引入国门后，史学领域日益强调理论与方法的重要性，近三十年来更是流派迭出，范式屡变，并形成某种特定的表达语汇与写作格式。必须看到，因此产出了一大批学术成果，不仅澄清、破解了很多困惑已久的具体史实，而且揭示出诸多重大历史问题的内在规律，大大超越了前人的认识。就此而言，历史学成就斐然。

不过也得看到，如今学人在强调规范化的同时，也愈来愈学究气了，其中一些研究著作还不免流露出刻板生硬的面目，令人望而生畏，这便日渐远离社会大众，几乎成为"象牙宝塔"中的僵硬标本。正如友人刘复生教授所说:"有时令专业人士读起来也头痛,难怪有人责怪'历史'常常被'遗忘'了。"(见《从历史大拐角处走来的文武群像》,《美文》2010年第6期第86页)

当今,随着整体社会文化水平的逐渐提高,各阶层对历史读物的需求与日俱增,读者不仅需要了解历史发生、演进的过程,汲取其中的经验教训,也有了想要感悟过往人们心灵活动轨迹的诉求。毕竟红尘滚滚千年不绝,世道人心与人间纷扰自古有之,不过是换了场景罢了。青年毛泽东谙熟王朝兴亡,放眼滔滔东逝的湘江,有"粪土当年万户侯"的呐喊;而更多的人关注生活本身,有意在稗官野史、诗赋小说乃至于旧戏间寻觅前代的百味人生,或在传世的杯盘俎豆中揣摩昔日的生存状态,希冀达到"一壶浊酒喜相逢,古今多少事,都付笑谈中"的境界。

在工作与生活压力日趋紧张的时代,历史学除了学术研究之外,的确需要更直接地关照现实社会,做些有益的事情,以满足民众"阅读"的需要。早些年黄仁宇的《万历十五年》之受欢迎,正说明这一点。近年来,大量各种历史题材的读物蜂起,也反映了社会需求的旺盛。专家学者应该也能够一展灵动的文笔,继承我国古已有之的历史叙述传统,写作可读性强的历史读物,因为这是活的历史。

多年来,笔者在研究之余,一直抱有写作散文的爱好,曾有一些文字发表。三年前,承蒙《美文》杂志社穆涛先生的热忱邀约,在该刊上开设"宋朝士林讲坛说"栏目,翻检史籍,用心下笔,陆续发表了有关北宋人物的系列历史散文,受到读者的喜爱,也得到学界友人的好评。前年暑期,因偶然机会结识人民出版社的贺畅女士，她阅读部分文章后建议结集出版。去年冬天，清华大学的老友仲伟民兄不仅热情向三联书店推荐拙作，并介绍认识了该社的曾诚先生，彼此碰面可谓一见如故，于是便有了本书的付梓问世。在此对以上各位的支持关照，深表感谢！

笔者多年的朋友：四川大学历史文化学院的刘复生教授、南开大学历史学院的李治安教授和王晓欣教授、陕西师范大学历史文化学院的贾二强教授、中国人民大学历史学院的孙家洲教授、北京大学历史系的辛德勇教授、中国社会科学院历史研究所的彭卫教授、华中科技大学国学研究院的罗家祥教授、首都师范大学历史学院的李华瑞教授、河北大学宋史研究中心的姜锡东教授、河南大学历史文化学院的苗书梅教授以及中山大学历史系的曹家齐教授等学者，都读过拙文，并给予鼓励和撰文评论，深情厚谊，令人难忘，在此一并深表谢意！

最后，还要提到西北大学的许多同事、友人也读过拙文，多有勉励，他们自始至终给笔者莫大的支持，这也是自己坚持写作本系列散文的重要动力之一。在此，因人数众多，无法一一道出大名，但对于他们的厚爱特别致以谢忱！

古人云："朝闻道，夕死可矣。"（《论语》）"对酒当歌，人生几何。"（曹操《短歌行》）近人说："煮豆燃萁谁管得，莫将成败论英雄。"（柳亚子《题太平天国战史》）"数风流人物，还看今朝。"（毛泽东《沁园春·雪》）不同心境，有不同的感怀，阅读历史，又何尝不是如此？

二〇一二年夏于西北大学

再版跋语

本书第一版问世于2013年5月，距今不过两年半左右，却已超出当初的期望，给我带来了许多喜悦，因为它一直受到读者的关注，而这是我以往几本专著所从未有过的"待遇"。

记得本书刚出版之际，责编先生电话告诉我，现在对书籍的评价，要留意网络上的反响，因为这更真实，也更快捷。于是，我开始在网上搜索，知道有"豆瓣读书"以及其他读书网络平台的存在，也看到读者对本书越来越多的点评。两年多来，我几乎读遍网上的评语，实话说，读者范围广泛、层次高低不同，有大段议论，更多的是三言两语，其中肯定的话倒是居多，令我欣喜，颇有知遇的感觉。如新浪微博题为《斯文在兹》的读后感中有一段话写道："这本书的语言非常流畅，但内容比较深，虽然作者顾及普通读者的水平，厚道地略去了所有注释，并且将用到的绝大部分史料都改写成白话，但这些技术性处理并不能从根本上降低这本书的理解难度。所以虽然它长得像历史散文，但阅读十分不轻松。以至于我读这本书之所以会拖这么久，部分的原因是我实在太欠缺古代史基础，以至于我每读一篇都需要歇两天来消化。"（新浪微博2013-10-04，作者：莲叶何_田田）我猜想，这位大概是专业外的读者。还有读者评说:"历来正史难述,野史难证,如无繁复的历史爬梳难据其实;而情事虚实,言辞文质,若无超迈的时代视野也难尽其详;其间人情世故,事态人心,若缺丰厚的人文修养更是难评其正。书中将正史逸闻梳理互参,提炼为文约事丰又快意真切的历史散文,实在难得。"(豆瓣读书2013-08-04,作者:半耕)估计这位可能是专业圈内的读者。诸如此类厚爱的文字,不啻为最好的理解与奖励。当然,本书也遭遇多次差评,其中个别隔靴搔痒的话,可以不必在意,而尖锐指出问题的评语,则引起我的惊讶。如书中谈及宋太祖兄弟时,只写出了四位,而将早逝的幼弟漏掉;宋庠亡故的时间也不准确,应该为治平三年,一位认真的读者(豆瓣网友:周秦汉唐)就指出这两处疏忽。的确,书中存在错讹之处,有的属于粗心所致,也有不能顾及的方面,是有意或无意侧重所引起,被读者发现,既足以说明此书被细心读过,亦反映读者的素养不容小觑,这也同样令我感动。写出的书若没人留心看,那才是可悲的事。

  本书出版后,除了引起网上读者的注意外,也得到其他方面的反响及肯定,特别是在《中华读书报》2013年12月25日"年终特刊"的"2013读书印象记"中,李红岩先生"越来越深细化的历史人物类图书"一文,推荐了当年四本历史读物,本书有幸忝列其中并被首先介绍。新浪网"历史好书榜"2013年5月的榜单,评出十本好书,本书亦位列第三名。2015年,本书还获得第七届中国"高等学校科学研究优秀成果奖(人文社会科学)"普及成果奖。此外,香港中和出版有限公司购买了本书的版权,以《书与剑——北宋文臣武将列传》的书名,用繁体中文版在海外出版发行。来自这些方面的评价，则对本书给予了专业性肯定。

依照常识，表演是否精彩，要看能留住多少观众，著书立说又何尝不是如此？若写出的书无人问津，或仅有几个人喝彩，实在难言满足与成就。这本小书带给我最大的收获，便是多少得到读者的认同和欢迎，也给予我以后继续从事这方面写作的动力。遗憾的是，由于暂时无力增加新的内容，这次再版仅对书中的错误予以修订，希望读者原谅。

在此要衷心感谢每位读者的关心和鼓励，正因为有你们的关注，才使本书有机会再版。同时，要特别感谢我的老友、华中师范大学历史文化学院赵国华教授指出的几处讹误，让我可以弥补缺憾。感谢我的学生张辉花费许多时间，找到有关的古代绘画资料，为本书增添了精美的图版。还要再次对多年支持我的校内外同事、朋友、学生，一并表示谢忱。最后，对生活·读书·新知三联书店再版本书，深表谢意。

二〇一六年岁初于西北大学